GRUNT
YEOMAN

코드를 한 단계 업그레이드 시킬 수 있는 가이드

프론트엔드
자동화 시스템

허종문 저

그런트

Jade / Less / Sass / jQuery / CoffeeScript / ES6 / Angular.js / Bootstrap
필요한 모든 것을 한방에 관리할 수 있는 제작 프로세스

BOWER

DIGITAL BOOKS since 1999
www.digitalbooks.co.kr

책 예제 코드 저장소
- https://github.com/demun/grunt-start-1
- https://github.com/demun/grunt-start-2

grunt-init을 사용하기위한 템플릿
- https://github.com/demun/init-tem

| 만든 사람들 |

기획 IT · CG 기획부 | 진행 유명한 | 집필 허종문 | 편집 디자인 디자인 숲 · 이기숙 | 표지 디자인 원은영

| 책 내용 문의 |

도서 내용에 대해 궁금한 사항이 있으시면,
디지털북스 홈페이지의 게시판을 통해서 해결하실 수 있습니다.

디지털북스 홈페이지 : www.digitalbooks.co.kr
디지털북스 페이스북 : www.facebook.com/ithinkbook
디지털북스 카페 : cafe.naver.com/digitalbooks1999
디지털북스 이메일 : digital@digitalbooks.co.kr
저자 이메일 : hjm01@naver.com

| 각종 문의 |

영업관련 hi@digitalbooks.co.kr
기획관련 digital@digitalbooks.co.kr
전화번호 02 447-3157~8

머리말

웹퍼블리싱을 하면서 관련분야의 기술이 나날이 발전하고 신기술이 생겨나고 그에 상응하는 이슈 또한 생겨나고 있습니다.

그런 환경에서 웹퍼블리싱을 빨리해야 하는 환경도 계속 생겨나고 그러다보니 이것저것 코딩한 것을 가져다 쓰게 되고, 필요하면 또 다시 가져다 쓰고, 반복적인 일을 했습니다.

코드의 품질은 생각할 겨를도 없고, 그저 빨리 만들어서 결과물을 내야만 하는 그런 환경이 계속되었습니다. 어느날 이런 환경을 넘어서야 하는 생각을 하게 되었습니다. 재사용하는 코드를 만들고, 코드의 품질을 높여 오류를 없애고 완벽한 코드를 만들려고 했습니다. 그러면서 속도 또한 높이는 방법을 연구하기 시작했습니다.

이미 정답은 나와 있었습니다. 이런 환경을 만들어주는 자동화 도구들이었습니다. 그중에 하나가 Grunt 입니다. Grunt를 익히다보니 그와 관련된 기술인 Bower, Yeoman 등을 접하고 Gulp, Webpack 등을 접하게 되었습니다. 무엇을 하든 하나의 자동화도구를 빨리 내것으로 만들어서 사용하는 것이 중요합니다. 커뮤니티와 플러그인이 이미 많이 만들어져있는 Grunt를 선택하여 사용하였습니다. 관련 플러그인과 지식들이 모두 영어로 되어 있어서 많은 테스트를 진행하였고, 오류도 많았습니다.

책을 내는데 있어 도움을 주신 이선기 부장님과 퍼블리셔로 일을 하면서 Grunt, Bower, Yeoman 등의 영어를 번역해준 정혜윤 동생에게 감사의 말을 전합니다.

물심양면으로 도움을 준 동생인 디자이너 권영훈, 퍼블리셔 하현수와 친구 개발자 이재현, 동생 개발자 양정석에게 모두 고마움을 전합니다.

저자 허 종 문

CONTENTS

PART 01 Sublime Text · **10**

Chapter 01 Sublime Text 설치 · · · · · · · · · · · · · · · · · · 12

Chapter 02 기본 설정 · 14

Chapter 03 프로젝트 관리 · 24

Chapter 04 스니펫 · 29

Chapter 05 Goto Anything · 34

Chapter 06 패키지 관리 도구 · · · · · · · · · · · · · · · · · · 40

Chapter 07 한글 입력문제 해결하는 방법 · · · · · · · · · · 43

Chapter 08 한글 인코딩 문제 · · · · · · · · · · · · · · · · · · 47

Chapter 09 사이드바 확장 · 53

Chapter 10 빠른 마크업 도구 Emmet · · · · · · · · · · · · · 65

Chapter 11 코드 정렬 Alignment · · · · · · · · · · · · · · · · 84

Chapter 12 코드하이라이팅 도구 Bracket Highlighter · · · 96

Chapter 13 Color Highlighter · · · · · · · · · · · · · · · · · · 99

Chapter 14 테마 · 102

PART 02 Git · **114**

Chapter01 Github · 116

Chapter 02 이메일 인증 · 122

Chapter 03 관리자 설정 · 124

Chapter 04 원격저장소 생성 · · · · · · · · · · · · · · · 126

Chapter 05 ssh-key 등록하기 · · · · · · · · · · · · · 127

Chapter 06 최초 설정 · · · · · · · · · · · · · · · · · · · 130

Chapter 07 로컬저장소 만들고 동기화시키기 · · · · · 131

Chapter 08 원격저장소 복제하기 · · · · · · · · · · · · 138

PART 03 Bower · **142**

Chapter 01 Bower 소개 · · · · · · · · · · · · · · · · · · 144

Chapter 02 Bower API · · · · · · · · · · · · · · · · · · 158

Chapter 03 .bowerrc 환경설정 · · · · · · · · · · · · · 169

Chapter 04 패키지 등록하기 · · · · · · · · · · · · · · · 170

PART 04 Grunt · **176**

Chapter 01 Grunt 소개 · · · · · · · · · · · · · · · · · · 178

Chapter 02 그런트 경험해보기 · · · · · · · · · · · · · · 186

Chapter 03 프로젝트 수행 · · · · · · · · · · · · · · · · · 196

Chapter 04 작업 설정 및 target(작업대상) · · · · · · · 205

Chapter 05 작업순서 · 211

Chapter 06 html 작업 소개 · · · · · · · · · · · · · · · · 213

Chapter 06-1 grunt-includes 플러그인 소개와 사용법 · · · · · · · · 215

CONTENTS

Chapter 06-2 grunt-contrib-htmlhint 플러그인 소개와 사용법 · · · · · · · 224

Chapter 06-3 htmlhint 규칙 · · · · · · · · · · · · · · · · 227

Chapter 07 css task · · · · · · · · · · · · · · · · · 230

Chapter 07-1 grunt-contrib-less 플러그인 소개와 사용법 · · · · · · · 233

Chapter 07-2 grunt-contrib-csslint 플러그인 소개와 사용법 · · · · · · · 240

Chapter 07-3 grunt-autoprefixer 플러그인 소개와 사용법 · · · · · · · · 244

Chapter 07-4 grunt-csscomb 플러그인 소개와 사용법 · · · · · · · · · 249

Chapter 07-5 grunt-contrib-cssmin 플러그인 소개와 사용법 · · · · · · · 260

Chapter 08 javascript task · · · · · · · · · · · · · · · 263

Chapter 08-1 grunt-contrib-jshint 플러그인 소개와 사용법 · · · · · · · 265

Chapter 08-2 grunt-contrib-concat 플러그인 소개와 사용법 · · · · · · · 271

Chapter 08-3 grunt-contrib-uglify 플러그인 소개와 사용법 · · · · · · · 274

Chapter 09 기타 작업 소개 · · · · · · · · · · · · · · · 282

Chapter 09-1 grunt-contrib-clean 플러그인 소개와 사용법 · · · · · · · 284

Chapter 09-2 grunt-contrib-copy 플러그인 소개와 사용법 · · · · · · · 286

Chapter 09-3 grunt-contrib-imagemin 플러그인 소개와 사용법 · · · · · · 290

Chapter 10 실시간 동기화 작업 소개 · · · · · · · · · · · 293

Chapter 10-1 grunt-contrib-watch 플러그인 소개와 사용법 · · · · · · · 295

Chapter 10-2 grunt-contrib-connect 플러그인 소개와 사용법 · · · · · · 301

Chapter 11 최적화 작업 소개 · · · · · · · · · · · · · 306

Chapter 11-1 time-grunt 플러그인 소개와 사용법 · · · · · · · · · 308

Chapter 11-2 load-grunt-tasks 플러그인 소개와 사용법 · · · · · · · 311

Chapter 11-3 grunt-concurrent 플러그인 소개와 사용법 · · · · · · · **314**

Chapter 11-4 grunt-newer 플러그인 소개와 사용법 · · · · · · · · · **317**

Chapter 12 작업 등록 registerTask · · · · · · · · · · · **320**

Chapter 13 기타 플러그인 · · · · · · · · · · · · · · · **325**

Chapter 14 grunt-start-2 템플릿 · · · · · · · · · · · · **332**

PART 05 템플릿 · **342**

Chapter 01 그런트 템플릿 사용하기(grunt-init) · · · · · · · · **344**

Chapter 02 사용자 정의 템플릿(init-tem) · · · · · · · · · · **350**

Chapter 03 Grunt, Bower 등을 한 번에 설치하는 나만의 전자동 템플릿 · · · · **359**

Chapter 04 전자동 템플릿 2 · · · · · · · · · · · · · · · **374**

PART 06 Yeoman · **386**

Chapter 01 Yeoman · · · · · · · · · · · · · · · · **388**

Chapter 02 generator-angular 설치 · · · · · · · · · · · · **406**

Chapter 03 angular 설명 · · · · · · · · · · · · · · · · **412**

Chapter 04 generator-wepapp 설치 · · · · · · · · · · · **425**

Chapter 05 webapp 설명 · · · · · · · · · · · · · · · · **431**

프론트엔드 도구

오늘날 프론트엔드에 관심과 비중이 높아지면서 관련 도구들도 많이 생겨 났습니다. 너무 많이 생겨나서 어떤 걸 사용할지 고민하기도 합니다.

빌드도구인 grunt, gulp, webpack을 비롯해 bower, yeoman 등도 있습니 다. 이 뿐만 아니라 여기에 들어가는 플러그인과 프레임웍도 여러가지가 있습니다.

예를 들어 CSS를 만드는 도구인 less, sass, stylus, postcss 등등 여러 가 지가 있습니다. 또한 angular.js, backbone.js, react.js, ember.js등등 인 기있는 자바스크립트도 많고, bootstrap, susy, foundation, pure.css 등등 프레임웍도 여러 가지가 있습니다. 이 뿐만이 아니라 잘 알려진 jquery나 ECMAScript2015를 비롯해서 나열할 수조차 없을 정도로 기술이 늘어나고 생겨납니다.

이런 기술과 도구가 생겨나면 익혀야 하고 사용해야 합니다. 그것을 익히 는데도 시간과 노력이 투자되어야 합니다. 그러면 어떤 걸 배워야 하고, 어 떤 걸 나중에 배워야하는지도 고민이 안될 수 없습니다.

이러한 것들을 모두 배워서 사용하면 좋겠지만 시간과 노력이 수반되어야 하기때문에 모두 익히는 것은 권장할만한 것이 못된다고 생각합니다. 이러 한 기술과 도구가 늘어나면서 프론트엔드도 개발환경 즉 작업환경이 점점 중요해졌습니다.

어떤 기술 하나를 사용할려고 해도 쉽지않고 유지보수 또한 쉽지 않습니다. 그렇기에 프론트엔드 개발환경은 더욱 중요합니다. 이 프론트엔드 개발환 경에 접목할 수 있는것이 Grunt, Gulp, Yeoman, webpack 등이라 생각합 니다. 이 개발환경을 익히고 필요에 따라 less나 sass를 선택해서 사용하 고, 또한 bootstrap 같은 프레임웍크도 필요하면 사용하고, 필요하지 않으 면 사용하지 않으면 됩니다.

즉 플러그인(기술, 플러그인, 도구 등등을 말합니다.)을 모두 사용하는 것보다 필요에 따라 원하는 것만 사용하는 것이 권장할 선택방법이라 생각합니다. 프론트엔드 개발환경에 Grunt, Gulp, Yeoman, webpack 등은 좋은 선택이라고 생각합니다.

어떤 것이 더 좋다, 어떤것이 더 사용하기 편리하다라고 하기에는 만들어지는 목적이 조금씩은 다르므로 말하기는 힘들지만 이런 개발환경이 권장할만한 선택사항이라고 말할 수 있습니다. 이 환경을 사용하고 안하고는 결과물이나 유지보수에서 반드시 차이가 납니다.

프론트엔드쪽에 관련된 분이나, 자바스크립트를 사용하는분, 이쪽 기술을 조금이라도 아는 분이면 grunt, gulp, yeoman, webpack를 익혀두라고 말하고 싶습니다.

PART

01

Sublime
Text

Sublime Text 설치

서브라임텍스트(sublimetext)는 아주 유용하고 사용자도 많고 유명한 에디터입니다.
라이센스를 구입해야 정상적으로 이용할 수 있습니다. 라이센스를 구입하지 않아도, 라이센
스 구매 권유 팝업창이 뜨긴하지만 무료로 모든 기능을 기한 제한없이 사용할 수 있습니다.
팝업창이 뜨는것이 귀찮으면 라이센스를 구입하여 사용하고, 유료로 사용할만큼 좋은 에
디터입니다.
서브라임텍스트의 홈페이지는 https://www.sublimetext.com/ 입니다.

하단의 다운로드 링크를 통해 다운로드 받으면 됩니다.

다음 과정은 이미지로 대체합니다.

 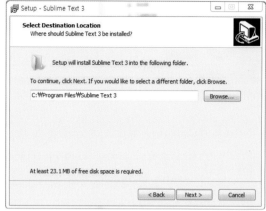

탐색기에서 서브라임텍스트 메뉴를 사용할려면 체크를 합니다. 체크하는 것이 편합니다.

 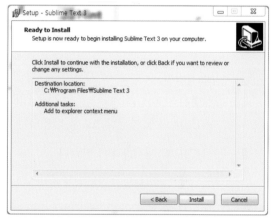

이렇게 해서 서브라임텍스트 설치는 끝났습니다.

CHAPTER

02 기본 설정

서브라임텍스트는 사용자가 많은 부분을 확장할 수 있게 만들어진 에디터입니다. 많은 부분을 사용자가 확장할 수 있다 보니 이런 점들이 초보자들에게는 다소 어려울수도 있습니다. 하지만 한 번만 설정해 놓으면 그만큼 나에게 있어 편리한 도구가 됨으로 사랑을 많이 받는 것 같습니다.

서브라임텍스트에는 두 가지 설정이 있습니다.

첫 번째는 Settings – Default라고 해서 서브라임텍스트에서 지정해놓은 기본 설정입니다. 서브라임텍스트를 설치하면 현재 이 기본 설정이 먼저 적용이 됩니다.
두 번째는 Settings – User라고 해서 사용자 설정입니다. 사용자가 편의에 맞게 추가적으로 설정할 수 있고 이 사용자 설정은 기본 설정보다 우선합니다.
설정은 기본 설정(Settings – Default)에서 추가적으로 변경할 부분을 사용자 설정(Settings – User)에서 지정함으로써 적용되는 것입니다.

설정한 후 재시작해야 합니다.

1 폰트 설정

기본 설정은 메뉴의 Preferences 〉 Settings – Default를 클릭해서 기본 설정을 엽니다.

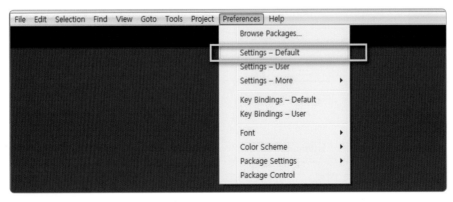

서브라임텍스트의 설정은 json 파일이고 json의 규칙대로 설정이 정해져 있습니다.

폰트와과 폰트 사이즈를 변경하기 위해 아래 노랑색으로 강조한 부분을 복사합니다.

Preferences 〉Settings – User를 클릭해서 사용자 설정을 엽니다.

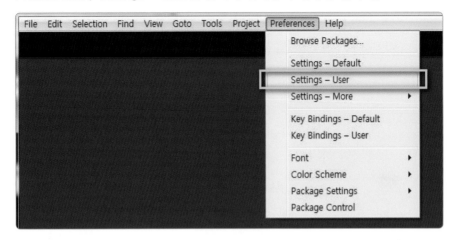

아랫부분처럼 붙여넣기한 후 수정합니다. json의 규칙대로 수정해야 합니다. 맨 마지막 줄은 쉼표(,)를 빼야 합니다.

저는 글꼴을 Monaco로 했지만 여러분은 원하는 글꼴로 수정하면 됩니다. 만약 원하지 않으면 그냥 두면 됩니다. 그러면 기본 글꼴로 보입니다.

폰트 크기는 11로 했습니다

저장하면 바로 적용이 되며, 안 될 경우는 재시작하면 됩니다.

Preferences.sublime—settings 파일에 아래의 구문을 추가해줍니다.

```
1   "font_face": "Monaco",
2   "font_size": 11,
```

다음은 꼭 해야 하는 부분이 아니고 추가적으로 사용자 편의에 맞게 설정하는 부분입니다.

2 미니맵 설정

서브라임텍스트 우측에 미니맵이 있습니다. 기본 설정은 흐리고, 마우스를 갖다대야만 활성화가 되서 보여집니다.

현재 스크롤이 있는 곳을 보면 잘 안 보입니다.

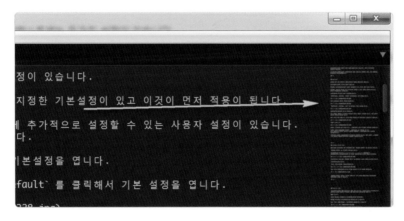

이걸 항상 보이고, 밝게 보이게 합니다.

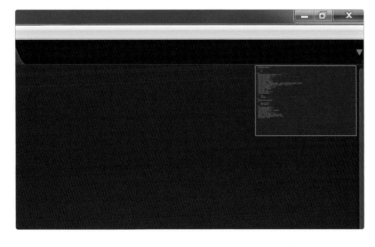

Preferences.sublime-settings 파일에 아래의 구문을 추가해줍니다.

```
1    "always_show_minimap_viewport": true,
2    "draw_minimap_border": true,
```

설정한 후 재시작을 해야 합니다.

3 사이드바 폴더 굵게 표시하기

파일과 폴더간 차이를 명확하게 보이기 위해 사이드바의 폴더는 굵게 표시합니다.
적용 전과 적용 후를 비교해보세요. 폴더와 파일간에 차이가 확연하게 납니다.

Preferences.sublime-settings 파일에 아래의 구문을 추가해줍니다.

```
"bold_folder_labels": true
```

4 현재 행 강조 표시하기

현재 커서가 있는 행이 표시가 되긴 하지만 명확하게 표시되지 않습니다.

```
"highlight_line": true,
```

적용 전입니다.

```
19  <header class="header">
20      <div class="wrapper">
21          <h1>header</h1>
22          <ul>
23              <li><a href="../category1/page-01.html">category1/page-01</a></li>
24              <li><a href="../category1/page-02.html">category1/page-02</a></li>
25              <li><a href="../category2/page-01.html">category2/page-01</a></li>
26              <li><a href="../category2/page-02.html">category2/page-02</a></li>
27          </ul>
28      </div>
29  </header>
30
```

적용 후입니다.

```
18
19  <header class="header">
20      <div class="wrapper">
21          <h1>header</h1>
22          <ul>
23              <li><a href="../category1/page-01.html">category1/page-01</a></li>
24              <li><a href="../category1/page-02.html">category1/page-02</a></li>
25              <li><a href="../category2/page-01.html">category2/page-01</a></li>
26              <li><a href="../category2/page-02.html">category2/page-02</a></li>
27          </ul>
28      </div>
29  </header>
30
```

설정한 후 재시작을 해야 합니다.

5 접기 버튼 항상 보이기

접기 버튼이 기본적으로 감춰져 있습니다. 마우스로 다가가면 보입니다.

이걸 항상 보이게 만듭니다.

▲ 적용 전 모습과 마우스 오버 시 모습

▲ 적용 후의 모습

Preferences.sublime—settings 파일에 아래의 구문을 추가해줍니다.

```
"fade_fold_buttons": false,
```

6 들여쓰기 가이드선 활성화하기

기본적으로 가이드선이 보입니다. 흐린색으로 살며시 보이는 정도입니다. 커서가 갔을 때도 활성화되지 않고 기본색으로 보입니다. 커서가 가면 활성화색으로 보이게 변경합니다.

적용 전과 적용 후를 비교해 보세요.

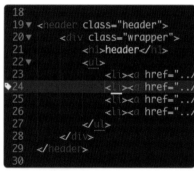

▲ 적용 전   ▲ 적용 후

적용 후 마우스를 다른 곳을 클릭해보고, 현재 있는 곳을 클릭해보시면 명확한 차이점을 볼수 있습니다.

Preferences.sublime—settings 파일에 아래의 구문을 추가해줍니다.

```
"indent_guide_options": ["draw_normal",    "draw_active"],
```

지금까지 변경한 내용입니다.

```
1  {
2      "ignored_packages": [ "Vintage" ],           // 빈티지 모드 비활성화하기
3      "font_face": "Monaco",                       // 폰트 설정 하기
4      "font_size": 11,                             // 폰트 사이즈 설정하기
5      "always_show_minimap_viewport": true,        // 미니맵 항상 보이기
6      "draw_minimap_border": true,                 // 미니맵 테두리 보이기
7      "bold_folder_labels": true,                  // 사이드바 폴더 굵게 표시하기
8      "highlight_line": true,                      // 현재 행 강조 표시하기
9      "fade_fold_buttons": false,                  // 접기 아이콘 항상 보이기
10     "indent_guide_options": ["draw_normal", "draw_active"]
                                                    // 들여쓰기 가이드선 활성화하기
```

이렇듯 상당히 많은 사용자 설정이 있습니다. 편의에 맞게 수정해서 사용하면 됩니다.

7 단축키 변경

단축키도 json 포맷 형식으로 되어 있습니다. 단축키의 형식은 아래처럼 되어 있습니다.

```
1  { "keys": ["escape"], "command": "single_selection", "context":
2      [
3        { "key": "num_selections", "operator": "not_equal", "operand": 1 }
4      ]
5  },
```

- **keys** : 단축키로서 복수키도 가능하고 복수키일 경우 ','로 구분합니다.
- **command** : 단축키가 눌러졌을 때 실행될 명령입니다.
- **context** : 옵션으로 context의 항목들이 모두 만족될 때 단축키가 실행됩니다.

사이드바를 보거나 감추는 단축키를 변경해보겠습니다.

사이드바의 단축키는 Ctrl+K와 Ctrl+B를 연속해서 눌러야 합니다.

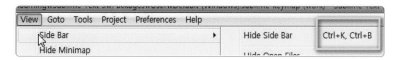

이것은 Preferences 〉 Key Bindings − Default를 클릭합니다.

Default (Windows).sublime−keymap 파일에 기본으로 지정되어 있습니다.

```
12
13        { "keys": ["ctrl+k", "ctrl+b"], "command": "toggle_side_bar" },
14        { "keys": ["f11"], "command": "toggle_full_screen" },
```

해당 부분을 복사합니다.

Preferences 〉 Key Bindings − User를 클릭합니다.

사용자 단축키 설정에서 복사한 부분을 붙여넣기한 후 아래처럼 f8로 변경합니다.

재시작 후 f8을 눌러보면 사이드바가 보이고 감춰질 겁니다.

View – Side Bar 〉Hide Side Bar를 보시면 변경된 것을 볼 수 있습니다.

이렇게 단축키 변경도 사용자 단축키 설정에서 변경해야 합니다.

CHAPTER

03 | 프로젝트 관리

서브라임텍스트는 폴더나 파일을 관리할 수 있는 프로젝트 관리를 지원합니다.

프로젝트 관리는 .sublime−project 확장명을 가진 파일이며, Folder Options, Settings, Build Systems 등 3개의 상위 옵션이 있습니다.

프로젝트를 관리하기 위해 프로젝트를 생성해보겠습니다.

1 프로젝트 생성

서브라임텍스트에서 관리할 폴더를 File 〉 Open Folder를 통해 엽니다.

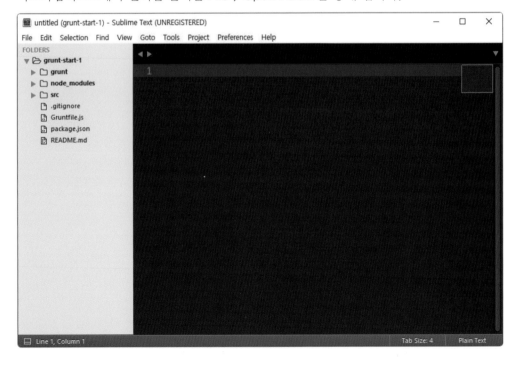

Project 〉 Save Project As..를 통해 프로젝트 파일을 저장합니다.

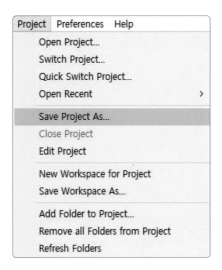

프로젝트로 사용할 파일 이름을 지정합니다.

저의 경우 project.sublime-project로 하였습니다.

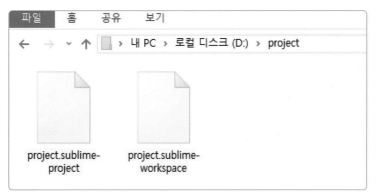

Project 〉 Edit Project를 통해 프로젝트 파일을 엽니다.

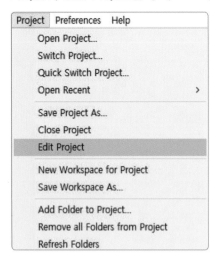

project.sublime-project 파일은 JSON의 형식의 파일입니다.

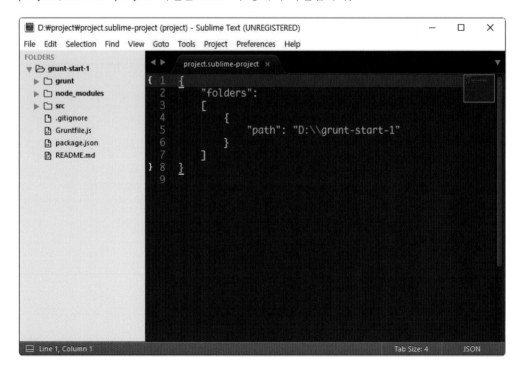

프로젝트는 Folder Options에서 지정하며, 다음의 사항을 지정할 수 있습니다.

- name : 폴더의 이름을 지정합니다.
- path : 경로를 지정합니다.
- file_exclude_patterns : 제외할 파일을 지정합니다.
- file_include_patterns : 포함할 파일을 지정합니다.
- folder_exclude_patterns : 제외할 폴더를 지정합니다.
- folder_include_patterns : 포함할 폴더를 지정합니다.

위의 형식대로 예제로 지정해봤습니다.

프로젝트에 대한 자세한 사항은 홈페이지 https://www.sublimetext.com/docs/3/projects.
html에서 볼 수 있습니다.

project에 다양한 메뉴를 통해서 프로젝트를 열고, 닫고, 변경하고 수정할 수 있습니다.
프로젝트가 2개 이상일 경우 프로젝트로 손쉽게 변경할 수 있습니다.
Project 〉 Switch Project를 통해서 프로젝트를 변경합니다.

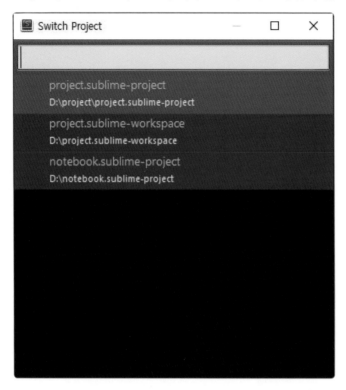

프로젝트를 변경하면 현재 열린 폴더들은 없어지고 새로운 폴더들이 보입니다.

CHAPTER

04 스니펫

snippet은 코드 조각이란 뜻으로 자주 사용하는 코드의 조각들을 만들어놓고 언제든지 불러서 사용하는 것을 말합니다. 서브라임텍스트에서는 기본적으로 스니펫을 지원합니다. 스니펫의 파일 형식은 .sublime-snippet의 확장자를 가지며 XML 파일 형식의 구문을 사용합니다.
어려울거 없으니 한 번 만들어보겠습니다.

1 ○○ 스니펫 만들기

서브라임텍스트을 실행시킨 후 Tool 〉 Developer 〉 New Snippet를 클릭합니다.

> 서브라임텍스트가 업데이트 됨에 따라 위치가 변동될 수 있습니다. 이전에는 Tool 〉 New Snippet에 위치하고 있었습니다.

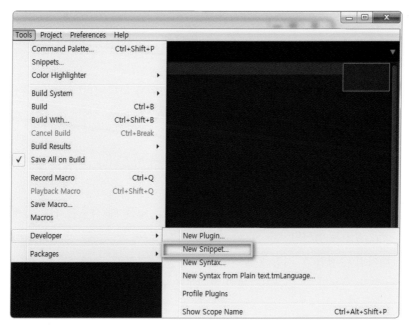

그럼 아래와 같은 파일이 나옵니다.

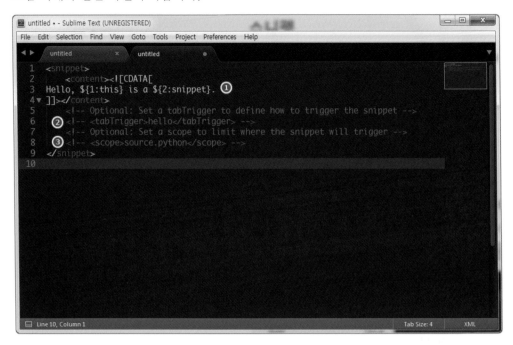

❶번은 스니펫을 넣는 부분입니다. ${1:this}라고 나오는데 ${숫자:스니펫에 대한 설명} 입니다.

예를 들어 ${1:설명1} ....${2:설명2}하면 1,2는 순서를 나타냅니다. 탭을 누르면 1 다시 탭을 누르면 2 이런식으로 순차적으로 나갑니다.

❷번은 스니펫의 단축 이름입니다. 키보드를 누르면 나타나는 스니펫의 단축 이름입니다. 지금은 주석처리되어 있으니 활성화시켜야 합니다.

❸번은 스니펫이 적용될 파일명입니다. 이 부분은 범위를 나타냅니다. source.css라고 지정하면 .css 확장지를 가진 파일에만 적용이 되고, source.css, source.scss 하면 .css 파일과 .scss 파일 두 군데 모두 적용이 됩니다.

파일의 형식을 지정함으로써 적용될 영역을 지정할 수 있습니다. 지금은 주석처리되어 있으니 활성화시켜야 합니다.

⟨description⟩...⟨/description⟩ 구문은 주석에 설명을 넣을 때 사용합니다. 옵션값이니 넣어도 되고, 안 넣어도 됩니다.

구문을 아래처럼 수정한 후 저장을 클릭하면 파일명을 지정할 수 있습니다. 이 주석은 css, less, sass 모두 사용할 수 있어서 3개의 파일 타입을 지정했습니다.

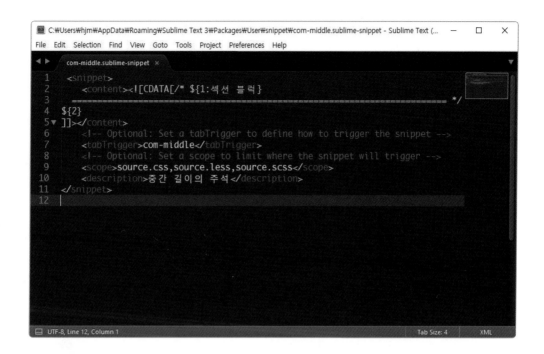

경로는 C:\Users\hjm\AppData\Roaming\Sublime Text 3\Packages\User에 저장하는데 저는 snippet라는 폴더를 하나 만들어서 그곳에 위치하겠습니다.

확장자를 반드시 .sublime-snippet라고 해야합니다.

이제 사용해보겠습니다. 서브라임텍스트를 재시작해 주세요.

SASS 파일을 하나 만들고 com이라고 입력하면 자동으로 주석이 보입니다. [Enter]를 클릭합니다.

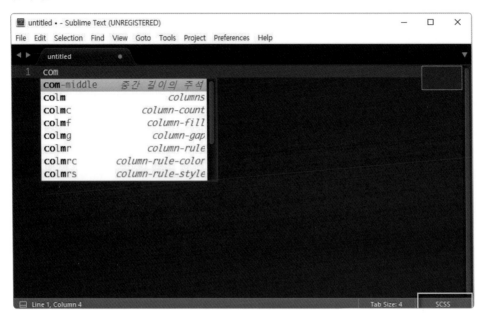

방금 저장한 주석이 삽입되었습니다. 첫 번째 블럭에 자리를 잡고 있습니다. 원하는 글자를 입력 후 [Tab]을 누릅니다.

저는 layout이라는 글자를 입력 후 Tab 을 눌렀습니다. 그럼 두 번째 자리에 있습니다.

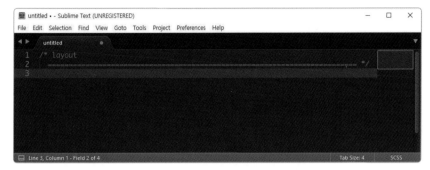

이런 식으로 스니펫을 만들어서 사용할 수 있습니다.

예제로 long이라는 스니펫을 하나 더 만들었습니다.

동일한 구문을 입력하면 스니펫 두 개가 동시에 보여집니다.

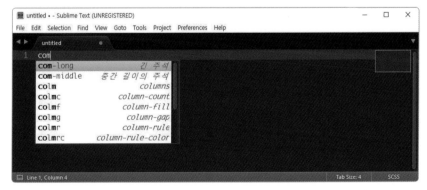

원하는 주석은 키보드의 화살표 방향으로 선택할 수 있습니다.

C H A P T E R

05 Goto Anything

서브라임텍스트는 상당이 많은 기능이 있습니다. 그중에서 장점이 단축키로 모든 기능을 이용하고, 간단한 기호로 원하는 곳이나 파일을 찾을 수 있다는 겁니다.

Goto 〉 Goto Anything하면 파일을 검색할 수 있습니다. 단축키로는 Ctrl + P 를 누르면 됩니다.

예제로 05-go를 누르면 해당문서를 강조하고 미리 보여줍니다.

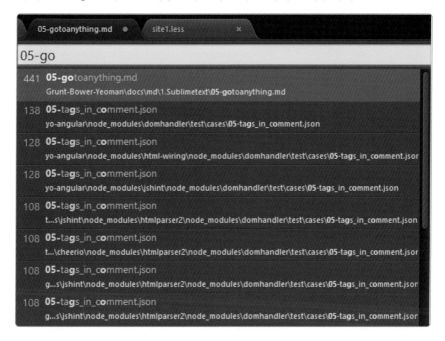

Ctrl+P를 누른후 @를 누르면 클래스나 매소드같은 심볼을 검색합니다.

키보드의 화살표로 내리면 해당 심볼을 미리 보여줍니다.

```scss
 1  $icon-font-path: "../bower_components/
 2  // bower:scss
 3  @import "bootstrap-sass-official/asset
 4  // endbower
 5
 6▼ .browsehappy {
 7    margin: 0.2em 0;
 8    background: #ccc;
 9    color: #000;
10    padding: 0.2em 0;
11  }
12
13  body {
14    padding: 0;
15  }
16
17  /* Everything but the jumbotron gets side spacing for mobile first views */
18  .header,
19  .marketing,
20▼ .footer {
21    padding-left: 15px;
22    padding-right: 15px;
23  }
```

#를 누르면 텍스트를 검색해서 미리 보여줍니다.

```scss
 1  $icon-font-path: "../bower_components/
 2  // bower:scss
 3  @import "bootstrap-sass-official/asset
 4  // endbower
 5
 6▼ .browsehappy {
 7    margin: 0.2em 0;
 8    background: #ccc;
 9    color: #000;
10    padding: 0.2em 0;
11  }
12
13  body {
14    padding: 0;
15  }
16
17  /* Everything but the jumbotron gets side spacing for mobile first views */
18  .header,
19  .marketing,
20▼ .footer {
21    padding-left: 15px;
22    padding-right: 15px;
23  }
24
```

: 를 누르면 특정 행을 보여주고 [Enter]를 치면 해당 행으로 이동합니다.

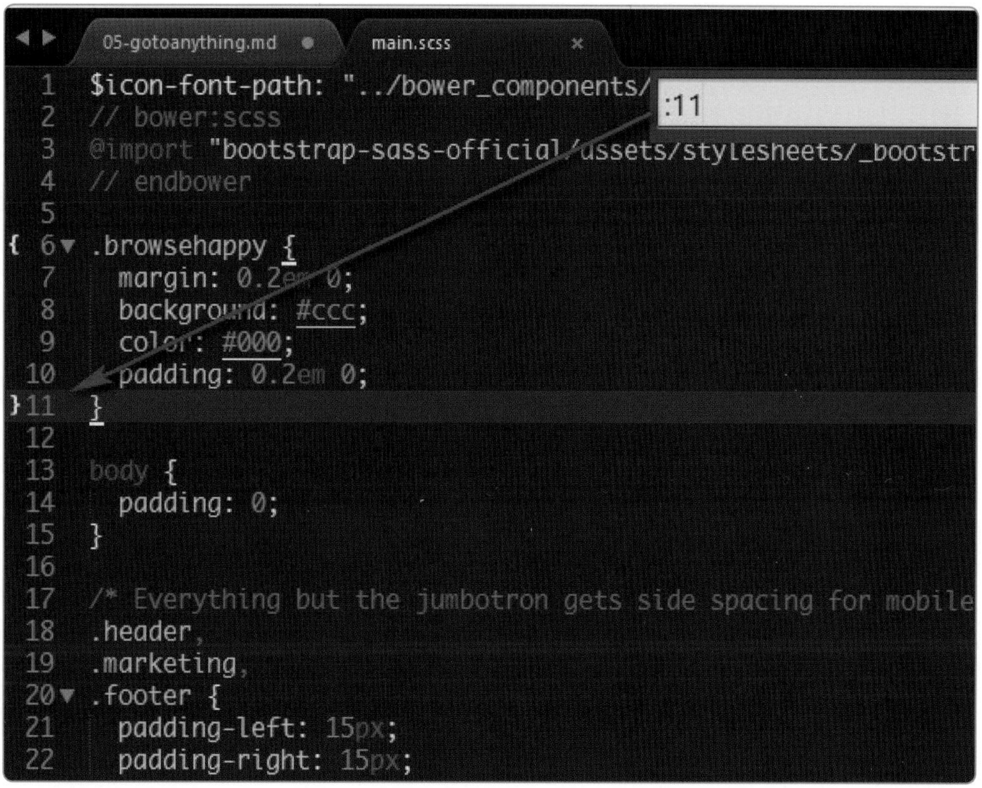

- [Ctrl]+[P] : 해당 문서 검색
- [Ctrl]+[P]+[@] : 심볼 검색
- [Ctrl]+[P]+[#] : 텍스트 검색
- [Ctrl]+[P]+[:] : 행 이동

이런 기호를 조합하여 문서와 원하는 심볼이나 텍스트, 행으로 이동도 가능합니다.

해당 문서 검색 + 심볼 검색은 [Ctrl]+[P] 〉 문서 이름@심볼을 입력하면 검색해서 불러올 수 있습니다.

예를 들어 main.scss라는 문서를 불러온 후 @.header을 입력하면 첫 번째 .header 클래스를 불러옵니다. 아래에 있는 .header을 참고하세요.

키보드로 한 칸 아래로 내리면 아래에 있는 .header 클래스로 이동하며 보여줍니다.

이렇듯 서브라임텍스트는 [Ctrl]+[P]를 눌러 조합해서 검색하고 불러오기할 수 있으며, 어떤 기호를 넣고 검색하느냐에 따라 다양한 검색과 이동을 할 수 있습니다.

06 | 패키지 관리 도구

서브라임텍스트는 플러그인을 설치하기 위해서는 패키지를 관리할 수 있는 Package Control이라는 것을 설치해야 합니다.

Package Control를 설치하지 않으면 플러그인을 설치할 수 없습니다.
서브라임텍스트를 설치하면 꼭 한 번은 설치해야 합니다.

서브라임텍스트3이라면 https://packagecontrol.io/installation에 가서서 아래부분처럼 표시한 부분을 복사하면 됩니다.

Package Control

INSTALLATION

Simple

The simplest method of installation is through the Sublime Text console. The console is accessed via the `ctrl+`` shortcut or the View > Show Console menu. Once open, paste the appropriate Python code for your version of Sublime Text into the console.

SUBLIME TEXT 3　　**SUBLIME TEXT 2**

```
import urllib.request,os,hashlib; h =
'2915d1851351e5ee549c20394736b442' +
'8bc59f460fa1548d1514676163dafc88'; pf = 'Package Control.sublime-
package'; ipp = sublime.installed_packages_path();
urllib.request.install_opener( urllib.request.build_opener(
urllib.request.ProxyHandler()) ); by = urllib.request.urlopen(
'http://packagecontrol.io/' + pf.replace(' ', '%20')).read(); dh =
hashlib.sha256(by).hexdigest(); print('Error validating download
(got %s instead of %s), please try manual install' % (dh, h)) if
dh != h else open(os.path.join( ipp, pf), 'wb' ).write(by)
```

This code creates the Installed Packages folder for you (if necessary), and then downloads the `Package Control.sublime-package` into it. The download will be done over HTTP instead of HTTPS due to Python standard library limitations, however the file will be validated using SHA-256.

WARNING: Please do not redistribute the install code via another website. It will change with every release. Instead, please link to this page.

서브라임텍스트2 경우에는 옆의 SUBLIME TEXT 2를 클릭해서 나오는 부분을 복사해야 합
니다.

서브라임텍스트를 엽니다.

View 〉 Show Console 메뉴를 클릭합니다.

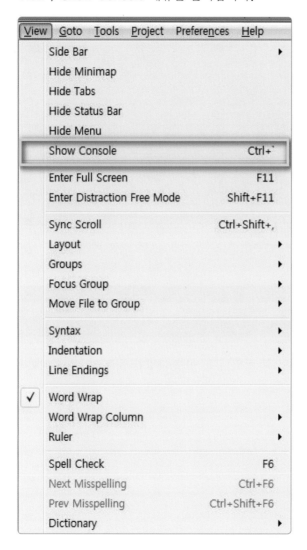

아래 나오는 명령창 부분에 복사한 코드를 붙여넣기한 후 [Enter]를 클릭합니다.

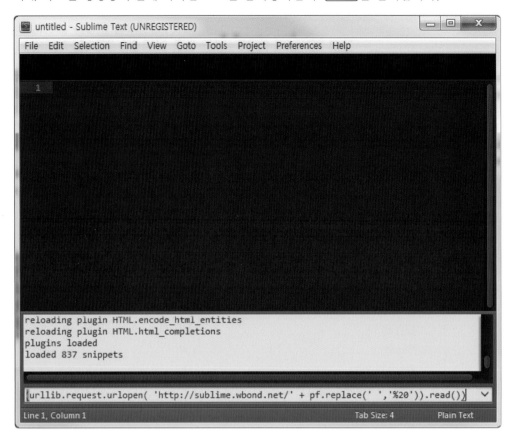

Package Control 설치는 이것으로 끝입니다. 이제 다양한 플러그인을 설치함으로써 확장
기능을 사용할 수 있습니다.

한글 입력문제 해결하는 방법

서브라임텍스트가 윈도우에서 한글을 쓰게되면 왼쪽 상단에 글자가 떠 있는 증상이 있습니다.

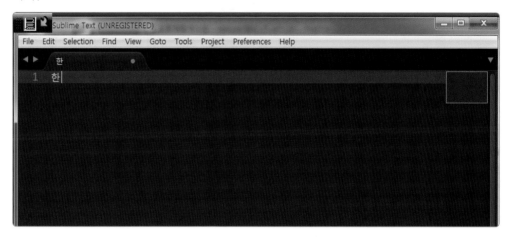

이걸 해결하려면 IMESupport라는 플러그인을 설치해주면 됩니다.

IMESupport 플러그인의 홈페이지는 https://packagecontrol.io/packages/IMESupport 입니다.

Tools ⟩ Command Palette.. 또는 Ctrl+Shift+P를 눌러 명령 팔렛트를 엽니다.

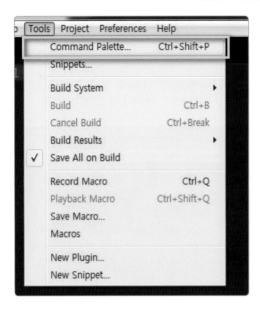

❶번에 Package Control: Install Package를 입력해야 ❷번처럼 선택되어 집니다.

서브라임텍스트는 ❶번처럼 텍스트를 입력하면 해당하는 메뉴를 알아서 선택해줍니다. 저
상태에서 ins라고 입력해도 Package Control: Install Package가 선택될 겁니다.

Package Control: Install Package가 선택된 상태에서 [Enter]를 클릭하면 됩니다.

잠시 후 새 창이 뜨면 아래처럼 IMESupport를 입력해서 선택합니다.

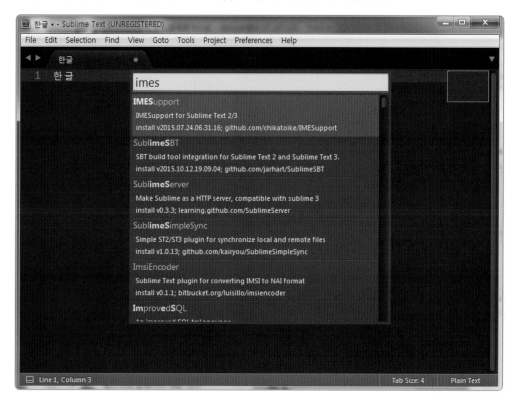

다시 한글을 입력해보았습니다. 한글을 완벽하게 지원하지는 못하지만 왼쪽 상단에 붙는 증상은 해결했습니다.

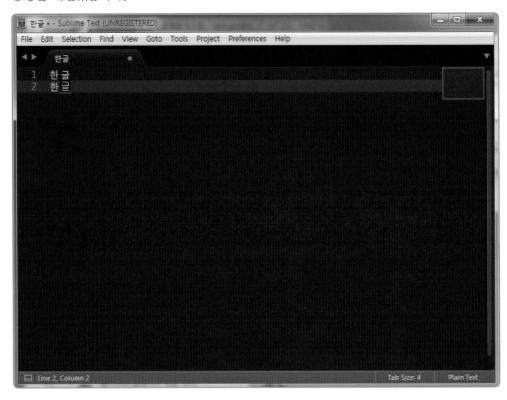

IMESupport 플러그인은 설치만해도 한글 문제가 해결됨으로 따로 설정할 필요가 없습니다.

CHAPTER

08

한글 인코딩 문제

서브라임텍스트는 아쉽게도 한국, 일본, 중국에서 사용하는 인코딩에 대한 지원이 미흡합니다.

아래처럼 euc-kr 인코딩 문서는 영어는 잘보이나 한글이 깨집니다.

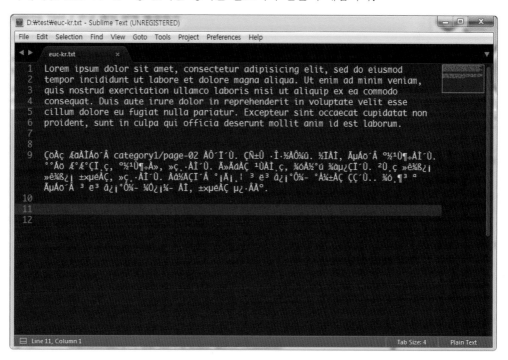

GB2312, GBK, BIG5, EUC-KR, EUC-JP와 같은 인코딩을 잘 표시하지 못합니다. 이런한 단점을 보완해주는 플러그인이 ConvertToUTF8 입니다.

ConvertToUTF8의 홈페이지는 https://packagecontrol.io/packages/ConvertToUTF8
입니다.

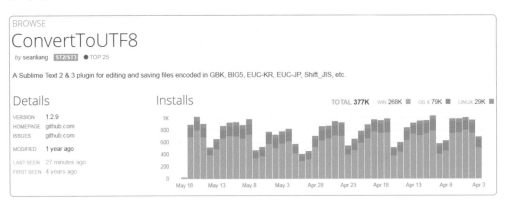

1 설치

Tools 〉 Command Palette.. 또는 Ctrl + Shift + P 를 눌러 명령 팔렛트를 엽니다.

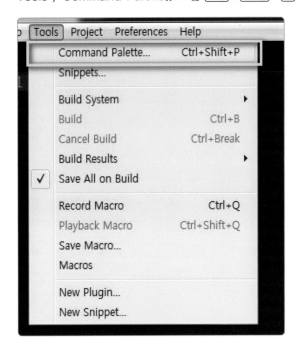

Package Control: Install Package를 설치합니다.

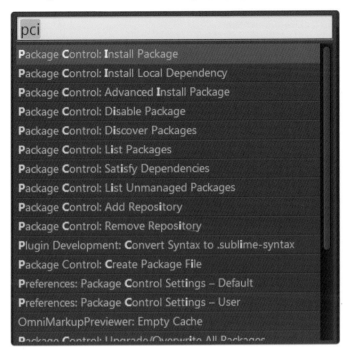

잠시 후 새 창이 뜨면 ConvertToUTF8를 입력해서 설치합니다.

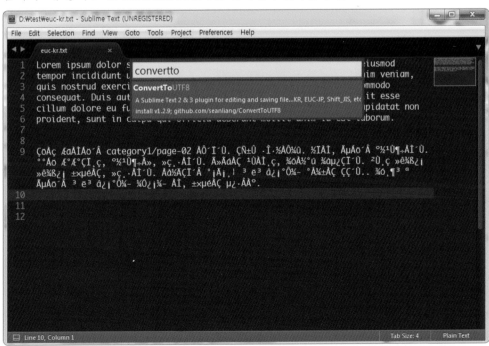

설치가 완료되었습니다. ConvertToUTF8에 대한 안내글이 나옵니다.

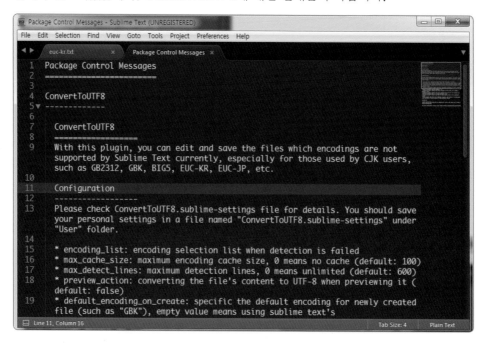

현재 열린 문서를 보았습니다. euc-kr 인코딩을 지원하기에 한글이 깨지지 않고 잘 보입니다.

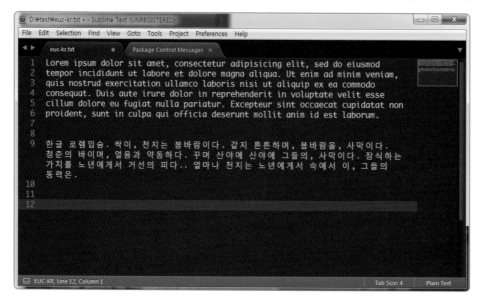

만약 이미지처럼 자동으로 인코딩이 지원되어서 보이지 않는다면 인코딩을 지정할 수 있습니다.

❶번은 다른 인코딩 파일을 이미지에 보이는 인코딩으로 다시 여는 메뉴입니다. 주로 euc-kr 인코딩을 uft-8로 변경하곤 합니다. ❷번도 동일하게 인코딩을 변경해서 저장합니다.

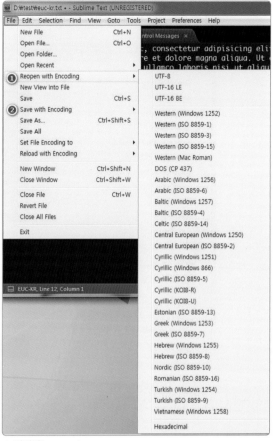

▲ 전체메뉴

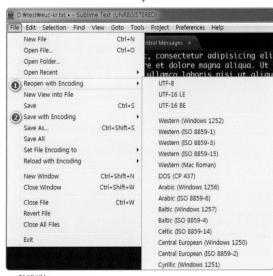

▲ 확대메뉴

❸번 ❹번도 현재 열린 파일을 이미지의 인코딩으로 변경하는 메뉴입니다.

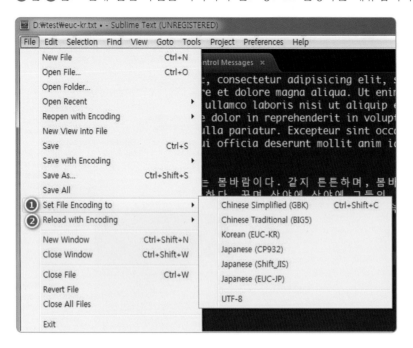

이렇듯 지원하지 않는 인코딩 문제를 ConvertToUTF8 플러그인으로 해결했습니다. 한국의 경우 euc-kr 인코딩을 자주 사용하니 ConvertToUTF8 플러그인은 꼭 설치해야 합니다.

CHAPTER

09

사이드바 확장

서브라임텍스트에는 사이드바라는 기능이 있는데 많이 사용합니다. 그러나 기존의 사이드
바 기능은 개수가 적어서 사용하기에 부족합니다.

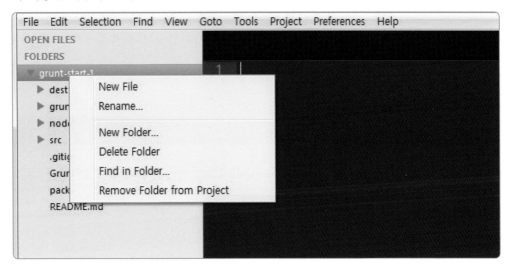

기존의 사이드바에서는 새 파일, 이름 바꾸기, 새 폴더, 폴더 삭제, 찾기, 프로젝트 폴더 삭
제만 사용할 수 있습니다. 이런 부족한 부분을 확장시켜주는 SideBarEnhancements 플러
그인을 설치해보겠습니다.

SideBarEnhancements 플러그인의 홈페이지는 https://packagecontrol.io/packages/
SideBarEnhancements입니다.

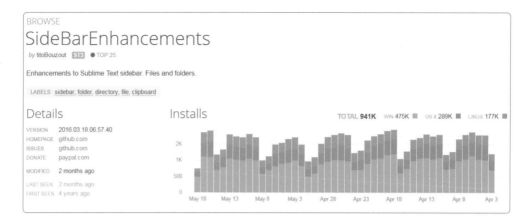

SideBarEnhancements 플러그인의 기능은 매우 많습니다. 홈페이지를 참고하시고 그중에 몇몇 중요한 메뉴에 대해서 알아봅니다.

Tools 〉 Command Palette.. 또는 Ctrl + Shift + P 를 눌러 명령 팔렛트를 엽니다.

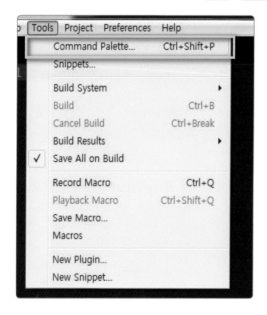

Package Control: Install Package를 설치합니다.

잠시 후 새 창이 뜨면 SideBarEnhancements를 입력해서 설치합니다.

서브라임텍스트 하단에 설치하는 과정이 보입니다. 금방 설치가 되기 때문에 이 부분을 놓칠수도 있습니다

다시 폴더에서 마우스 우측 버튼을 눌러봅니다. 이전과는 다른 확장된 사이드바가 보일 겁니다.

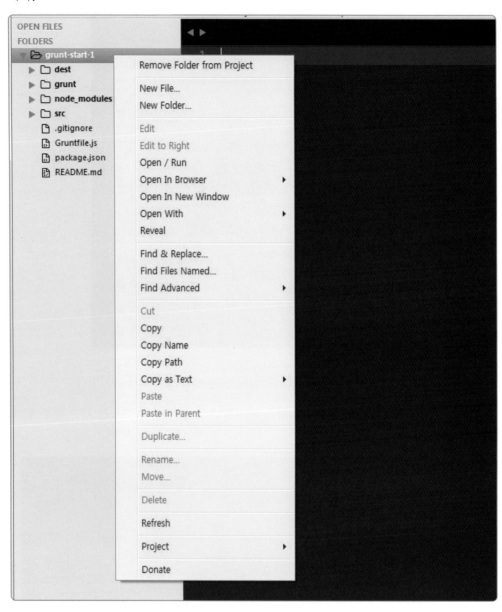

SideBarEnhancements 플러그인은 설치하면 바로 사용할 수 있는 기능도 있지만 사용자 편의에 맞게 수정하는 것도 있습니다. 먼저 사이드바에 폴더가 있어야 제대로 기능을 이용할수 있으니 File 〉 Open Folder로 폴더를 열겠습니다.

파일이 들어있는 아무 폴더나 서브라임텍스트에서 열어보겠습니다. 폴더를 드래그해서 서브라임텍스트에 떨어뜨려 열 수 있습니다.

또는 File 〉 Open Folder..를 클릭해서 폴더를 열 수 있습니다.

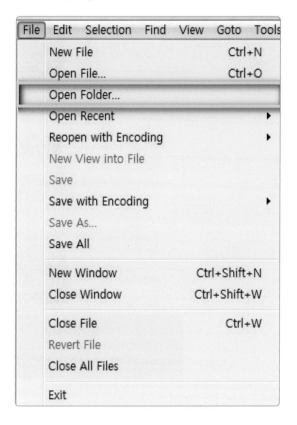

저는 아래처럼 grunt—start—1이라는 폴더를 열었습니다.

아마도 기본 상태에서 폴더를 열면 저처럼 아무것도 안 보입니다. 단지 위에 보면 grunt—start—1 이라는 폴더명만 보일 뿐입니다.

View 〉 Side Bar 〉 Show Side Bar를 클릭해보세요.

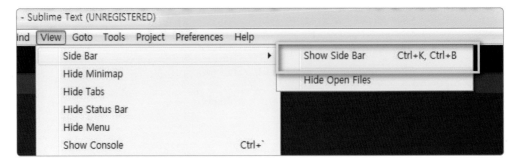

이제야 제대로 폴더와 파일이 보일 겁니다.

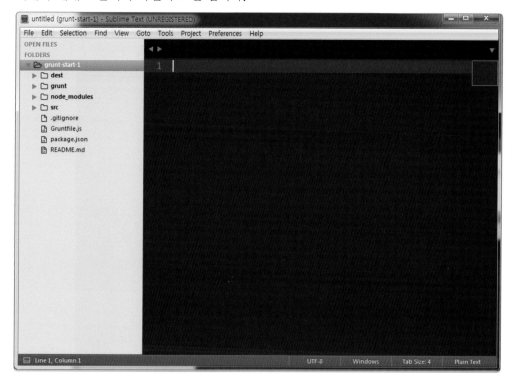

View 〉 Side Bar 〉 Hide Side Bar를 클릭하면 다시 사이드바를 닫습니다.

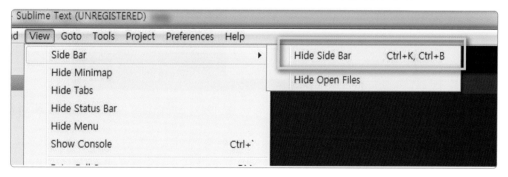

자세히 보시면 단축키가 [Ctrl]+[K], [Ctrl]+[B]라고 나와 있습니다.

$\boxed{\text{Ctrl}}$+$\boxed{\text{K}}$와 $\boxed{\text{Ctrl}}$+$\boxed{\text{B}}$를 순차적으로 누르면 사이드바를 열고 닫을 수 있습니다. 이런 식으로 단축키가 두 개가 연속적으로 나오는 것은 연속적으로 누르면 됩니다.

사이드바에서 마우스 우측 버튼을 클릭하면 아래처럼 메뉴가 나옵니다.

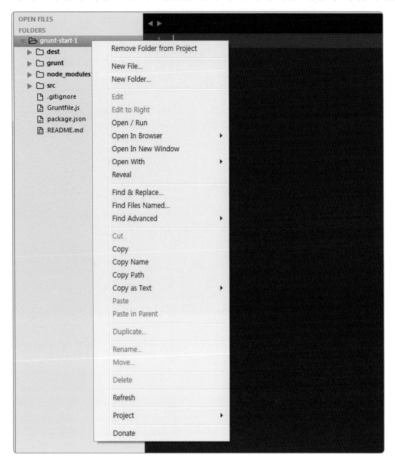

기존의 메뉴는 그대로 사용할 수 있고 추가적으로 더 많은 메뉴를 사용할 수 있습니다.

❶번 Remove Folder from Project는 현재 사이드바에 있는 폴더(프로젝트)를 삭제합니다.(서브라임텍스트에서만 안 보일 뿐 실제 폴더는 삭제하지 않습니다.)

❹번 Project에 이 메뉴를 포함한 더 많은 메뉴가 있습니다. 프로젝트를 수정한다든가, 프로젝트에 폴더를 추가한다든가 하는 다양한 메뉴가 있습니다.

❷번 Open In New Window는 새로운 서브라임텍스트에서 해당 폴더를 엽니다.

❺번 Open In Browser은 선택한 파일을 해당 브라우져로 엽니다.

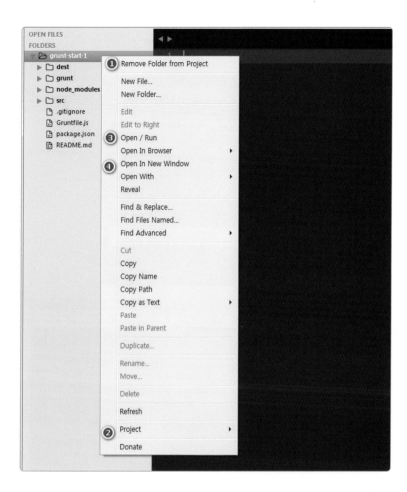

❸번 Opne / Run은 해당폴더 위치에서 Power Shell을 엽니다.

Open Width 〉 Edit Applications..를 클릭하면 Side Bar.sublime-menu라는 설정 파일을 엽니다. 여기서는 연결 프로그램을 지정할 수 있습니다.

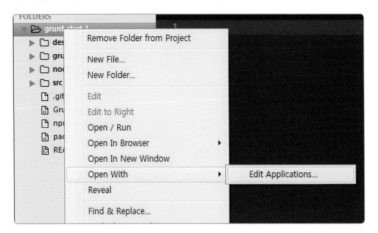

예제에 있는 대로 Photoshop을 연결해봤습니다. Photoshop은 이미지를 보고, 편집하는 프로그램입니다. Photoshop이 설치되어 있어야 정상적으로 연결이 됩니다.

Photoshop이 설치된 경로를 아래처럼 application에 입력해주었습니다.

```
//application 1
{
    "caption": "Photoshop",
    "id": "side-bar-files-open-with-photoshop",

    "command": "side_bar_files_open_with",
    "args": {
                "paths": [],
                "application": "C:\\Program Files\\Adobe\\Adobe Photoshop CC 2014\\Photoshop.exe",
                "extensions":"psd|png|jpg|jpeg", //any file with these extensions
                "args":[]
            },
    "open_automatically" : false // will close the view/tab and launch the application
},
```

images라는 폴더에 마우스 우측 클릭을 해서 Opne Width를 연결하면 Photoshop이 비활
성화되어 있습니다. 폴더를 이미지 편집 프로그램인 Photoshop으로 열 수는 없으니까요.

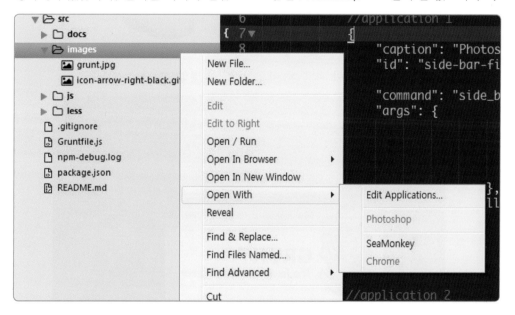

grunt.jpg라는 이미지에 마우스 우측 클릭을 하니 Open Width 〉 Photoshop이 활성화되어 있습니다. 클릭합니다.

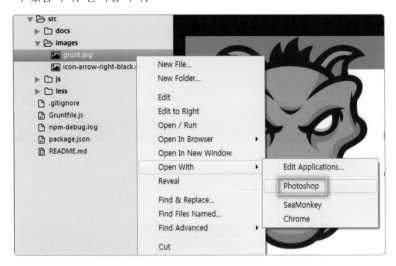

Photoshop이 실행이 되고 grunt.jpg 파일을 열었습니다.

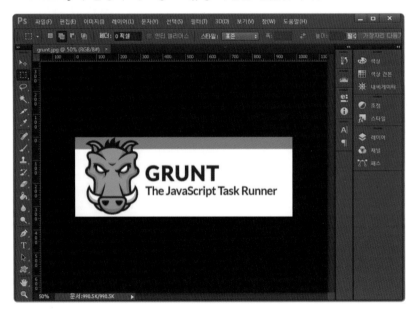

이렇듯 Open With 메뉴를 통해서 연결 프로그램을 지정할 수 있습니다.

에디터에서 볼 수 있는 파일이 한정되어 있기에 많은 프로그램을 지정하기에는 다소 어려움이 있습니다. 하지만 브라우져나 이미지뷰어 같은 프로그램을 연결해서 사용하면 무척 편리하게 이용할 수 있습니다.

CHAPTER

10

빠른 마크업 도구 Emmet

서브라임텍스트에는 기본적으로 젠코딩(Zen Coding)을 지원합니다.

젠코딩은 HTML, XML, XSL 등의 문서를 편집할 때 단축어를 확장하는 기능으로써 생략어를 입력하면 확장해서 완전한 구문으로 바꿔주는 역할을 합니다.

예를 들어 아래처럼 html 문서모드로 지정하고 div.zencoding라고 입력합니다.

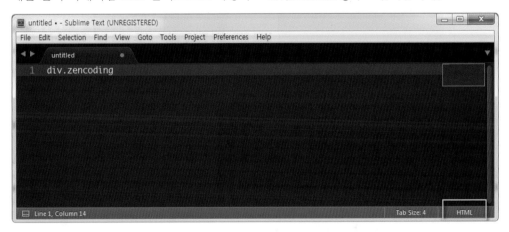

단어의 끝에 커서가 위치할 때 Tab키를 누르면 아래처럼 구문이 변경됩니다.

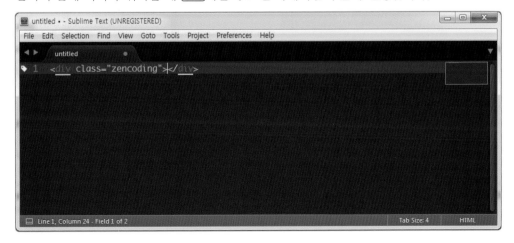

젠코딩 기능을 더 확장해서 만들어진 기능이 Emmet라는 플러그인입니다.

홈페이지의 Watch demo를 클릭하면 동영상으로 Emmet의 기능을 확인할 수 있습니다.

http://emmet.io

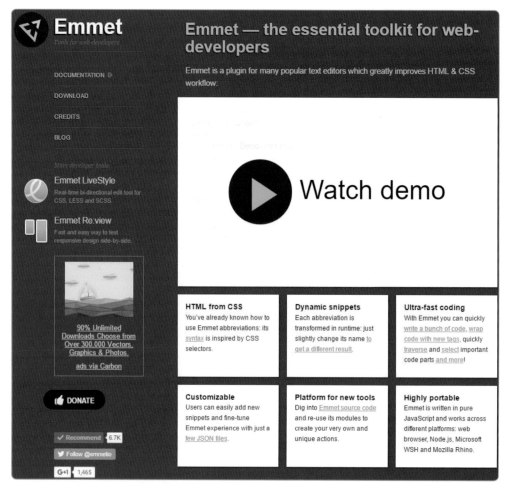

Emmet 플러그인은 HTML, XML, HAML, CSS, SASS, LESS, Stylus 등에서 사용할 수 있습니다.

마크업을 하는 직종이라면 이 플러그인을 필수라 하겠습니다.

Emmet 플러그인의 홈페이지는 https://packagecontrol.io/packages/Emmet 입니다. 플러그인 설치방법, 사용 가능한 작업, 확장 지원, 단축키 등등의 사용법이 나와 있습니다.

1 설치

다른 플러그인을 설치하는 것과 동일하게 Emmet도 설치합니다.

Tools 〉 Command Palette.. 또는 Ctrl + Shift + P 를 눌러 명령 팔렛트를 엽니다.

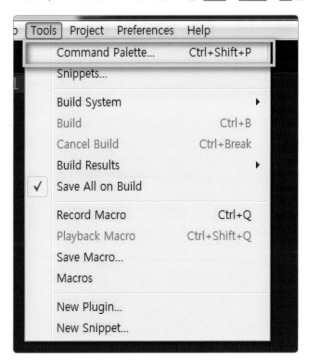

Package Control: Install Package를 설치합니다.

잠시 후 새 창이 뜨면 emmet를 입력해서 설치합니다.

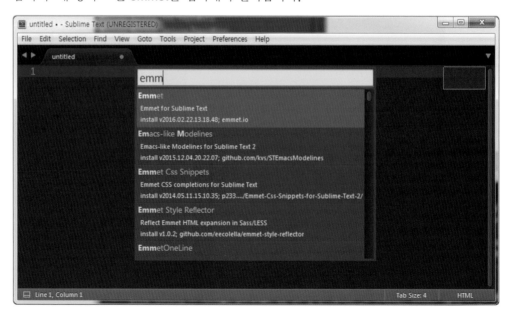

설치가 완료되었습니다. ConvertToUTF8에 대한 안내글이 나옵니다.

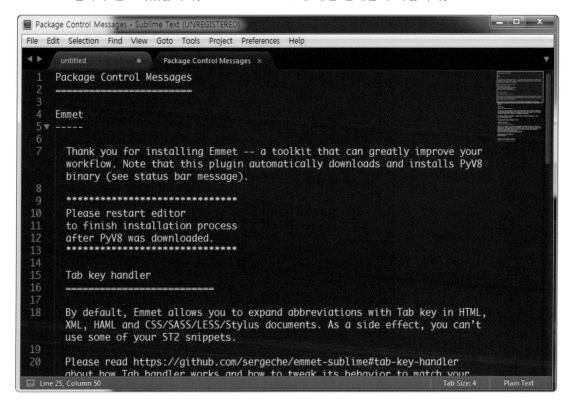

emmet의 사용법은 문서와 동영상으로 잘 정리되어 있습니다. 상당이 많은 양의 사용법이 있으니 홈페이지의 동영상을 보고 사용법을 익혀두시길 바랍니다.

http://docs.emmet.io/

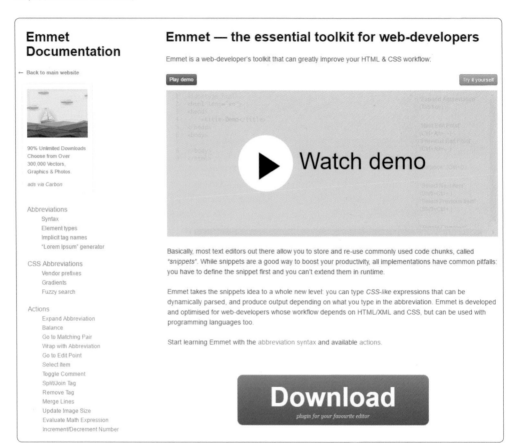

왼쪽 하단의 cheat sheet를 클릭하면 단축어에 대한 내용이 잘 나와 있습니다.

http://docs.emmet.io/cheat-sheet/

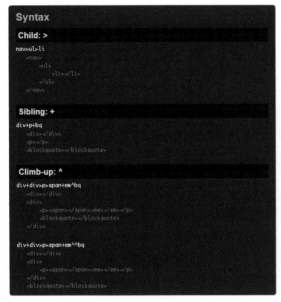

이 책에서는 플러그인 페이지에 소개된 몇몇 기능에 대해서 간단한 사용법을 알아보겠습니다.

단축어를 확장시키는 단축키는 Tab 또는 Ctrl+E입니다. 단축어를 입력하고 Tab을 누르거나 Ctrl+E를 누르면 확장됩니다.

html 문서에서 html5 DOCTYPE을 선언하는 것은 단축어로 ! 또는 html:5입니다.

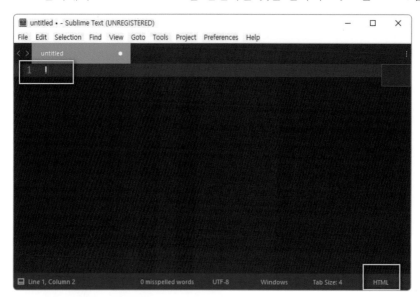

여기서 Tab을 누르면 html5 DOCTYPE으로 확장됩니다.

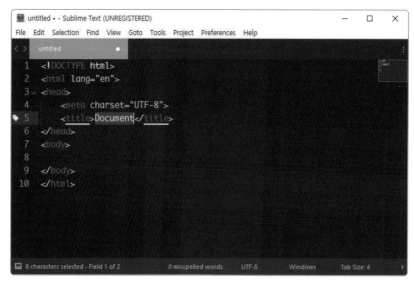

이 단축어는 치크시트인 http://docs.emmet.io/cheat-sheet/에 모두 나와 있습니다.

Interactive Expand Abbreviation는 입력과 동시에 실시간으로 코드를 변경합니다. 현재 빈 곳에 커서가 있습니다.

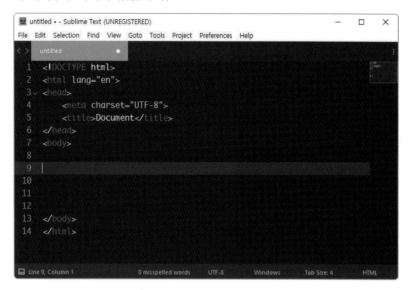

여기서 단축키인 Ctrl + Alt + Enter 를 입력하면 아래와 같이 변경됩니다.

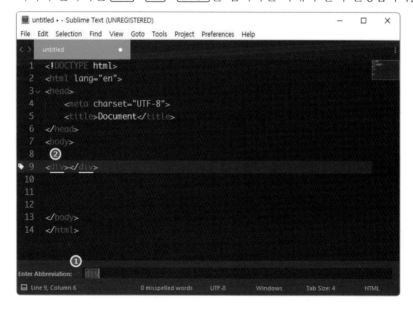

❶번에서 입력한것이 ❷번에 실시간으로 변경되어서 보여집니다.

아래의 예제처럼 ul)li * 3이라고 입력하면 동시에 에디터 안에서 보여지고 1번에서 [Enter]를 치면 2번영역의 〈li〉 태그 안에 커서가 위치합니다.

이런 식으로 실시간으로 코드를 보면서 입력할 수 있는 것이 Interactive Expand Abbreviation 입니다.

---

5   Match Tag Pair Outward – [Ctrl]+[ ]

Match Tag Pair Outward 는 매칭되는 html 요소의 영역만큼 확대하면서 선택합니다.

예를 들어 아래의 이미지는 〈p〉태그에 커서가 위치해 있습니다.

```
9 ∨ <div id="page">
0 ∨     <section class="content">
1           <h1>title</h1>
2           <p>Lorem ipsum |dolor sit amet</p>
3       </section>
4 </div>
```

여기서 Ctrl+□를 누르면 해당영역
만큼 선택됩니다.

```html
<div id="page">
    <section class="content">
        <h1>title</h1>
        <p>Lorem ipsum dolor sit amet</p>
    </section>
</div>
```

한 번 더 누르면 그 부모영역인 ⟨p⟩
태그까지 선택됩니다.

```html
<div id="page">
    <section class="content">
        <h1>title</h1>
        <p>Lorem ipsum dolor sit amet</p>
    </section>
</div>
```

한 번 더 누르면 그 부모영역인 ⟨section⟩
태그까지 선택됩니다.

```html
<div id="page">
    <section class="content">
        <h1>title</h1>
        <p>Lorem ipsum dolor sit amet</p>
    </section>
</div>
```

6 Match Tag Pair Inward – Shift+Ctrl+0

Match Tag Pair Inward 는 Match Tag Pair Outward 의 반대로 축소하면서 영역을 선택합니다.

하지만 Sublime Text 3에서는 정상작동되지 않습니다.

> 인용 만들면서 배우는 모던웹사이트 제작(저자:야무) 의 책에 해결방법이 있습니다. 야무님의 노력 끝에 해결한 방법인데 저자의 허락을 받고 인용하도록 하겠습니다.

Preferences – Key Bindings – User를 클릭해서 아래의 내용을 추가합니다.

```
1  [
2      { "keys": ["ctrl+."], "command": "run_emmet_action", "args":
       {"action": "balance_inward"} }
3  ]
```

서브라임텍스트를 재시작합니다. 위와 같은 상황에서 이제는 Ctrl + . 을 누릅니다.

```
<div id="page">
    <section class="content">
        <h1>title</h1>
        <p>Lorem ipsum dolor sit amet</p>
    </section>
</div>
```

한 번 더 누르면 첫 번째 자식태그인 〈h1〉 태그까지 선택됩니다.

```
<div id="page">
    <section class="content">
        <h1>title</h1>
        <p>Lorem ipsum dolor sit amet</p>
    </section>
</div>
```

한 번 더 누르면 그 부모영역인 〈h1〉 태그 안까지 선택됩니다.

```
<div id="page">
    <section class="content">
        <h1>title</h1>
        <p>Lorem ipsum dolor sit amet</p>
    </section>
</div>
```

7   Go to Matching Pair – Ctrl + Alt + J

Go to Matching Pair 는 html 요소의 시작과 끝지점으로 점핑하는 기능입니다.

예를 들어 〈section〉 태그에 커서가 위치해 있습니다. 여기서 Ctrl + Alt + J 를 누릅니다.

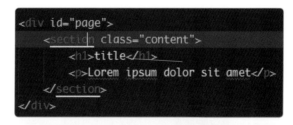

```
<div id="page">
    <section class="content">
        <h1>title</h1>
        <p>Lorem ipsum dolor sit amet</p>
    </section>
</div>
```

그러면 닫는 태그인 〈/section〉 태그 앞에 커서가 위치해 있습니다.

```
<div id="page">
    <section class="content">
        <h1>title</h1>
        <p>Lorem ipsum dolor sit amet</p>
    |</section>
</div>
```

한 번 더 누르면 시작태그인 〈section〉
태그에 다시 위치합니다.

---

8 Wrap With Abbreviation – Shift + Ctrl + G

Wrap With Abbreviation 는 html 요소를 감싸는 부모요소를 추가하는 기능입니다.

예를 들어 아래와 같이 〈p〉 태그 밖에 커서가 위치해 있습니다.

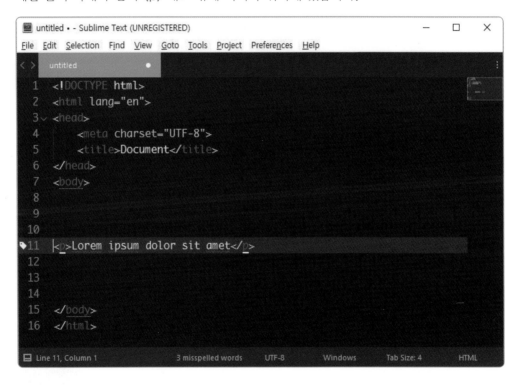

Shift + **Ctrl** + **G** 누르면 아래처럼 **❶**번 부분처럼 입력필드 부분이 보여집니다.

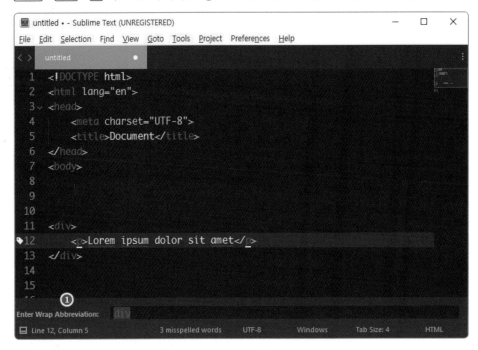

여기서부터는 Interactive Expand Abbreviation와 동일하게 **❶**번부분에 입력하면 **❷**번 부분에 실시간으로 변경되어 보여집니다.

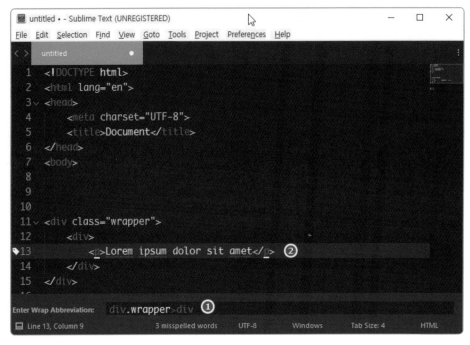

Go to Edit Point는 비어있는 태그, 속성 그리고 들여쓰기와 줄바꿈의 위치에 이동하는 기능입니다.

예를 들어 아래와 같은 태그가 있다고 가정합니다. 현재 커서의 위치는 〈ul〉 태그의 앞에 있습니다.

Ctrl + Alt + →를 누르면 첫 번째 빈 태그 사이로 커서가 이동합니다. 여기서는 〈li〉와 〈a〉 태그 사이로 이동했습니다.

다시 한 번 Ctrl + Alt + →를 누르면 빈 속성 사이인 href=""로 이동합니다.

다시 한 번 Ctrl + Alt + →를 누르면 〈a〉 태그 사이로 이동합니다.

다시 한 번 Ctrl + Alt + →를 누르면 〈li〉 태그 사이로 이동합니다.

다시 한 번 Ctrl+Alt+→를 누르
면 다음 줄에 있는 빈 태그인 〈li〉 태
그 사이로 이동합니다.

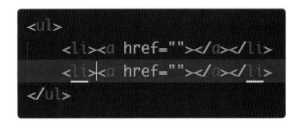

Select Item – Shift+Ctrl+. or Shift+Ctrl+.

Select Item 은 편집지점으로 이동합니다. 편집지점은 태그 이름, 속성 전체, 속성값이고
클래스는 클래스 전체, 클래스 개별로 선택합니다.

예를 들어 아래와 같은 태그가 있다
고 가정합니다. 〈section〉 태그 앞
에 커서가 있습니다.

Shift+Ctrl+.를 누르면 첫 번째
태그인 〈section〉 태그를 선택합니다.

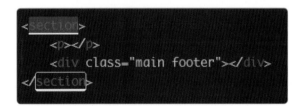

다시 Shift+Ctrl+.를 누르면 그
다음 태그인 〈p〉 태그를 선택합니다.

다시 Shift+Ctrl+.를 누르면 그
다음 태그인 〈div〉 태그를 선택합니다.

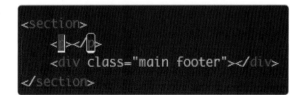

다시 Shift + Ctrl + . 를 누르면
클래스 전체를 선택합니다.

다시 Shift + Ctrl + . 를 누르면
클래스 속성 전체를 〈p〉 태그를
선택합니다.

다시 Shift + Ctrl + . 를 누르면 개
별 클래스인 main을 선택합니다.

다시 Shift + Ctrl + . 를 누르면 다
음 클래스인 footer를 선택합니다.

이 Select Item은 CSS에서도 동작합니다.

Shift + Ctrl + . 는 위의 것을 반대로 하지만 Sublime Text 3에서는 정상 작동하지 않습
니다.

11   Toggle Comment — Shift + / or Shift + Ctrl + /

Toggle Comment는 문서의 문법에 맞게 현재 영역을 주석처리합니다.

지원하는 문서형식은 HTML, XML, HAML, CSS, SASS, LESS, Stylus입니다.

예를 들어 아래와 같이 커서가 위치해 있다고 가정합니다. 현재 커서의 위치는 〈div〉 태그입니다.

여기서 Shift + Ctrl + / 를 누르면 현재행을 주석처리합니다. 다시 누르면 해제합니다.

여기서 Shift + Ctrl + / 를 누르면 하위까지 모두 포함해서 주석처리합니다. 다시 누르면 해제합니다.

---

12   Evaluate Math Expression — Shift + Ctrl + Y

Evaluate Math Expression 는 간단한 계산을 하고 결과를 보여줍니다. emmet가 지원하는 모든 파일명에서 사용할 수 있습니다.

예를 들어 아래와 같은 css가 있다고 가정합니다.

```
1    .test {
2        padding: 20+10;
3    }
4
```

현재는 단위가 붙어 있지 않고 숫자만 있습니다. 여기서 Shift + Ctrl + Y 를 누릅니다.

숫자가 계산된 것을 볼 수 있습니다. 조금 더 복잡한 계산할 경우는 해당 영역을 지정해줘야 합니다.

예를 들어 아래처럼 되어있으면 계산하고자 하는 영역을 지정해줍니다.

```
.test {
    padding: ((100/2)+10)px;
}
```

여기서 Shift + Ctrl + Y 를 누릅니다. 그럼 계산된 것을 볼 수 있습니다.

```
.test {
    padding: 60px;
}
```

13 │ Reflect CSS Value - Shift + Ctrl + R

Reflect CSS Value은 벤더 프리픽스가 붙은 여러 개의 값을 동시에 변경해줍니다.

예를 들어 오른쪽과 같은 값을 줬다고 가정합니다.

```
.test {
    -webkit-transform-origin: rotate(50deg);
    -moz-transform-origin: rotate(50deg);
    -ms-transform-origin: rotate(50deg);
    -o-transform-origin: rotate(50deg);
    transform-origin: rotate(50deg);
}
```

50을 15로 변경합니다.

```
.test {
    -webkit-transform-origin: rotate(15deg);
    -moz-transform-origin: rotate(50deg);
    -ms-transform-origin: rotate(50deg);
    -o-transform-origin: rotate(50deg);
    transform-origin: rotate(50deg);
}
```

그럼 나머지도 변경해야 합니다. 여기서 Shift + Ctrl + R 을 누릅니다.

```
.test {
    -webkit-transform-origin: rotate(15deg);
    -moz-transform-origin: rotate(50deg);
    -ms-transform-origin: rotate(50deg);
    -o-transform-origin: rotate(50deg);
    transform-origin: rotate(50deg);
}
```

커서를 따로 움직이거나 값을 동일하게 지정하지 않아도 알아서 변경해줍니다.

현재 소개된 기능 이외에도 많은 기능이 emmet 홈페이지인 http://docs.emmet.io/에 잘 나와 있습니다.

11 코드 정렬 Alignment

Alignment 특수한 기호를 사용해서 코드를 수직 정렬시키는 플러그인입니다.
Top25에 들어가는 아주 인기있는 플러그인입니다.
Alignment 플러그인의 홈페이지는 https://packagecontrol.io/packages/Alignment입니다.

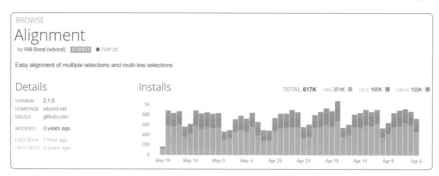

1 설치

Tools 〉 Command Palette.. 또는 Ctrl+Shift+P를 눌러 명령 팔렛트를 엽니다.

Package Control: Install Package를 설치합니다.

잠시 후 새 창이 뜨면 alignment를 입력해서 설치합니다.

설치가 완료되었습니다.

먼저 Alignment 플러그인의 기본 단축키를 알아봅니다.

Preferences 〉 Package Settings 〉 Alignment 〉 Key Bindings – Dafault를 클릭합니다.

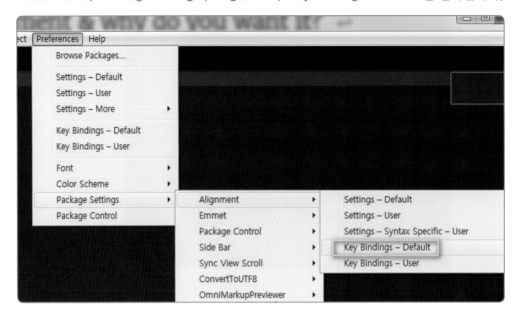

[Ctrl]+[Alt]+[a]가 단축키인 것을 알 수 있습니다.

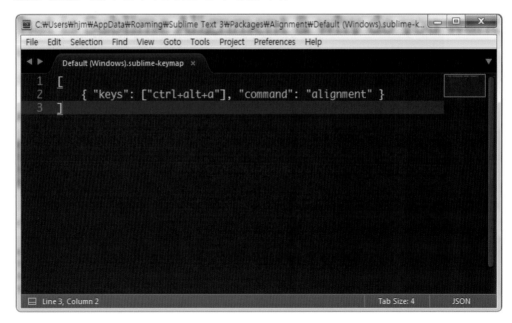

새 파일을 생성한 후 아래처럼 된 구문을 작성해보세요. 철자는 필요 없고 부등호 = 만 있으면 됩니다.

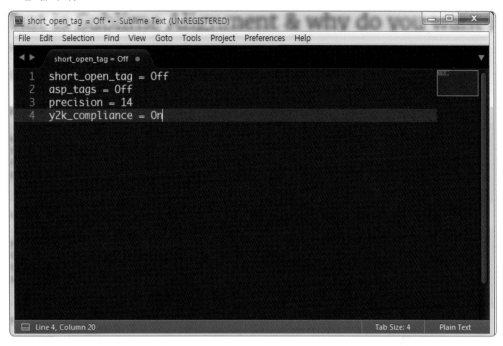

정렬을 시킬 코드블럭을 지정합니다.

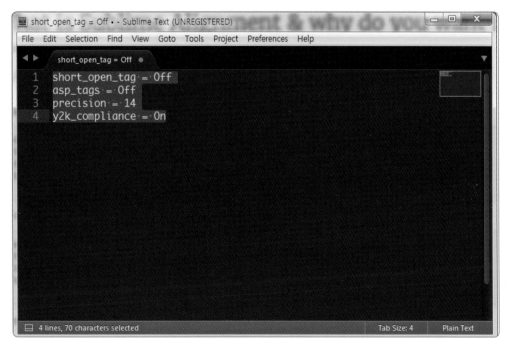

위에서 알아두었던 단축키인 Ctrl + Alt + a 를 누릅니다. = 를 기점으로 정렬된 것을 볼 수 있습니다.

기호를 추가해서 다른 구문도 정렬할 수도 있습니다. Preferences 〉 Package Settings 〉 Alignment 〉 Settings − Dafault를 클릭합니다.

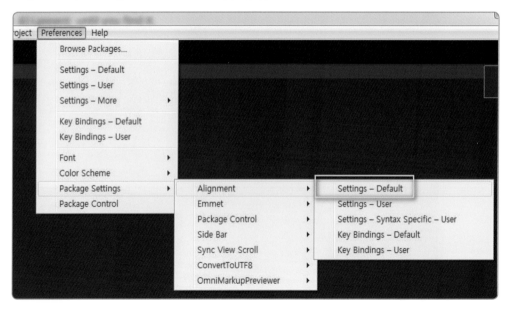

"alignment_chars": ["="]로 된 부분을 복사합니다.

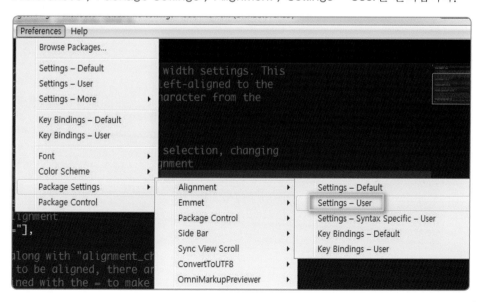

Preferences 〉 Package Settings 〉 Alignment 〉 Settings – User를 클릭합니다.

아래처럼 붙여넣고 수정합니다. 콜론 :을 추가했습니다.

아래처럼 코드를 작성합니다.

마찬가지로 정렬할 영역을 지정합니다.

단축키인 Ctrl + Alt + a 를 누릅니다. : 기준으로 코드가 정렬된 것을 볼 수 있습니다.

간편한 인공지능 코드정렬 플러그인입니다. 이전에 소개했던 Alignment를 기반으로 제작이 되었다고 합니다. Alignment 플러그인은 기호를 추가하거나 사용자가 편집을 해야하지만 VAlign 플러그인은 알아서 코드를 정렬합니다.

VAlign 플러그인의 홈페이지는 https://packagecontrol.io/packages/VAlign 입니다.

설치 방법은 다른 플러그인 설치하는 것과 똑같습니다.

Tools 〉 Command Palette.. 또는 Ctrl + Shift + P 를 눌러 명령 팔렛트를 엽니다.

Package Control: Install Package를 설치합니다.

잠시 후 새 창이 뜨면 valign를 입력해서 설치합니다.

설치가 완료되었습니다. 홈페이지에 나와 있듯 VAlign이 플러그인의 단축키는 Ctrl+\ 입니다. 키보드의 부등호 = 옆에 있는 원 표시입니다.

설치했으면 설정 없이 바로 사용합니다. 아래와 같은 코드가 있습니다. 5번줄에 커서가 위치해 있음을 참고하세요.

단축키인 Ctrl + \ 를 눌렀습니다. 따로 설정하지 않아도 코드가 정렬되는 것을 알 수 있습니다.

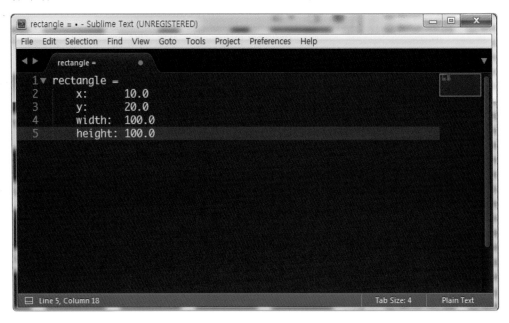

이뿐만 아니라 다음과 같은 코드도 있습니다. 커서가 12번 줄에 있는 것을 확인하세요.

단축키인 [Ctrl]+[\]를 눌렀습니다. 구분 기호가 없어도 간단이 코드가 정렬됩니다.

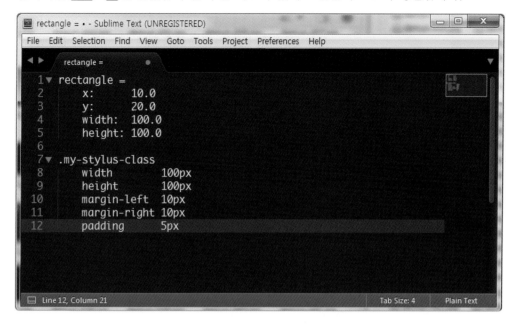

어떤 플러그인을 사용하는지는 사용자의 선택입니다. 처음에 소개했던 Alignment 플러그인은 사용하는 유저가 많은 인기있는 플러그인이고, VAlign 플러그인은 사용성을 확장해서 나온 플러그인입니다.

CHAPTER

12

코드 하이라이팅 도구
Bracket Highlighter

BracketHighlighter는 [], (), {}, "", ", #!xml ⟨tag⟩⟨/tag⟩ 등을 강조시켜주는 플러그인입니다. 아래 예제 이미지를 보시면 이해가 가실 겁니다.

```php
<   1  <?php
{   2      function test_function($var1) {
""  3          $var2[1] = "test";
[]  4          $var2[2] = $var1;
()  5          some_Function();
}   6      }
>   7  ?>
    8  <!DOCTYPE HTML PUBLIC "-//W3C//DTD HTML 4.01//EN" "http://www.w3.org/TR/html4/strict.dtd">
    9  <html>
   10      <head>
   11      </head>
   12      <body>
   13          <div>Test Html</div>
   14      </body>
   15  </html>
```

BracketHighlighter 플러그인의 홈페이지는 https://packagecontrol.io/packages/Bracket Highlighter 입니다.

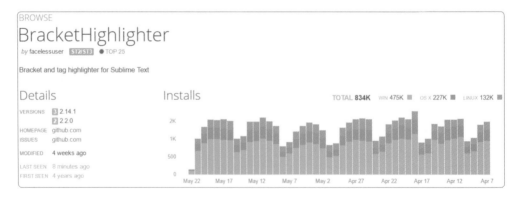

Tools 〉 Command Palette.. 또는 Ctrl + Shift + P 를 눌러 명령 팔렛트를 엽니다.

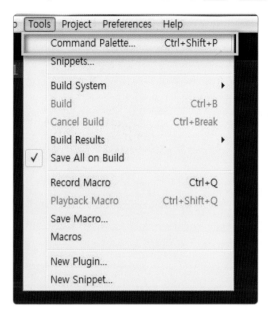

Package Control: Install Package를 설치합니다.

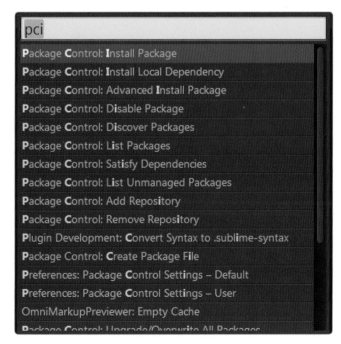

잠시 후 새 창이 뜨면 BracketHighlighter를 입력해서 설치합니다.

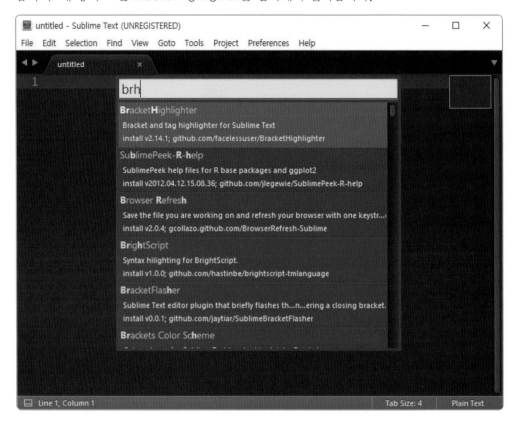

설치가 완료되었습니다.

BracketHighlighter 플러그인을 따로 사용법이 없고 해당 파일을 보면 강조 표시가 되는지 알 수 있습니다.

ColorHighlighter 아래 이미지처럼 코드값을 읽어서 해당 코드값으로 색상을 강조시켜주는 플러그인입니다. 아래 예제 이미지를 보시면 이해가 가실 겁니다.

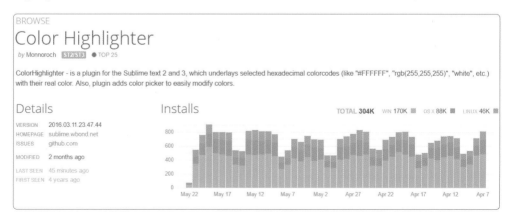

```
 1
 2    #FF00F1
 3    @var-1:    #FF0;
 4    @var-2:    #FF08;
 5    @var-3:    #FF0000;
 6    @var-4:    #FF00FF88;
 7    @var-5:    rgb(255, 100%, 1.);
 8    @var-6:
 9    @var-7:    hsl(360, 0.9, 90%);
10    @var-8:    hsla(35%, 100, 0.7, 0.8);
11    @var-9:    hsv(0.7, 60%, 20);
12    @var-10:   hsva(46, 0.7, 100%, 85%);
13    @var-11:   @var-4;
14    @var-12:   @var-11;
15    @var-13:   yellow;
16
```

ColorHighlighter 플러그인의 홈페이지는 https://packagecontrol.io/packages/Color%20 Highlighter입니다.

BROWSE
Color Highlighter
by Monnoroch ST2/ST3 ● TOP 25

ColorHighlighter - is a plugin for the Sublime text 2 and 3, which underlays selected hexadecimal colorcodes (like "#FFFFFF", "rgb(255,255,255)", "white", etc.) with their real color. Also, plugin adds color picker to easily modify colors.

Details

VERSION	2016.03.11.23.47.44
HOMEPAGE	sublime.wbond.net
ISSUES	github.com
MODIFIED	2 months ago
LAST SEEN	45 minutes ago
FIRST SEEN	4 years ago

Installs

TOTAL **304K** ■ WIN 170K ■ OS X 88K ■ LINUX 46K ■

May 22   May 17   May 12   May 7   May 2   Apr 27   Apr 22   Apr 17   Apr 12   Apr 7

Tools 〉 Command Palette.. 또는 [Ctrl]+[Shift]+[P]를 눌러 명령 팔렛트를 엽니다.

Package Control: Install Package를 설치합니다.

잠시 후 새창이 뜨면 ColorHighlighter를 입력해서 설치합니다.

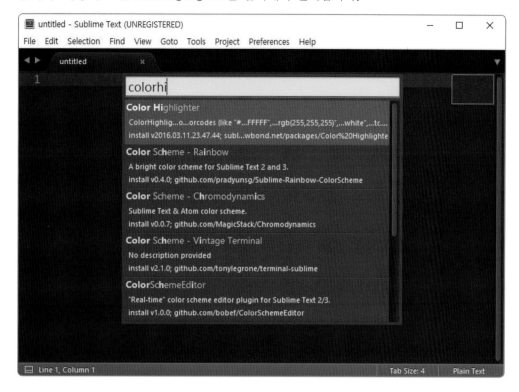

설치가 완료되었습니다.

코드를 클릭하거나 커서가 코드 안으로 들어가면 강조시켜줍니다.

```
{16▼ .header {
  17        padding-top: 10px;
  18        padding-bottom: 30px;
  19        border-bottom: 1px solid #ccc;
  20        background-color: #f1f1f1;
  21        background-color: yellow;
  22        background-color: blue;
  23
```

만약 안 될 때는 재시작을 해주세요.

C H A P T E R

14 테마

서브라임텍스트는 테마라는 기능이 있습니다. 테마를 활용하면 버튼, 탭, 스크롤바 등등을 수정해서 전혀 다른 느낌의 에디터처럼 사용할 수 있습니다.

기본값은 Default.sublime-theme입니다.

테마는 컬러스킴에도 영향을 미칩니다. 컬러스킴은 코드 컬러셋이라고 생각하면 됩니다. 서브라임텍스트의 대표 컬러스킴은 Monokai입니다.

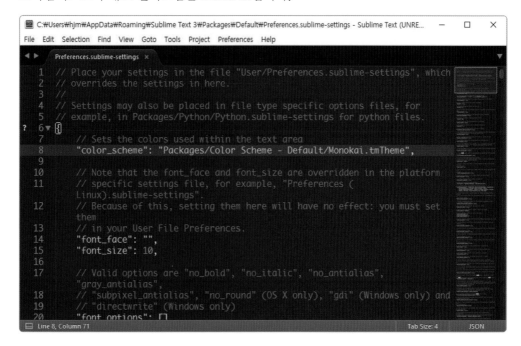

이것은 Preferences 〉 Color Scheme 〉 Color Scheme – Default를 통해서 알 수 있습니다.

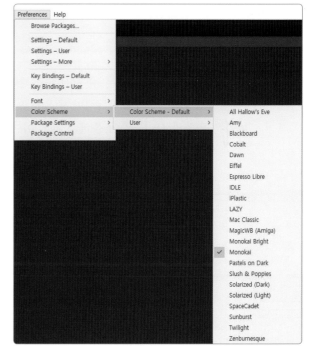

이 컬러스킴은 좀 어두운 배경을 가지고 있어, 어두운 배경에 맞게 코드 색상이 가독성이 좋은 쪽으로 지정되어 있습니다. 예를 들어 흰 배경이면 좀 다른 컬러스킴이여야 잘 보일 겁니다.

위 그림처럼 서브라임텍스트는 기본적으로 다양한 컬러스킴을 가지고 있어 컬러스킴을 변경하는 것만으로 전혀 다른 느낌의 에디터처럼 사용할 수 있습니다.

테마는 https://packagecontrol.io/search/theme에서 모두 볼 수 있습니다.

Popularity를 클릭하면 인기있는 테마도 볼 수 있습니다.

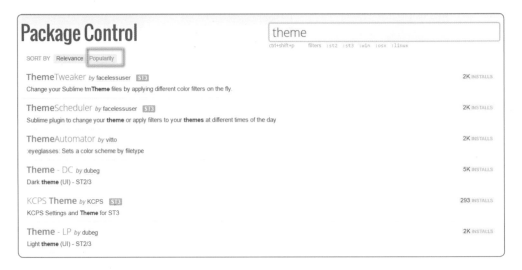

테마의 설치는 어떤 테마든 비슷합니다. 테마 선택은 사용자의 선택에 맞게 사용합니다. 테마는 안정적이고, 색상 가독성이 좋은것을 사용하는 것이 좋습니다. 또한 새로 나오는 테마들은 왼쪽의 사이드바에 폴더나 파일 아이콘까지 지원하여 가독성이 상당이 좋습니다.

그중에 하나 예를 들어 설치해보겠습니다.

설치할 테마는 Boxy Theme입니다.

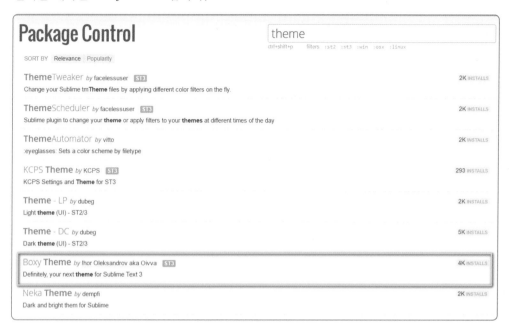

Boxy 테마는 이전에 Otto 테마가 업그레이드된 테마입니다. 다양한 컬러스킴과 가독성 좋은 아이콘을 지원하며, 설정값도 사용자에게 맞게끔 지원합니다.

1 　Boxy 테마

Boxy 테마의 사용법은 아래의 주소에 다 나와있습니다.

https://packagecontrol.io/packages/Boxy%20Theme

테마 설치도 플러그인을 설치하는 것과 동일합니다.

https://github.com/oivva/boxy/wiki에 보시면 모든 사용법과 함께 상태에 따른 테마의 모습도 볼 수 있습니다.

install을 클릭하면 설치방법이 상세히 나와 있습니다.

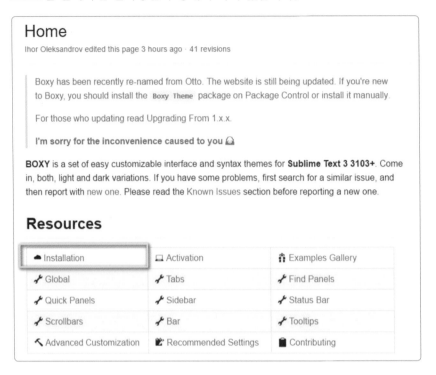

https://github.com/oivva/boxy/wiki/Gallery를 보고 어떤 스타일로 할건지 미리 정하는 것이 좋습니다.

각 Gallery를 클릭하면 상세한 설정법과 스크린샷이 나와 있어서 선택하기가 좋습니다.

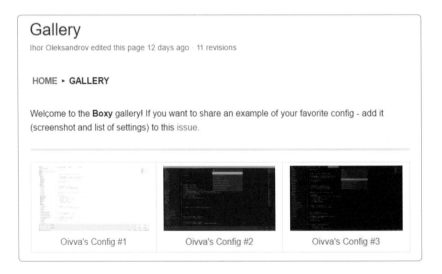

여기서 예제로 설치할 테마는 Boxy Ocean 스타일로 설치해보겠습니다.

```
FOLDERS                        < >      Preferences.sublime-settings ×      gulpfile.js              ×      example.js              ×
 boxy                          {  1 ∨  {
  assets                          2           "always_show_minimap_viewport": true,
  icons                           3           "bold_folder_labels": true,
  messages                        4           "caret_extra_bottom": 1,
  node_modules                    5           "caret_extra_top": 1,
  preferences                     6           "caret_extra_width": 1,
  schemes                         7           "caret_style": "blink",
  sources                         8           "draw_white_space": "all",
  types                           9           "fade_fold_buttons": false,
   AS file_type_actionscript.as   10          "font_face": "Roboto Mono",
    file_type_applescript.AppleScript  11     "font_options":
    file_type_clojure.clj         12 ∨        [
    file_type_css.css             13                "gray_antialias",
    file_type_go.go               14                "directwrite"
    file_type_groovy.groovy       15          ],
   Y file_type_haml.haml          16          "font_size": 11,
    file_type_haskell.hs          17          "highlight_line": false,
    file_type_image.png           18          "ignored_packages":
   JS file_type_js.js             19          [
   [] file_type_json.json         20          ],
   JSP file_type_jsp.jsp          21          "indent_guide_options":
    file_type_less.less           22 ∨        [
    file_type_lisp.lisp           23                "draw_normal",
    file_type_lua.lua             24                "draw_active"
   M↓ file_type_markdown.md       25          ],
    file_type_mustache.mustache   26          "line_padding_bottom": 1,
   JS file_type_node.js           27          "line_padding_top": 1,
    file_type_php.php             28          "match_brackets": false,
    file_type_pug.pug             29          "match_tags": false,
    file_type_python.py           30          "overlay_scroll_bars": "enabled",
   R file_type_R.R                31          "show_encoding": true,
    file_type_rails.rails         32          "show_line_endings": true,
   JS file_type_react.jsx         33          "color_scheme": "Packages/Boxy Theme/schemes/Boxy Ocean.tmTheme",
    file_type_ruby.rb             34          "theme": "Boxy Ocean.sublime-theme",
    file_type_scala.scala         35          "trim_trailing_white_space_on_save": true,
    file_type_scss.scss           36          "vintage_ctrl_keys": false,
   </> file_type_settings.sublime-settings  37   "vintage_start_in_command_mode": true,
   ≡ file_type_text.txt           38          "vintage_use_clipboard": true,
   Y file_type_yaml.yml           39          "word_wrap": true
  widgets                         } 40   }
 </> .editorconfig               41
 * .gitignore
 [] .jshintrc
 INSERT MODE, Line 33, Column 60
```

[Ctrl]+[Shift]+[P]를 눌러 명령 팔렛트를 엽니다.

pci를 입력해 package를 설치합니다.

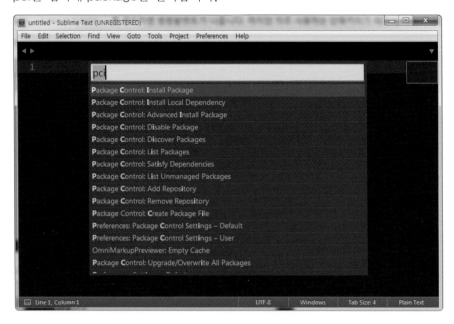

boxy theme를 입력해서 Boxy Theme를 선택합니다.

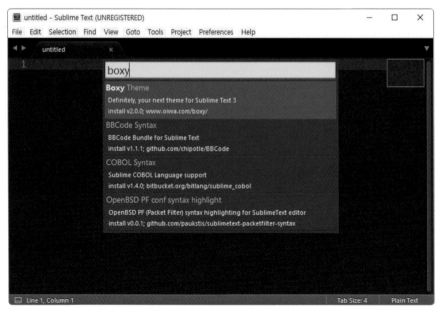

기다리면 설치가 완료되고 안내 메시지가 나옵니다.

안내 메시지를 내려보면 아래로 내려보면 Boxy Ocean 부분이 나오는데 아래 그림처럼 두줄을 복사합니다. theme와 color_scheme 부분입니다.

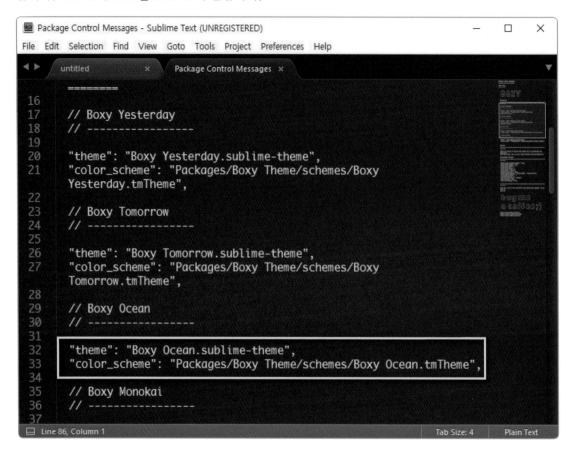

Preferences 〉Settings – User를 클릭해서 개인설정을 엽니다.

기존의 Monokai theme로 되어있는 부분을 복사한 것으로 변경합니다.

저장한 후 서브라임텍스트를 재시작하면 테마가 정상적으로 적용됩니다.

재시작을 하고 사이드바에서 폴더와 파일을 열어본 상태입니다.

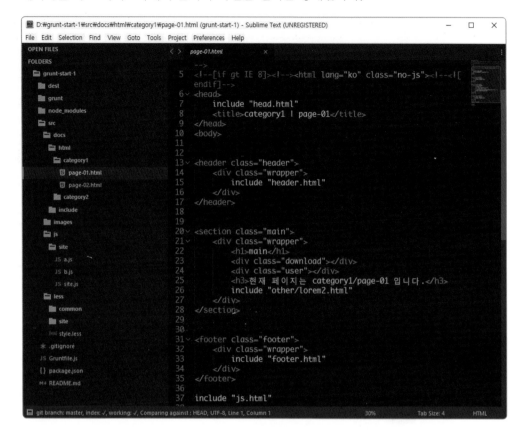

https://github.com/oivva/boxy/wiki/Oivva's-Config-%232에 보면 Boxy Ocean의 상세한 추가 설정법이 나와 있습니다.

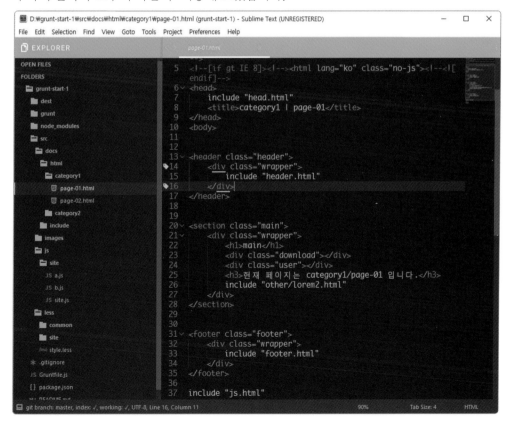

Oivva's Config #2

Ihor Oleksandrov edited this page 12 days ago · 1 revision

```
"color_scheme": "Packages/Boxy Theme/schemes/Boxy Ocean.tmTheme",
"theme": "Boxy Ocean.sublime-theme",
"theme_size_lg": true,
"theme_sidebar_size_sm": true,
"theme_statusbar_size_md": true,
"theme_accent_green": true,
"theme_bar": true,
"theme_tab_selected_underlined": true,
"theme_tab_selected_transparent": true,
"theme_tab_line_size_lg": true,
"theme_tab_separator": true,
"theme_find_panel_close_hidden": true,
```

추가 부분까지 모두 추가한 후 적용해 보았습니다.

PART

02

Git

01 Github

본 사이트는 https://github.com/ 입니다. 깃헙 또는 깃 또는 git이라 부릅니다.

git은 분산형 버전 관리 시스템입니다. 어떻게 관리되고 운영되는지는 워낙 방대한 내용이라 생략하고 템플릿을 사용하는데 필요한 부분만 알려드리겠습니다.

이제까지 만들어진 템플릿이나 소스코드를 내 컴퓨터로 가지고 와서 프로젝트에 재사용하는 방식으로 작업을 했습니다. 이제는 기존의 소스코드를 내 것으로 수정한다거나 또는 새로 만들어서 원격저장소에 업로드해서 사용하는 방법에 대해서 알아보겠습니다. 원격저장소에 업로드한다는 것은 나뿐이 아닌 다른 사람과도 같이 공유해서 사용할 수 있다는 의미입니다.

이 과정은 git을 컴퓨터에 설치했다고 가정하고 진행합니다. 만약 설치하지 않은 경우는 먼저 설치하시길 바랍니다.

1 Git 설치

git은 버전관리 시스템으로 사용법이 매우 다양하고 많습니다.

그런트는 콘솔에 명령어를 입력해서 실행합니다. 매번 콘솔창을 열고 해당 위치까지 이동한 후 실행해야 합니다. 콘솔창 대용으로 git bash 창 사용하면 매우 편리합니다. 또한 뒤편에 나오는 **전자동 템플릿**을 사용하려면 git을 이용해야 합니다.

https://git-scm.com/로 접속하면 환경에 맞는 설치버젼의 링크가 나옵니다.

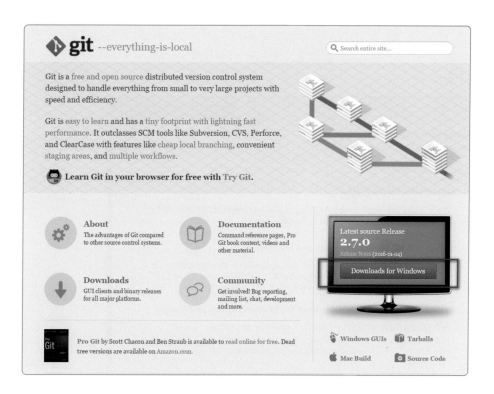

다운로드 후 설치를 진행합니다.

기본 옵션으로 설치를 진행하면 되는데 아래와 같은 화면이 나오면 Use Git from the Windows Command Prompt를 선택해서 윈도우 콘솔창에서도 git 명령어를 사용할 수 있도록 합니다.

이렇게 설치가 되었으니 git bash 창도 열어서 버전을 확인해보겠습니다.

아래 명령어를 입력해봅니다.

```
git --version
```

```
MINGW64:/c/Users/hjm

hjm@hjm-PC MINGW64 ~
$ git --version
git version 2.7.0.windows.1

hjm@hjm-PC MINGW64 ~
$
```

--help를 클릭해서 git 도움말도 참고할 수 있습니다.

```
git --help
```

```
MINGW64:/c/Users/hjm

hjm@hjm-PC MINGW64 ~
$ git --help
usage: git [--version] [--help] [-C <path>] [-c name=value]
           [--exec-path[=<path>]] [--html-path] [--man-path] [--info-path]
           [-p | --paginate | --no-pager] [--no-replace-objects] [--bare]
           [--git-dir=<path>] [--work-tree=<path>] [--namespace=<name>]
           <command> [<args>]

These are common Git commands used in various situations:

start a working area (see also: git help tutorial)
   clone      Clone a repository into a new directory
   init       Create an empty Git repository or reinitialize an existing one

work on the current change (see also: git help everyday)
   add        Add file contents to the index
   mv         Move or rename a file, a directory, or a symlink
   reset      Reset current HEAD to the specified state
   rm         Remove files from the working tree and from the index

examine the history and state (see also: git help revisions)
   bisect     Use binary search to find the commit that introduced a bug
   grep       Print lines matching a pattern
   log        Show commit logs
   show       Show various types of objects
   status     Show the working tree status

grow, mark and tweak your common history
   branch     List, create, or delete branches
   checkout   Switch branches or restore working tree files
   commit     Record changes to the repository
   diff       Show changes between commits, commit and working tree, etc
   merge      Join two or more development histories together
   rebase     Forward-port local commits to the updated upstream head
   tag        Create, list, delete or verify a tag object signed with GPG

collaborate (see also: git help workflows)
   fetch      Download objects and refs from another repository
   pull       Fetch from and integrate with another repository or a local branch
   push       Update remote refs along with associated objects

'git help -a' and 'git help -g' list available subcommands and some
concept guides. See 'git help <command>' or 'git help <concept>'
to read about a specific subcommand or concept.

hjm@hjm-PC MINGW64 ~
$ |
```

자신만의 저장소를 가질려면 먼저 회원가입을 해야 합니다.
https://github.com/에 접속하셔서 상단 우측에 Sign up을 통해 회원가입을 합니다.

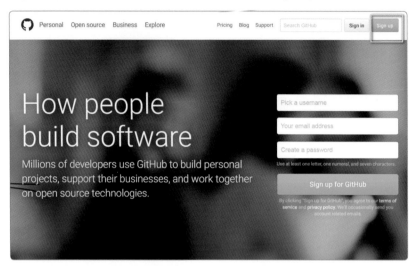

하단의 다운로드 링크를 통해 다운로드받으면 됩니다.

Username, Email Address, Password 등을 입력하고 Create an account를 클릭하면 됩니다.

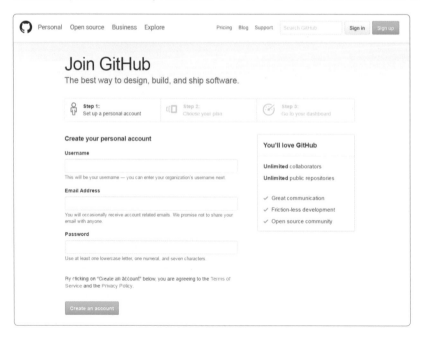

여기서 사용하는 Username, Email Address, Password 등은 계속적으로 사용하게 됩니다. 나중에 환경설정해서 좀 더 편리하게 이용하기도 하지만, 지금은 현재 사용하고 있는 이메일 등을 입력하세요.

하단에 Free가 기본으로 선택되어 있습니다. 공개 저장소는 무료로 이용할 수 있습니다. Finish sign up을 클릭합니다.

이제 가입이 완료되었습니다.

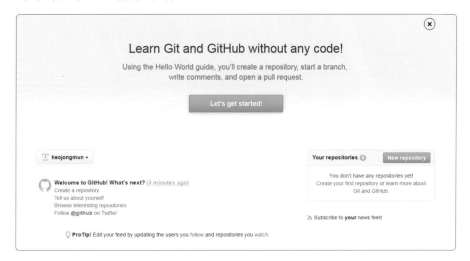

CHAPTER

02 이메일 인증

회원가입을 하면 로그인된 상태입니다. 로그아웃된 상태면 로그인하시면 됩니다.

우측에 New repository를 클릭해서 새 저장소를 만들어보겠습니다. 그럼 이메일을 확인하라는 메시지가 나옵니다.

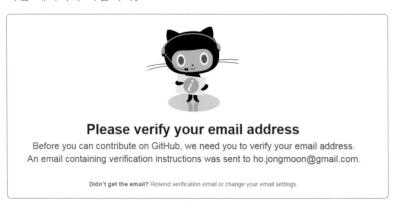

즉 메일 확인을 해서 인증과정을 먼저 거쳐야 깃헙을 제대로 사용할 수 있습니다.

이메일을 확인해보겠습니다.

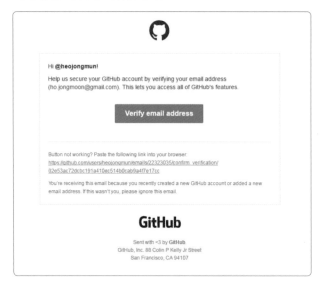

버튼을 클릭하든, 이메일로 접속하든 둘 중에 아무거나 사용해도 됩니다.

그러면 이메일을 확인했다는 메시지와 함께 페이지가 열립니다.

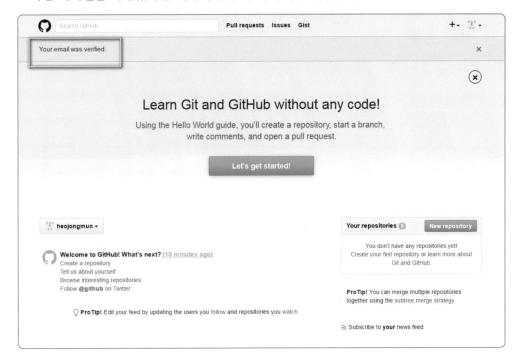

그럼 인증 과정이 완료되었습니다.

CHAPTER

03 관리자 설정

우측 상단에 아이콘을 클릭하면 펼침 메뉴에서 Settings 을 클릭합니다.

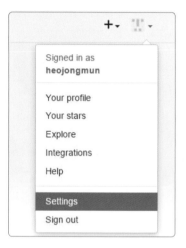

그러면 메뉴가 많이 나오는데 그중에서 이름을 변경해보겠습니다.

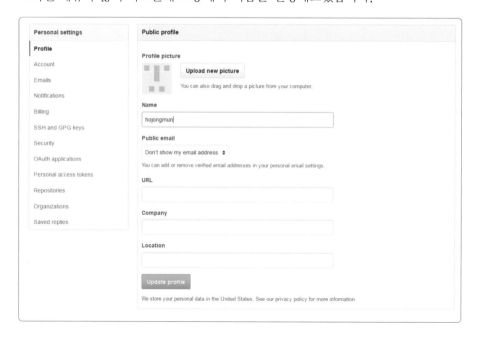

변경이 완료되면 업데이트가 완료되었다고 나옵니다.

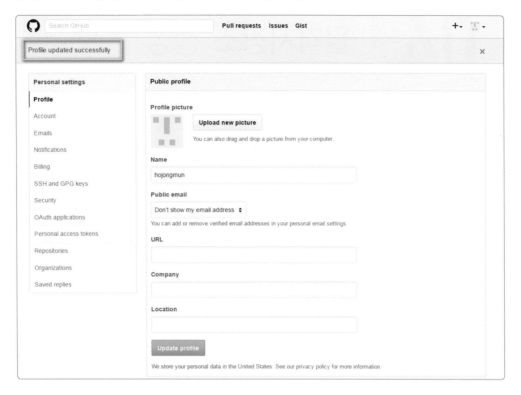

여기서는 이름을 변경했습니다. 이름은 깃에서 아이디와 같습니다. 그래서 매번 확인을 해야하거나 설정에서 변경해놓아야 합니다.

지금은 처음 설정이기 때문에 상관이 없지만 사용 중에 변경을 하면 그 설정값을 바꿔줘야합니다.

04 원격저장소 생성

우측 상단에 플러스 아이콘을 클릭하고 New repositiory를 클릭합니다.

Repository name에는 저장소로 사용할 이름을 적어줍니다. Description에는 저장소에 대한 설명을 간단하게 적어주면 됩니다. 설명 부분은 옵션이므로 안 적어도 상관없습니다.

Initialize this repository width a README를 체크하면 저장소의 인덱스페이지처럼 사용되는 README 파일을 만들 수 있습니다. 여기서는 그냥 Create repository를 클릭해서 저장소를 만듭니다.

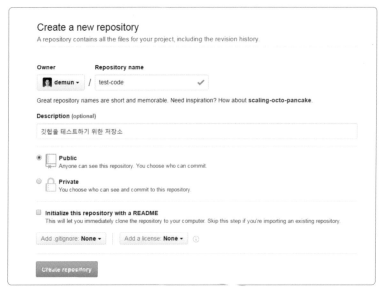

이제 저장소는 만들어졌습니다.

CHAPTER

05 ssh-key 등록하기

저장소는 원격에서 생성을 했지만 원격저장소와 로컬저장소가 서로 교류를 하려면 암호를 확인해야 합니다. 그 암호를 깃헙에서는 ssh key라는 것으로 합니다. 그래서 ssh key 먼저 만들고 이것을 깃헙에 등록해줘야 합니다.

먼저 git bash 창을 엽니다.

명령창에 ssh-keygen을 입력하고 [Enter]를 칩니다.

```
1   ssh-keygen
2   Generating public/private rsa key pair.
3   Enter file in which to save the key (/Users/사용자이름/.ssh/id_rsa):
4   Enter passphrase (empty for no passphrase):
5   Enter same passphrase again:
6   Your identification has been saved in /Users/schacon/.ssh/id_rsa.
7   Your public key has been saved in /Users/schacon/.ssh/id_rsa.pub.
8   The key fingerprint is:
9   43:c5:5b:5f:b1:f1:50:43:ad:20:a6:92:6a:1f:9a:3a schacon@agador
    laptop.local
```

ssh key를 어디에 저장할지 경로를(.ssh/id_rsa) 알려주고 암호를 두 번 입력합니다. 이때 암호를 비워두면 키를 사용할 때 암호를 묻지 않습니다. 암호를 비워두길 권장합니다. 안 그러면 매번 비밀번호를 입력해야 하는 번거로운 일이 생길 수도 있습니다.

생성된 키는 C:\Users\사용자명\.ssh에 있습니다.

탐색기를 실행해서 해당 폴더로 이동합니다.

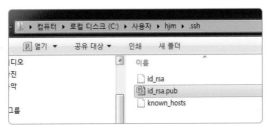

github_rsa.pub 파일을 메모장이나 에디터로 열어서 코드를 복사합니다.

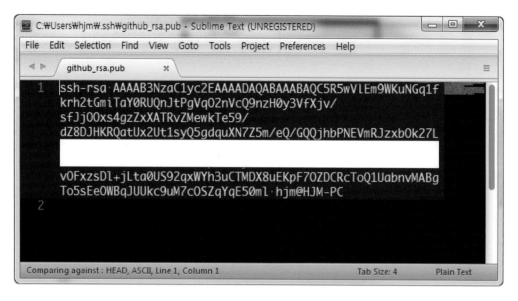

깃허브 사이트에 접속해서 로그인하고 settings – ssh를 클릭합니다.
Add SSH key를 클릭합니다.

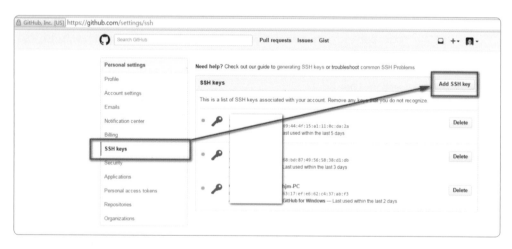

아래에 등록할 수 있는 창이 생기는데 제목에는 이 키를 구분할 수 있는 제목을 넣으면 되고, 아래에는 복사한 ssh를 붙여넣고 하단에 Add key를 누르면 됩니다.

Add an SSH key

Title

키를 구분할수있는 제목

Key

ssh-rsa
AAAAB3NzaC1yc2EAAAADAQABAAABAQC5R5wVlEm9WKuNGq1fkrh2tGmiTaY0RUQnJtPgVqO2nVcQ9nzH0y3VfX
jv/sfJjOOxs4gzZxXATRvZMewkTe59/dZ8DJHKRQatUx2Ut1syQ5gdquXN7Z5m/eQ/GQQjhbPNEVmRJzxbOk27LG9wB

c9uM7cOSZqYqE50ml hjm@HJM-PC

Add key

이제 로컬 컴퓨터와 원격저장소와 암호를 확인할 수 있는 ssk key가 등록이 되었습니다.

CHAPTER

06 | **최초** 설정

Git을 설치하고 나서 가장 먼저 해야 하는 것은 사용자 이름과 이메일 주소를 설정하는 것입니다. Git은 커밋할 때마다 이 정보를 사용하기 때문에 등록하지 않으면 매번 확인합니다. git bash 창을 열고 아래처럼 자신의 이름과 이메일을 입력합니다.

여기의 이름과 이메일은 회원가입할 때의 이름과 이메일입니다.

```
1  $ git config --global user.name "사용자이름"
2  $ git config --global user.email emall@example.com
```

--global 옵션은 한 번만 설정하면 됩니다.
이 설정은 C:\Users**사용자 이름** 폴더에 .gitconfig라는 이름으로 생성이 됩니다.

.gitconfig 파일을 에디터로 열어보면 아래와 같은 형식으로 되어 있을 겁니다.

```
1  [user]
2    name = 사용자이름
3    email = emall@example.com
```

참고로 알아두시면 유익합니다. 이제 최초 설정이 끝났습니다.

CHAPTER

07

로컬저장소 만들고
동기화시키기

로컬 컴퓨터에서 test-code라는 폴더를 만들고 폴더 안에서 git bash 창을 엽니다.

탐색기에서 마우스 우측 버튼을 누른 후 Git Bash Here를 누르면 쉽게 git bash 창을 열 수 있습니다.

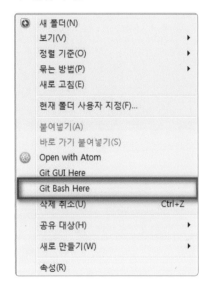

저의 경우 D:₩Git에 test-code 폴더를 만들었습니다.

버전관리를 시작하기 위해 git init을 입력합니다. git init은 버전관리를 시작하라는 명령어입니다.

.git라는 폴더가 생성되었습니다.

만약 이 폴더가 안보이면 폴더 옵션에서 숨김 파일, 폴더 및 드라이브 표시에 체크를 하고 확인을 클릭하면 보입니다.

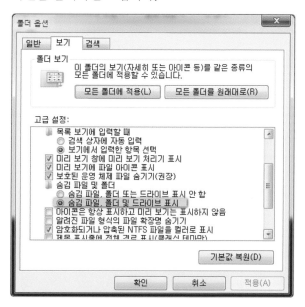

이제 버전관리가 되고 있습니다.

README.md 파일을 만들어보겠습니다.

touch는 파일을 생성하는 리눅스 명령어입니다. 탐색기에서 **파일 만들기 – 텍스트 문서**로 해서 만들어도 상관없습니다.

```
touch README.md
```

내용이 없는 빈 파일인 README.md가 만들어졌습니다.

이제 폴더는 버전관리를 시작하고 파일을 생성했으니 변경된 부분이 일어났습니다. 현재 상태를 보여주라는 명령어 git status을 입력합니다.

```
git status
```

변경된 것이 있으면 빨강색으로 표시해줍니다.

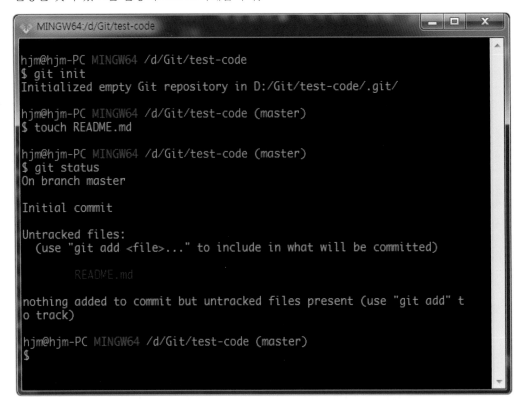

Untracked files라고 나오는데 관리되고 있지 않은 파일이라는 이야기입니다. 현재는 관리되고 있지 않으니 관리하라고 알려줘야 합니다. 지금 README.md 파일의 상태는 Untracked(관리대상 아님)입니다.

git add 〈file〉를 해서 커밋하면 상태는 Tracked(관리대상)가 됩니다.

```
git add README.md
```

git add는 관리해라 추적해라라는 명령어입니다. 이 부분만 알면 됩니다. 파일 이름 대신 모든 파일을 의미하는 별표(*) 또는 점(.)을 사용해도 됩니다.

파일이 많을 경우 자주 사용합니다. 예를 들어:

```
git add .
```

이렇듯 아무것도 표시되지 않으면 잘 적용된 겁니다.

관리대상인 파일을 확정하라는 의미로 commit을 합니다. 그럼 상태는 HEAD에 반영이 됩니다.

그냥 확정하라는 의미만 알아두시면 됩니다.

```
git commit -m '커밋할 메시지 내용'
```

옵션으로 -m을 사용하면 메시지를 인라인으로 첨부할 수 있습니다. 이걸 생략하면 Vim편집기가 열리고 여기서 메시지를 입력해야 합니다.

```
hjm@hjm-PC MINGW64 /d/Git/test-code (master)
$ git commit -m 'test commit'
[master (root-commit) 52c55ec] test commit
 1 file changed, 0 insertions(+), 0 deletions(-)
 create mode 100644 README.md

hjm@hjm-PC MINGW64 /d/Git/test-code (master)
$ |
```

add, commit를 하면 이것은 로컬에 있는 .git 폴더와 버전관리를 한겁니다. 이제 원격저장소하고 통신을 해야 합니다.

그런데 지금은 그냥 로컬 컴퓨터에서 폴더를 만들고 버전관리를 했기 때문에 원격저장소를 모릅니다. 그래서 원격저장소 주소를 알려줘야 합니다.

명령어는 git remote add [단축 이름] [url]입니다. 여기서 [단축 이름]은 저장소의 단축 이름입니다. 기본으로 origin이라는 이름을 사용합니다.

```
git remote add origin https://github.com/demun/test-code.git
```

아무 내용이 없으면 정상적으로 된 겁니다.

```
hjm@hjm-PC MINGW64 /d/Git/test-code (master)
$ git remote add origin https://github.com/demun/test-code.git

hjm@hjm-PC MINGW64 /d/Git/test-code (master)
$ |
```

로컬컴퓨터의 내용을 원격저장소에 업로드합니다.

```
git push -u origin master
```

정상적으로 잘 업로드가 되었습니다.

```
hjm@hjm-PC MINGW64 /d/Git/test-code (master)
$ git push -u origin master
Counting objects: 3, done.
Writing objects: 100% (3/3), 203 bytes | 0 bytes/s, done.
Total 3 (delta 0), reused 0 (delta 0)
To https://github.com/demun/test-code.git
 * [new branch]      master -> master
Branch master set up to track remote branch master from origin.

hjm@hjm-PC MINGW64 /d/Git/test-code (master)
$
```

잘 되었는지 원격저장소에 접속해서 확인해봅니다.

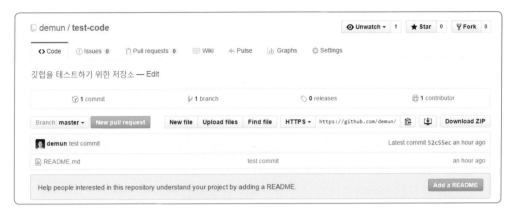

08 원격저장소 복제하기

처음에 원격저장소를 만들고, 로컬 컴퓨터에서 저장소와 동일한 이름의 폴더를 만들고 바로 git init 해서 버전관리를 시작했습니다. 이런 방식이 아닌 원격저장소를 만들고 그 저장소를 로컬 컴퓨터로 복제해서 사용하는 방법도 많이 사용합니다.

먼저 기존의 로컬저장소인 폴더를 모두 지우고 시작하겠습니다.

```
hjm@hjm-PC MINGW64 /d/Git
$ rm -rf test-code/

hjm@hjm-PC MINGW64 /d/Git
$ |
```

원격저장소를 내 컴퓨터로 복제하라는 명령어는 clone입니다.

> **git** clone 원격저장소주소

먼저 저장소의 주소를 복사합니다. 버튼을 클릭하면 복사됩니다.

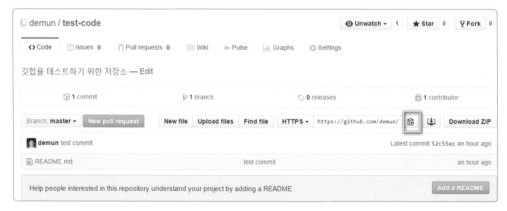

저장소를 복사해옵니다.

```
git clone https://github.com/demun/test-code.git
```

기존에 올려놓았던 README.md 파일까지 모두 복사해왔습니다.

복사해왔으니 어떤한 작업을 하겠죠. 파일이나 폴더를 만들거나 코드를 수정하거나 등등 의 작업을 합니다.

여기서는 README.md를 열어서 수정합니다.

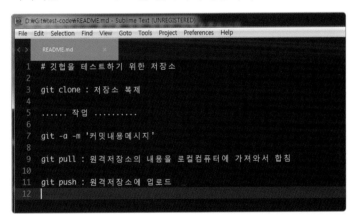

이제 추적하라고 git add 합니다. 그리고 git commit -m '커밋메시지 내용' 합니다. 이걸 한 번에 사용할 수 있습니다.

```
git commit -a -m '커밋메시지내용'
```

-a는 모든 파일을 의미합니다.

```
hjm@hjm-PC MINGW64 /d/Git/test-code (master)
$ git commit -a -m 'readme update'
[master 44d1129] readme update
 1 file changed, 11 insertions(+)

hjm@hjm-PC MINGW64 /d/Git/test-code (master)
$ |
```

원격저장소의 있는 내용을 로컬 컴퓨터에 적용합니다.

```
git pull
```

아무 내용이 없으면 정상적으로 된 겁니다.

```
hjm@hjm-PC MINGW64 /d/Git/test-code (master)
$ git pull
Already up-to-date.

hjm@hjm-PC MINGW64 /d/Git/test-code (master)
```

```
git push
```

정상적으로 잘 업로드가 되었습니다.

```
hjm@hjm-PC MINGW64 /d/Git/test-code (master)
$ git push
warning: push.default is unset; its implicit value has changed in
Git 2.0 from 'matching' to 'simple'. To squelch this message
and maintain the traditional behavior, use:

  git config --global push.default matching

To squelch this message and adopt the new behavior now, use:

  git config --global push.default simple

When push.default is set to 'matching', git will push local branches
to the remote branches that already exist with the same name.

Since Git 2.0, Git defaults to the more conservative 'simple'
behavior, which only pushes the current branch to the corresponding
remote branch that 'git pull' uses to update the current branch.

See 'git help config' and search for 'push.default' for further informa
tion.
(the 'simple' mode was introduced in Git 1.7.11. Use the similar mode
'current' instead of 'simple' if you sometimes use older versions of Gi
t)

Counting objects: 3, done.
Delta compression using up to 4 threads.
Compressing objects: 100% (2/2), done.
Writing objects: 100% (3/3), 428 bytes | 0 bytes/s, done.
Total 3 (delta 0), reused 0 (delta 0)
To https://github.com/demun/test-code.git
   52c55ec..44d1129  master -> master

hjm@hjm-PC MINGW64 /d/Git/test-code (master)
$
```

만약 위처럼 안내메시지가 나오면 push에 대해서 설정을 해주면 됩니다.

```
git config --global push.default simple
```


1 | 안내

Git은 그 내용만으로도 분량이 많습니다. 그 내용을 여기서 자세히 다루기는 한계가 있습니다. Git에 대해서는 검색만 해도 원하는 결과가 나오고 다른 사이트에 좋은 자료가 공개되어 있으니 참고하시기 바랍니다.

참고사이트

- https://git-scm.com/book/ko/v2
- https://backlogtool.com/git-guide/kr/

03

Bower

01 Bower 소개

바우어는 플러그인을 관리하는 패키지 관리자입니다.

플러그인이 필요하면 해당 사이트에 가서 다운로드해서 사용하곤 했습니다. 하지만 바우어
는 로컬에서 간단이 명령어를 입력해서 다운로드받고 사용할 수 있습니다. 플러그인 뿐만이
아니라 bootstrap, suzy와 같은 프레임웍까지 사이트를 방문하지 않고도 간단이 다운로드
할 수 있습니다. 그런트와 상관없이 독자적으로도 이용이 가능합니다.

Bower를 바우어 또는 bower라 호칭하겠습니다.

1 Node.js 설치

node.js의 주소는 https://nodejs.org입니다.

node.js에 접속하면 해당 버젼(32bit, 64bit)에 맞는 다운로드 링크가 표시되며, 다운로드 해서 설치를 진행하면 됩니다.

Node.js installer+로 nodejs를 설치하길 권장합니다.

DOWNLOAD를 클릭하시면 원하는 형식으로 다운로드받을 수 있습니다.

아래 예제는 64비트가 설치되는 과정입니다.

Grunt, Bower 등은 32비트, 64비트 상관없이 자신의 컴퓨터 사양에 맞게 설치하면 됩니다.

하지만 Part 06인 Yeoman을 사용하려면 32비트를 설치하기를 권장합니다. 왜냐면 Yeoman 의 환경이 node.js의 기본경로를 C:\Program Files (x86)\nodejs로 바라보기 때문입니다.

기본 경로를 변경하면 되지만 일일이 수정하는 것이 쉬운 것이 아니므로 Yeoman을 사용하실 분은 64비트 컴퓨터도 32비트 node.js를 설치하기를 권장합니다.

설치는 [Next] 버튼을 클릭해서 진행하면 됩니다.

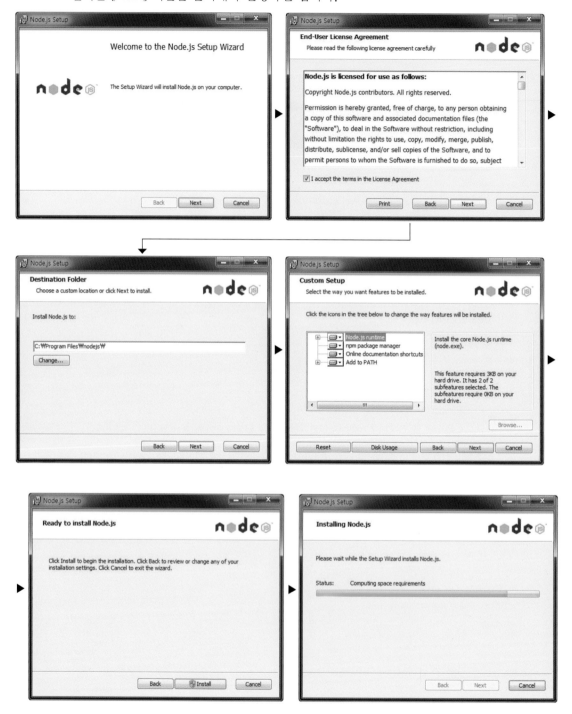

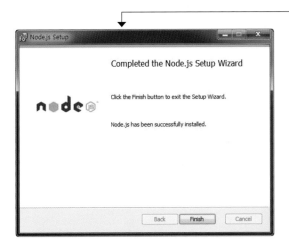

설치가 끝났으면 콘솔창을 열어서 확인해보겠습니다.

시작 - cmd를 입력한뒤 Enter를 눌러 콘솔창을 열어주
세요.

> 사용자의 운영체제에 따라 이미지와 다를 수 있습니다. 시작에 검색창에 cmd을 입력하면 콘솔창을 열 수
> 있습니다.

콘솔창에서 아래 코드를 입력하고 Enter를 칩니다.

```
node -v
```

```
C:\Users\hjm>node -v
v4.1.2
```

node -h를 이용해서 도움말도 참고할 수 있습니다.

```
node -h
```

대부분 설치 후 바로 사용할 수 있지만 일부 기능이 안될 때는 재부팅해야 정상적으로 모든 기능을 사용할 수 있습니다.

Node.js를 설치했으니 Node.js 기반의 패키지 모듈을 관리하는 도구인 npm(Node Package Manager)를 사용할 수 있습니다.

npm은 Node.js를 위한 패키지 매니져이고 번들과 같이 설치됩니다.

설치가 제대로 되었는지 버전을 확인해보겠습니다. 똑같이 콘솔창에 아래의 코드를 입력하고 [Enter]를 칩니다.

```
npm -v
```

```
C:\Users\hjm>npm -v
2.14.4
```

npm -h를 이용해서 도움말도 참고할 수 있습니다.

```
npm -h
```

```
C:\Windows\system32\cmd.exe

C:\Users\hjm>npm -h

Usage: npm <command>

where <command> is one of:
    access, add-user, adduser, apihelp, author, bin, bugs, c,
    cache, completion, config, ddp, dedupe, deprecate, dist-tag,
    dist-tags, docs, edit, explore, faq, find, find-dupes, get,
    help, help-search, home, i, info, init, install,
    install-test, issues, it, la, link, list, ll, ln, login,
    logout, ls, outdated, owner, pack, ping, prefix, prune,
    publish, r, rb, rebuild, remove, repo, restart, rm, root,
    run-script, s, se, search, set, show, shrinkwrap, star,
    stars, start, stop, t, tag, team, test, tst, un, uninstall,
    unlink, unpublish, unstar, up, update, upgrade, v, verison,
    version, view, whoami

npm <cmd> -h      quick help on <cmd>
npm -l            display full usage info
npm faq           commonly asked questions
npm help <term>   search for help on <term>
npm help npm      involved overview

Specify configs in the ini-formatted file:
    C:\Users\hjm\.npmrc
or on the command line via: npm <command> --key value
Config info can be viewed via: npm help config

npm@3.5.2 C:\Users\hjm\AppData\Roaming\npm\node_modules\npm

C:\Users\hjm>
```

npm은 노드 패키지 매니져 웹사이트인 https://www.npmjs.com/에 접속하시면 노드 패키지 매니져로 돌아가는 프로젝트들을 볼 수 있습니다.

grunt는 매우 인기있는 프로젝트이며, 비슷한 Gulp, Bower, Yeoman 등의 프로젝트도 있는 것을 알 수 있습니다.

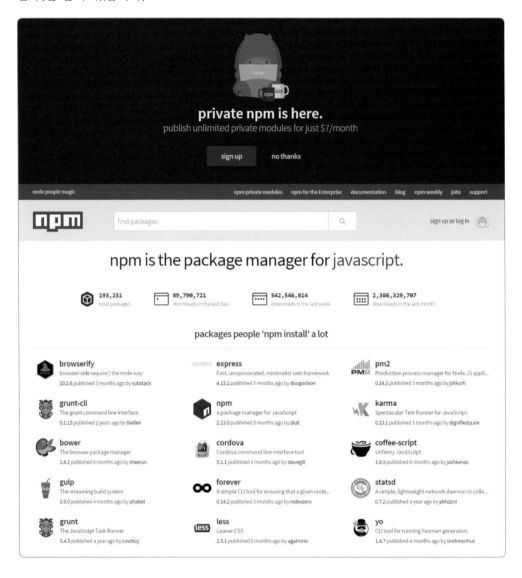

바우어를 사용하려면 그런트와 마찬가지로 설치를 해야 합니다. 필요한 것은 node.js입니다. nodejs는 그런트에서 설치하였으니 설치했다고 가정하고 진행합니다.

위치 상관없이 명령창에서 아래 명령어를 입력하세요.

```
npm install -g bower
```

bower를 전역적으로 로컬에 설치합니다.
전역적으로 설치를 하였으니 아무곳에서나 bower를 실행할 수 있습니다.

```
hjm@hjm-PC MINGW64 /d/test/bower-test
$ npm install -g bower
C:\Users\hjm\AppData\Roaming\npm\bower -> C:\Users\hjm\AppData\Roaming\npm\node_modules\bow
er\bin\bower
bower@1.7.9 C:\Users\hjm\AppData\Roaming\npm\node_modules\bower

hjm@hjm-PC MINGW64 /d/test/bower-test
$ |
```

전역적으로 설치할 뿐 현재 폴더에는 아무것도 설치가 되지 않습니다.

폴더 하나를 만들고 그 폴더 안에서 명령창을 실행해서 사용해보도록 합니다.
여기서는 bower-test 폴더를 만들고 명령창을 실행해서 사용해보도록 하겠습니다.

플러그인 설치

바우어는 명령창에서 플러그인 이름을 입력하면 로컬에 플러그인 설치하는 방식입니다. 명령어 형식은 아래와 같습니다.

```
bower install 플러그인이름
```

그러면 bower_components라는 폴더를 생성하고 그 안에 해당 플러그인이 설치가 됩니다. 많이 사용하는 jquery를 다운로드받아보겠습니다.

bower-test 폴더 안에서 명령창을 실행하고 아래 명령어를 입력해보겠습니다

```
bower install jquery
```

이러면 jquery 최신버젼이 설치가 됩니다.

```
D:\test\bower-test>bower install jquery
bower cached        git://github.com/jquery/jquery.git#2.1.4
bower validate      2.1.4 against git://github.com/jquery/jquery.git#*
bower install       jquery#2.1.4

jquery#2.1.4 bower_components\jquery

D:\test\bower-test>
```

원하는 버젼으로 설치하려면 #버젼을 추가적으로 적으면 됩니다.

```
bower install jquery#1.9.1
```

이전에 2.1.4 버젼이 설치되어 있는 상태에서 실행을 한경우입니다. 원래는 이전에 설치한 것을 삭제하고 설치해야 하지만 bower는 뭘 쓸 건지 물어옵니다. 1을 입력하고 [Enter]를 쳐서 진행합니다.

```
D:\test\bower-test>bower install jquery#1.9.1
bower cached        git://github.com/jquery/jquery.git#1.9.1
bower validate      1.9.1 against git://github.com/jquery/jquery.git#1.9.1

Unable to find a suitable version for jquery, please choose one:
    1) jquery#1.9.1 which resolved to 1.9.1
    2) jquery#~2.1.4 which resolved to 2.1.4 and is required by bower-test

Prefix the choice with ! to persist it to bower.json

? Answer 1
bower install       jquery#1.9.1

jquery#1.9.1 bower_components\jquery

D:\test\bower-test>
```

이런 식으로 원하는 플러그인을 쉽게 다운받을 수 있습니다.

플러그인 삭제

삭제는 uninstall입니다. 방금전에 설치한 jquery를 삭제해보겠습니다.

```
D:\test\bower-test>bower uninstall jquery
bower uninstall     jquery

D:\test\bower-test>
```

bower 명령어 도움말

bower 의 명령어 도움말은 -h

```
D:\test\bower-test>bower -h

Usage:

    bower <command> [<args>] [<options>]
Commands:

    cache                   Manage bower cache
    help                    Display help information about Bower
    home                    Opens a package homepage into your favorite browser
    info                    Info of a particular package
    init                    Interactively create a bower.json file
    install                 Install a package locally
    link                    Symlink a package folder
    list                    List local packages - and possible updates
    login                   Authenticate with GitHub and store credentials
    lookup                  Look up a package URL by name
    prune                   Removes local extraneous packages
    register                Register a package
    search                  Search for a package by name
    update                  Update a local package
    uninstall               Remove a local package
    unregister              Remove a package from the registry
    version                 Bump a package version
Options:

    -f, --force             Makes various commands more forceful
    -j, --json              Output consumable JSON
    -l, --log-level         What level of logs to report
    -o, --offline           Do not hit the network
    -q, --quiet             Only output important information
    -s, --silent            Do not output anything, besides errors
    -V, --verbose           Makes output more verbose
    --allow-root            Allows running commands as root
    -v, --version           Output Bower version
    --no-color              Disable colors
See 'bower help <command>' for more information on a specific command.
```

bower.json

바우어는 bower.json을 지원합니다. 패키지로 관리할 수 있는 메타데이터 저장파일입니다. 해당 폴더를 프로젝트로 관리하고자 할 때 사용합니다.

만드는 방법은 그런트와 똑같이 init 명령어로 만들 수 있습니다.

```
bower init
```

명령어를 입력하면 각 항목에 대한 질문을 하며, 질문에 수동으로 답을 넣어서 만들 수도 있고, 별 상관이 없으면 [Enter]를 눌러 쭉쭉 내려갑니다.

```
D:\test\bower-test>bower init
? name bower-test
? description
? main file
? what types of modules does this package expose?
? keywords
? authors demun <hjm01@naver.com>
? license MIT
? homepage
? set currently installed components as dependencies? Yes
? add commonly ignored files to ignore list? Yes
? would you like to mark this package as private which prevents it from being accidentally
? would you like to mark this package as private which prevents it from being accidentally
 published to the registry? No

{
  name: 'bower-test',
  authors: [
    'demun <hjm01@naver.com>'
  ],
  description: '',
  main: '',
  moduleType: [],
  license: 'MIT',
  homepage: '',
  ignore: [
    '**/.*',
    'node_modules',
    'bower_components',
    'test',
    'tests'
  ]
}

? Looks good? Yes

D:\test\bower-test>
```

종속성 관리

바우어는 명령어에 ––save라고 입력하면 bower.json에 dependencies 항목에 플러그인 이름과 버젼이 자동으로 입력됩니다. ––save–dev라고 입력하면 devDependencies 항목에 입력됩니다.

이는 배포 시 이 플러그인과 종속관계에 있는지를 나타냅니다. 실질적으로 배포 시에 bower_components 폴더에 있는 플러그인을 통채로 배포하지 않습니다. 개발 시에만 사용하고 다른 곳으로 옮겨서 사용합니다. 그래서 대부분 devDependencies 항목에 입력하는 방식인 개발모드로 사용합니다.

jquery를 ––save 명령과 같이 실행해보겠습니다.

```
bower install jquery#1.9.1 --save
```

bower.json 파일의 dependencies 항목에 입력되어져 있는 것을 알 수 있습니다.

```
17  ··],
18  ··"dependencies":·{
19  ····"jquery":·"1.9.1"
20  ··}
21  }
```

이번에는 bower.json 파일을 먼저 작성한 후 플러그인을 설치해 보겠습니다.

기존의 dependencies를 없애고 devDependencies 항목에 추가적으로 플러그인을 추가합니다. 수정된 코드는 아래와 같습니다.

```
17  ··],
18▾ ··"devDependencies":·{
19  ····"jquery":·"1.9.1",
20  ····"bootstrap":·"*",
21  ····"jquery-ui":·"latest"
22  ··}
23  }
```

버전에는 * 또는 latest라고 입력했는데요. 이건 최신버전을 말합니다. 명령창에서 bower install 플러그인이름 하면 bower.json이 갱신되지 않고 그냥 설치만 됩니다.

여기서는 bower.json에 따로 입력하지 않고 자동으로 갱신되도록 ——save-dev를 넣어서 devDependencies 항목이 갱신되도록 하겠습니다.

```
bower install bootstrap jquery-ui --save-dev
```

```
D:\test\bower-test>bower install bootstrap jqueryui --save-dev
bower cached        git://github.com/components/jqueryui.git#1.11.4
bower validate      1.11.4 against git://github.com/components/jqueryui.git#*
bower cached        git://github.com/twbs/bootstrap.git#3.3.6
bower validate      3.3.6 against git://github.com/twbs/bootstrap.git#*
bower cached        git://github.com/twbs/bootstrap.git#3.3.6
bower validate      3.3.6 against git://github.com/twbs/bootstrap.git#*
bower cached        git://github.com/jquery/jquery.git#2.1.4
bower validate      2.1.4 against git://github.com/jquery/jquery.git#*
bower install       jquery-ui#1.11.4
bower install       jquery#2.1.4
bower install       bootstrap#3.3.6

jquery-ui#1.11.4 bower_components\jquery-ui
└── jquery#2.1.4

jquery#2.1.4 bower_components\jquery

bootstrap#3.3.6 bower_components\bootstrap
└── jquery#2.1.4

D:\test\bower-test>
```

bower.json를 보면 bootstrap, jquery-ui 버전부분이 갱신이 되어 있는걸 보실 수 있습니다.

```
17    ··],
18 ▼  ··"devDependencies": ·{
19    ···"jquery": ·"1.9.1",
20    ···"bootstrap": ·"~3.3.6",
21    ···"jquery-ui": ·"~1.11.4"
22    ··}
23    }
```

이렇듯 명령창에서도 플러그인을 설치하고, bower.json를 이용해서 설치할 수도 있습니다.

02

Bower API

Bower의 API 에 대해서 알아보겠습니다. 자주 사용하지는 않지만 참고적으로 알아두면 좋습니다.

1 | Bower API

cache

bower 캐시 관리하기

```
$ bower cache <command> [<args>]
```

• **cache clean** : 캐시된 패키지를 삭제합니다.

```
1   $ bower cache clean
2   $ bower cache clean <name> [<name> ...]
3   $ bower cache clean <name>#<version> [<name>#<version> ..]
```

• **cache list** : 캐시된 패키지 리스트를 열거합니다.

```
1   $ bower cache list
2   $ bower cache list <name> [<name> ...]
```

help

bower에 대한 도움말 정보를 표시합니다.

```
$ bower help <command>
```

`home`

기본 브라우저에서 패키지 홈페이지를 엽니다.

⟨package⟩가 전달되지 못한 경우, 로컬 패키지의 홈페이지를 엽니다.

```
1   $ bower home
2   $ bower home <package>
3   $ bower home <package>#<version>
```

`info`

패키지의 전체 정보 또는 특정 버전의 전체 정보를 표시합니다.

```
1   $ bower info <package>
2   $ bower info <package> [<property>]
3   $ bower info <package>#<version> [<property>]
```

`init`

bower.json 파일을 생성합니다.

```
$ bower init
```

`install`

프로젝트 의존성 파일 또는 특정한 엔드포인트 세트를 설치합니다.

```
1   $ bower install [<options>]
2   $ bower install <endpoint> [<endpoint> ..] [<options>]
```

엔드포인트는 여러 형태를 가질 수 있습니다 :

- ⟨package⟩
- ⟨package⟩#⟨version⟩
- ⟨name⟩=⟨package⟩#⟨version⟩

설치 장소:

- ⟨package⟩는 패키지 URL, 물리적인 위치 혹은 레지스트리입니다.
- ⟨version⟩은 유효한 범위, 커밋, 브렌치 등등 입니다.
- ⟨name⟩은 지역적으로 설치되어야 하는 이름입니다.

install 옵션

- −F, −−force−latest : 충돌 시 가장 최신 버전을 강제로 설치합니다.
- −p, −−production : 프로젝트 devDependencies를 설치하지 않습니다.
- −S, −−save : 설치된 패키지들을 프로젝트의 bower.json의 종속관계로 저장합니다.
- −D, −−save−dev : 설치된 프로젝트의 bower.json의 devDependencies에 저장합니다.
- −E, −−save−exact : semver버전보다는 정확한 버전으로 설치된 패키지를 구성합니다.

link

```
1   $ bower link
2   $ bower link <name> [<local name>]
```

link 기능은 개발자가 쉽게 패키지를 테스트할 수 있게 합니다. 링크는 두 단계의 프로세스입니다.

프로젝트 폴더 안의 'bower link'를 사용하면 글로벌 링크가 생성됩니다. 그런 다음, 다른 패키지에서 bower link를 사용하면, 컴포넌트 폴더 안에 이전에 생성된 링크를 가리키는 폴더를 생성합니다.

변경 사항이 즉시 반영되기 때문에 쉽게 패키지를 테스트할 수 있습니다. 링크가 더 이상 필요하지 않을 경우, 단순히 그것을 제거하거나 bower uninstall을 사용하면 됩니다.

list

로컬패키지 및 가능한 업데이트를 나열합니다.

```
$ bower list [<options>]
```

list options

-p, --paths: 간단한 JSON 소스 매핑을 생성합니다. -r, --relative: 디렉토리 설정값에 상대적인 경로로 만듭니다. bower_components가 기본으로 설정되어 있습니다.

lookup

이름으로 패키지 URL을 검색합니다

```
$ bower lookup <name>
```

login

GitHub에 저장된 자격 증명을 사용하여 인증합니다. 패키지의 등록을 취소하는 데 필요합니다.

```
$ bower login
```

login options

- --t, --token : 사용자 이름과 암호를 입력창에 띄우기 전에 기존에 있던 GitHub의 인증 토큰을 전달해 줍니다.

prune

로컬에 있는 필요없는 패키지를 제거합니다

```
$ bower prune
```

register

패키지를 등록합니다.

```
$ bower register <name> <url>
```

bower 패키지를 등록할 때 register를 이용해서 등록합니다. name 패키지의 이름이고 url
은 패키지의 git 저장소의 주소입니다.

search

모든 패키지 또는 특정 패키지를 찾습니다.

```
1   $ bower search
2   $ bower search <name>
```

update

bower.json의 버전에 따라서 설치된 패키지의 업데이트를 설치합니다.

```
$ bower update <name> [<name> ..] [<options>]
```

update options

- **-F, --force-latest** : 충돌이 있을 경우, 최신 버전으로 업데이트합니다.
- **-p, --production** : 프로젝트 devDependencies를 설치하지 않습니다.

uninstall

bower_components를 설치한 디렉토리에서 로컬 패키지를 제거합니다.

```
$ bower uninstall <name> [<name> ..] [<options>]
```

uninstall options

- **-S, --save** : 프로젝트의 bower.json 종속 파일에서 패키지를 제거합니다.
- **-D, --save-dev** : 프로젝트의 bower.json의 devDependencies에서 패키지를 제거
  합니다.

unregister

패키지의 등록을 해제합니다.

```
$ bower unregister <package>
```

version

버전에서 업데이트하기 위해서 패키지 디렉토리에서 실행한다. bower.json 파일에 새로운 데이터를 기록합니다.

```
$ bower version [<newversion> | major | minor | patch]
```

newversion 인자는 유효한 semver 문자열, 또는 semver.inc("build", "patch", "minor", "major")에 유효한 두 번째 인수이어야 합니다. 두 번째 경우에는, 특정 필드에서는 기존의 버전이 1씩 증가합니다.

git repo에서 실행하는 경우, 버전의 커밋과 태그를 생성하며, repo가 깨끗하지 않으면 생성되지 않습니다.

version options

-m, --message : git 커밋을 커스터마이징하고 메시지를 태그합니다. 버전 커밋을 생성할 때, -message(단축키: -m) 설정 옵션과 함께 제공되는 경우, bower는 설정 옵션을 메시지를 커밋할 때 사용합니다. 메시지 설정에 %s가 포함되어있는 경우, 그 결과 버전 번호로 대체됩니다.

예를 들면:

```
$ bower version patch -m "Upgrade to %s for reasons"
```

- force
- json
- log-level
- offline
- quiet
- silent
- verbose
- allow-root

force

```
-f, --force
```

다양한 명령들을 강제적으로 만듭니다.

json

```
-j, --json
```

bower.json 사용할 수 있는 내용을 출력합니다.

log-level

```
-l, --log-level
```

로그 수준을 보여줍니다. 가능한 값: error, conflict, warn, action, info, debug

offline

```
-o, --offline
```

네트워크 연결을 사용하지 않습니다.

quiet

```
quiet -q, --quiet
```

중요한 정보만 출력합니다.

silent

```
-s, --silent
```

오류 외에 아무것도 출력하지 않습니다.

verbose

```
-V, --verbose
```

출력을 더 자세하게 만듭니다.

allow-root

```
--allow-root
```

루트에서 명령어를 실행할 수 있습니다. Bower는 슈퍼 유저 권한을 실행할 필요가 없는 사용자 명령입니다.

그러나, 여전히 sudo 명령을 실행하고 싶은 경우, --allow-root 옵션을 사용합니다.

Bower는 가능한 소스 매핑을 만듭니다. 빌드 툴을 사용하면 소스 매핑을 만들 수 있고 Bower 패키지를 소비하게 됩니다.

bower list --paths 또는 bower list --paths --json를 사용하는 경우, 설치한 플러그인의 이름과 경로를 보여줍니다.

```
1  $ bower list --paths
2  # or
3  $ bower list --paths --json
```

```
1  {
2    "backbone": "bower_components/backbone/backbone.js",
3    "jquery": "bower_components/jquery/dist/jquery.js",
4    "underscore": "bower_components/underscore/underscore.js"
5  }
```

모든 명령어는 --json 옵션을 지원하며, Bower가 JSON을 출력하도록 합니다.

3 프로그래밍 API

Bower는 강력한 프로그래밍 API를 제공합니다. 모든 명령은 bower.commands 객체를 통해 접근할 수 있습니다.

```
1   var bower = require('bower');
2   bower.commands
3   .install(['jquery'], { save: true }, { /* custom config */ })
4   .on('end', function (installed) {
5       console.log(installed);
6   });
7   bower.commands
8   .search('jquery', {})
9   .on('end', function (results) {
10      console.log(results);
11  });
```

명령어는 네 가지 유형의 이벤트를 발생합니다: log, prompt, end, error.
- log는 명령의 상태 / 진행을 보고하기 위해 발생됩니다.
- prompt 사용자가 프롬프트창에 입력할 때마다 발생됩니다.
- error는 뭔가 잘못된 일이 있을 경우에만 발생됩니다.
- end는 명령이 성공적으로 종료될 때 발생됩니다.

이 작업을 수행하기 위한 더 좋은 생각은 우리의 bin file을 확인하길 바랍니다.

```
hjm@hjm-PC MINGW64 /d/test/bower-test
$ npm install -g bower
C:\Users\hjm\AppData\Roaming\npm\bower -> C:\Users\hjm\AppData\Roaming\npm\node_modules\bow
er\bin\bower
bower@1.7.9 C:\Users\hjm\AppData\Roaming\npm\node_modules\bower

hjm@hjm-PC MINGW64 /d/test/bower-test
$ |
```

bower를 계획에 따라서 사용하는 경우, 프롬프트는 기본적으로 비활성화되어 있습니다. 설정 파일에서 interactive: true라는 명령어를 부르면 활성화할 수 있습니다. prompt 이벤트를 받고 제어할 수 있어야 활성화할 수 있습니다. 가장 쉬운 방법은 inquirer NPM 모듈을 사용하는 것입니다.

inquirer NPM 모듈 https://www.npmjs.com/package/inquirer

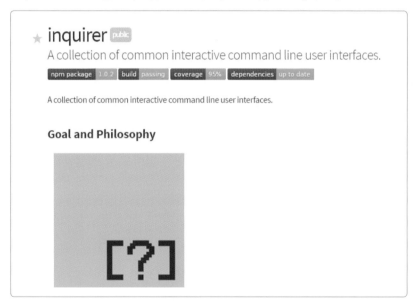

```
1  var inquirer =  require('inquirer');
2  bower.commands
3  .install(['jquery'], { save: true }, { interactive: true })
4  // ..
5  .on('prompt', function (prompts, callback) {
6      inquirer.prompt(prompts, callback);
7  });
```

Bower는 기본적으로 대화형 모드에서 작동합니다. 그것을 해제하는 몇 가지 방법이 있습니다.

- 환경설정에서 CI=true를 입력합니다.
- bower 명령어로 --config.interactive=false를 입력합니다.
- bower install | cat와 같은 파이프(세로줄)를 bower에 추가합니다.
- bower install 〉 logs.txt와 같이 출력을 파일로 리디렉션합니다.
- Programmatic API를 통해서 bower를 실행합니다.

대화형 모드가 비활성화되었을 때:
- bower init이 작동하지 않습니다.
- bower register 및 bower unregister가 확인을 우회합니다.
- --token 매개 변수가 제공되지 않는 이상 bower login이 실패합니다.
- bower install은 선택을 묻지 않습니다.
- bower uninstall은 종속파일이 제거될 경우, 확인을 요구하지 않습니다
- 웹 로그 분석은 기본적으로 비활성화되어 있습니다.(--config.analytics=false을 전달하는 것과 같음)

로컬 캐시를 사용하기

패키지가 이전에 설치된 경우, bower는 인터넷 연결 없이 로컬 캐시에서 패키지 설치를 지원합니다.

```
$ bower install <package> --offline
```

bower cache list로 캐시의 내용을 나열할 수 있습니다.

```
$ bower cache list
```

bower cache clean으로 캐시를 삭제할 수 있습니다.

```
$ bower cache clean
```

CHAPTER 03

.bowerrc 환경설정

.bowerrc 파일은 바우어의 환경설정 파일입니다. .bowerrc로 바우어의 환경설정을 할 수 있습니다.

형식은 JSON 형식으로 되어 있습니다.

```
1  {
2    "directory": "bower_components",
3    "cwd": "~/my-project"
4  }
```

directory는 바우어의 플러그인 위치를 나타내며, cwd는 현재 작업하는 디렉토리를 말합니다. 좀 더 자세한 구성요소는 https://github.com/bower/spec/blob/master/config. md 에서 확인할 수 있습니다.

환경설정의 우선 순위는 아래와 같습니다.

- CLI 매개변수로 인한 환경설정 ––config 명령어
- 환경변수
- 현재 작업디렉토리에 있는 .bowerrc 파일
- 상위 디렉토리에 있는 .bowerrc 파일
- 사용자의 홈디렉토리(~)에 있는 .bowerrc 파일
- 전역 지역의 있는 폴더(/)에 .bowerrc 파일

04 패키지 등록하기

자신이 만든 플러그인과 같은 패키지를 Bower에 등록할 수 있습니다. 제가 사용할려고 만들 어놓은 패키지를 한 번 보겠습니다. 클릭하면 타켓으로 부드럽게 이동하는 jquery-smooth-move입니다.

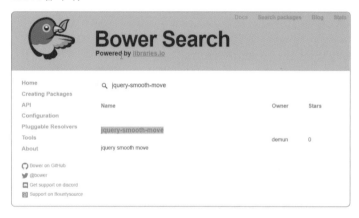

나눔고딕 웹폰트가 없어서 구글웹폰트를 bower에서 사용할려고 올려놓은 나눔고딕 웹폰트입니다.

공개 저장소인 깃저장소에 올리고 바우어에 등록하면 됩니다. 계속해서 수정 및 추가해서 커밋을 할 수 있습니다.

저는 바우어에 올릴 테스트 저장소를 만들겠습니다. 이름은 bower-register라고 지었습니다.

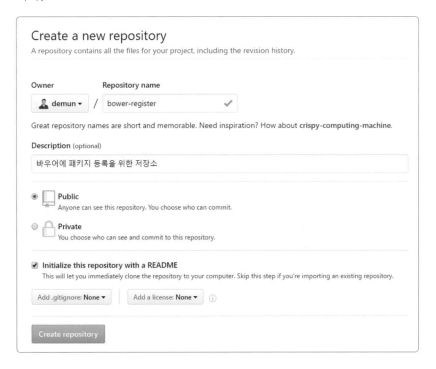

저장소의 처음 모습입니다. 현재는 README.md 파일밖에 없습니다.

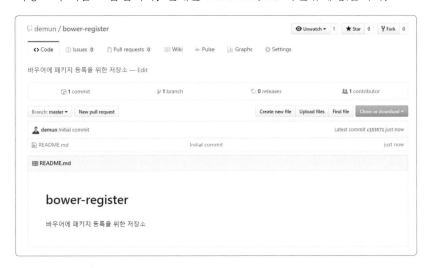

우측 하단에 Clone or download 버튼을 클릭하고 Copy to clipboard를 클릭해서 주소를
복사합니다.

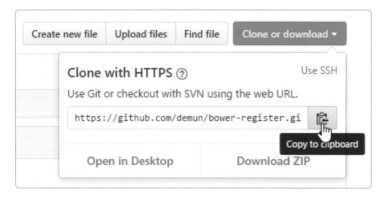

git clone 주소를 내 컴퓨터로 복사해옵니다.

```
hjm@hjm-PC MINGW64 /d
$ git clone https://github.com/demun/bower-register.git
Cloning into 'bower-register'...
remote: Counting objects: 3, done.
remote: Compressing objects: 100% (2/2), done.
remote: Total 3 (delta 0), reused 0 (delta 0), pack-reused 0
Unpacking objects: 100% (3/3), done.
Checking connectivity... done.

hjm@hjm-PC MINGW64 /d
$
```

현재는 README 파일밖에 없습니다.

등록할 파일을 모두 여기에 놓습니다. 저는 README 파일을 수정해서 업데이트합니다.
이제 bower 등록에 필요한 bower.json을 만듭니다. power shell이나 cmd 명령창을 열어
서 bower init 명령어를 입력해서 bower.json을 만듭니다.

수정할 것은 수정하고 깃저장소에서 클론을 해서 기본 정보는 자동으로 입력되어 나옵니다.

```
D:\bower-register>bower init
? name bower-register
? description 바우어에 패키지를 등록하기위한 저장소
? main file
? keywords bower
? authors demun <hjm01@naver.com>
? license MIT
? homepage https://github.com/demun/bower-register
? set currently installed components as dependencies? Yes
? add commonly ignored files to ignore list? Yes
? would you like to mark this package as private which prevents it from being accidentally published to the registry
? would you like to mark this package as private which prevents it from being accidentally published to the registry
? No

{
  name: 'bower-register',
  homepage: 'https://github.com/demun/bower-register',
  authors: [
    'demun <hjm01@naver.com>'
  ],
  description: '바우어에 패키지를 등록하기위한 저장소',
  main: '',
  keywords: [
    'bower'
  ],
  license: 'MIT',
  ignore: [
    '**/.*',
    'node_modules',
    'bower_components',
    'test',
    'tests'
  ]
}

? Looks good? (Y/n) _
```

수정할 것은 수정하고 파일을 추가할 것을 모두 추가했다면 깃저장소에 최종으로 올립니다.
아래 명령을 순서대로 입력해서 원격저장소에 올립니다.

```
1   # git 에 모든파일(.)을 수정했다고 알려줍니다.
2   git add .
3   # 커밋 메시지를 입력하고 커밋합니다.
4   git commit -m 'first commit'
5   # git push origin master를 줄여서 아래처럼 입력해도 됩니다.
6   # 로컬저장소의 내용을 원격저장소에 업로드합니다.
7   git push
```

```
hjm@hjm-PC MINGW64 /d/bower-register (master)
$ git push
Counting objects: 4, done.
Delta compression using up to 4 threads.
Compressing objects: 100% (4/4), done.
Writing objects: 100% (4/4), 989 bytes | 0 bytes/s, done.
Total 4 (delta 0), reused 0 (delta 0)
To https://github.com/demun/bower-register.git
   c153571..0c9994a  master -> master

hjm@hjm-PC MINGW64 /d/bower-register (master)
$ |
```

깃저장소에 모두 올렸다면 바우어에 등록해야 합니다.

```
1   bower register <패키지이름> <깃저장소주소>
2   # 지금 저장소의 경우는 아래와 같습니다.
3   bower   register   bower-register   https://github.com/demun/bower-
    register
```

성공적으로 잘 등록이 되었습니다.

이제 수정하거나 추가할 파일이 있으면 그대로 깃저장소에 올리기만 하면 됩니다. 따로
bower에 알리지 않아도 알아서 관리를 합니다. 이제 여러분들도 여러분의 패키지를 공유
해보세요.

이 저장소의 주소는 https://github.com/demun/bower-register입니다.

MEMO

PART

04

Grunt

01 Grunt 소개

Grunt는 프로젝트 자동화를 위한 task(작업) 단위로 실행되는 커멘드라인(CLI) 빌드 도구입니다. 즉 프론트 엔드 개발 자동 빌드시스템입니다.

Grunt는 특정 언어에 한정된 것이 아니라서, 어떤 언어를 몰라도, 배우기 쉽고 자바스크립트 구문을 사용하므로 기본적인 자바스크립트의 구문을 알면 초보자들도 금방 따라할 수 있습니다.

> Grunt 는 한국어로 공식 명칭이 없어서 편의상 grunt 또는 그런트라고 합니다.

그런트의 장점은 자동화입니다. 프로젝트 제작에 필요한 반복적인 작업들을 줄여줍니다. 여기서 반복적인 작업들이란 파일을 준비하고, 합치고, 압축하고, 테스트하고 오류검사하고, 최적화하는 등등의 작업을 말합니다. 또한 지금도 수백 개에 달하는 플러그인이 존재하고, 생겨나고 있습니다. 그러한 플러그인들도 자동화해서 작업의 효율을 높일 수 있습니다. grunt를 사용하려면 node.js를 설치해야 합니다.

Node.js 기반 환경에서 사용되는 도구로써 Bower, Yeoman, Gulp 등도 있습니다.

컴퓨터에서 grunt라는 명령어를 사용할 수 있도록 grunt를 전역적으로 설치합니다. Grunt
와 Grunt 플러그인 설치와 관리는 npm을 통해서 합니다.

Grunt를 사용하려면 먼저 콘솔 어디서나 실행할 수 있는 Grunt's Command line interface
(CLI)를 설치해야 합니다.

아무 곳에서나 cmd 또는 git bash를 열고 아래와 같이 입력합니다.

```
npm install -g grunt-cli
```

저는 git bash 창을 열었습니다.

```
hjm@hjm-PC MINGW64 /c
$ npm install -g grunt-cli
npm WARN deprecated lodash@2.4.2: lodash@<3.0.0 is no longer maintained. Upgrade
 to lodash@^3.0.0
C:\Users\hjm\AppData\Roaming\npm\grunt -> C:\Users\hjm\AppData\Roaming\npm\node_
modules\grunt-cli\bin\grunt
grunt-cli@0.1.13 C:\Users\hjm\AppData\Roaming\npm\node_modules\grunt-cli
├── resolve@0.3.1
├── nopt@1.0.10 (abbrev@1.0.7)
└── findup-sync@0.1.3 (lodash@2.4.2, glob@3.2.11)

hjm@hjm-PC MINGW64 /c
$ |
```

grunt-cli를 설치하면, 여러분의 시스템 경로에 grunt란 커멘드가 자동으로 추가되서, 어느
디렉터리에서나 grunt를 사용할 수 있게 됩니다.

Grunt CLI의 역할은 그저 Gruntflie이라는 파일이 있는 위치에 설치된 Grunt를 찾아서 실행하는 것입니다.

또한 -g 옵션으로 전역적으로 한 번만 설치하면 됩니다. 전역적으로 설치하는 것은 인터넷이 안되는 상황에서는 전역적으로 설치한 grunt를 찾아서 명령을 수행합니다.

그런트를 사용하기 위한 설치는 이 명령어 하나면 됩니다.

2 명령창 사용자 정의

CLI 환경을 자주 사용하다보니 불편한 점이 있어 추가되었습니다. 여러분도 명령창을 앞으로 자주 사용해야 되니 좀 더 사용자 편의에 맞게 수정하는 것도 좋습니다.

기존의 명령창은 디자인적으로나 사용성으로나 조금 부족한 부분이 있습니다. 그래서 약간 수정을 하면 좀 더 편리하게 사용할 수 있습니다.

cmd 창에서 **마우스 우측 버튼**을 클릭해서 **속성**을 클릭합니다.

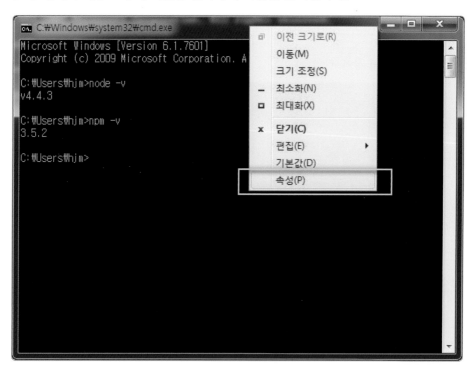

옵션에 편집 옵션에 빠른 편집 모드에 체크를 해두면 복사 붙여넣기할 때 좀 더 편리하게
사용할 수 있습니다.

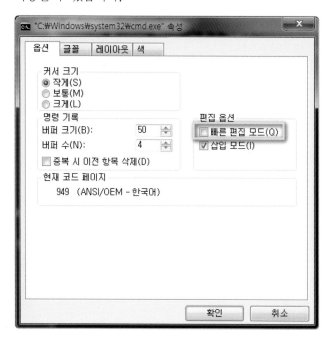

레이아웃을 보면 창의 크기등을 조절할 수 있습니다. 그러면 창이 뜰 때 지금 지정한 크기
로 열립니다.

- **명령창의 글꼴 변경하기**

git bash 창이나 vim 같은 명령창은 환경설정을 할 수 있어서 글꼴 변경이 간단하나 윈도우 cmd 같은 경우는 직접 레지스트리를 수정해줘야 합니다.

글꼴은 맑은고딕을 사용하든 네이버에서 무료 배포하는 나눔고딕을 사용하든, 사용자 맘에 맞는것을 사용하면 됩니다.

본 예제에서는 개인적으로 좋아하는 Monaco + 맑은고딕 글꼴을 사용하였습니다.

❶시작에서 regegit를 입력해서 레지스트리창을 엽니다.

❷ 레지스트리 편집기에서 HKEY_LOCAL_MACHINE\SOFTWARE\Microsoft\Windows NT\CurrentVersion\Console\TrueTypeFont 경로를 찾아서, 오른쪽의 값들이 있는 곳에서 마우스 오른쪽 클릭을 통해 **새로 만들기-문자열 값**을 추가해 줍니다.

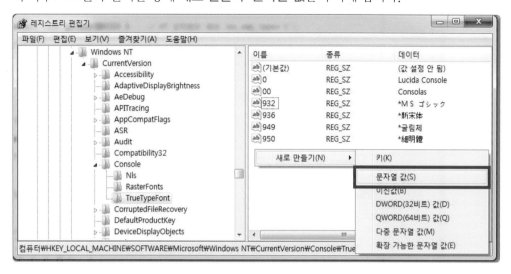

❸ 이름에는 0949, 0950 정도 지정해주고, 값 부분에 폰트명을 써넣어 줍니다. 폰트명은 폰트 파일을 더블클릭해서 열렸을 때, 폰트명이 나오는데 그 폰트명대로 그대로 적어주면 됩니다.

저의 경우는 Monaco로 했습니다.

❹ cmd 창에서 글꼴을 Monaco로 변경해줍니다. 기존보다는 약간 크게 해줘야 보기가 좋습니다.

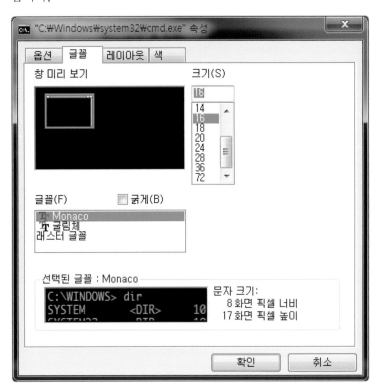

❺ 어떻게 변경되었는지 비교해보시죠.

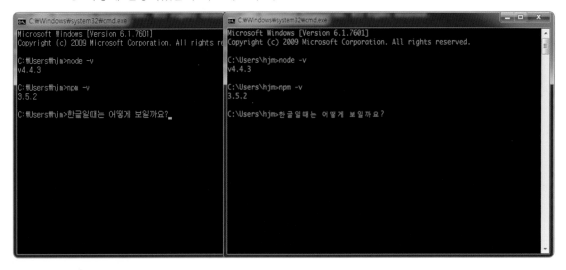

마찬가지로 power shell도 변경해보았습니다.

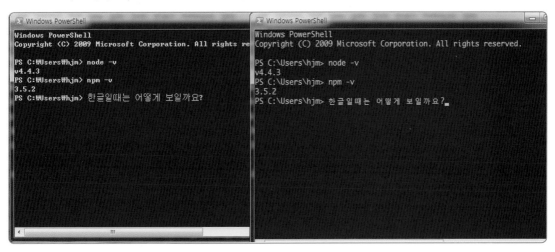

이렇듯 명령창의 글꼴도 사용자 편의에 맞게 수정해서 사용할 수 있습니다.

이 Chapter에서는 그런트를 모르는 상태에서 한 번 사용함으로써 그런트가 어떤 것이고 어떤 식으로 돌아가는지 알아보기 위한 Chapter입니다. 이전 Chapter에서는 환경설정을 위해 node.js, git, npm install –g grunt-cli을 통해 설치를 진행하였습니다.

제가 올려놓은 깃저장소의 소스코드를 다운로드 받아서 실제로 그런트를 돌려보겠습니다.

제가 올려놓은 깃저장소의 이름은 grunt-html-include입니다.

주소는 https://github.com/demun/grunt-template-html입니다.

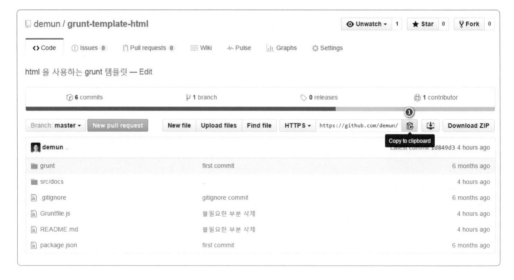

먼저 예제 작업을 하고자 하는 폴더를 만드세요. 해당폴더에서 git bash 창을 열어주세요.

저는 D:\book에 test-html라는 폴더를 만든 후 마우스 우측 버튼을 눌러 git bash here를 클릭해서 git bash 창을 열었습니다.

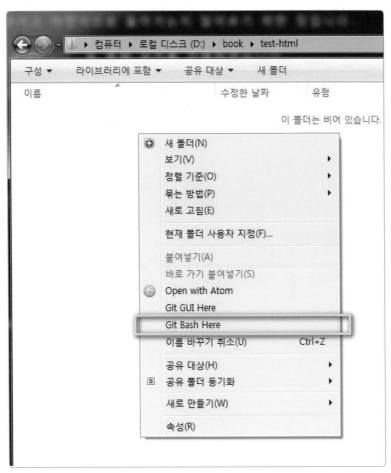

위의 이미지에 ❶번에 있는 버튼을 클릭하면 저장소의 주소가 클립보드에 복사가 됩니다. 클릭합니다.

이제 git bash 창에 아래의 명령어를 입력합니다.

```
git clone https://github.com/demun/grunt-template-html.git
```

git clone은 Git 저장소의 내용을 복사하는 명령어입니다. git clone **저장소 주소** 형식입니다. 그럼 아래처럼 Git 저장소의 내용이 내 컴퓨터에 복사가 됩니다.

복사가 됐으면 해당 폴더로 이동합니다. 아래의 명령어를 입력하세요.

```
cd grunt-template-html
```

cd **폴더명** 하면 폴더명으로 이동합니다.

```
hjm@hjm-PC MINGW64 /d/book/test-html
$ cd grunt-template-html/

hjm@hjm-PC MINGW64 /d/book/test-html/grunt-template-html (master)
$
```

아래의 명령어를 입력하세요.

```
npm install
```

그럼 아래처럼 해당 플러그인을 설치합니다.

```
hjm@hjm-PC MINGW64 /d/book/test-html/grunt-template-html (master)
$ npm install
npm WARN deprecated graceful-fs@1.2.3: graceful-fs v3.0.0 and before will fai
l on node releases >= v7.0. Please update to graceful-fs@^4.0.0 as soon as po
ssible. Use 'npm ls graceful-fs' to find it in the tree.
npm WARN deprecated lodash@1.0.2: lodash@<3.0.0 is no longer maintained. Upgr
ade to lodash@^4.0.0.
npm WARN deprecated lodash@0.9.2: Grunt needs your help! See https://github.c
om/gruntjs/grunt/issues/1403.
npm WARN prefer global jshint@1.1.0 should be installed with -g
grunt-template-html@0.1.0 D:\book\test-html\grunt-template-html
├─┬ grunt@0.4.5
│ ├── async@0.1.22
│ ├── coffee-script@1.3.3
│ ├── colors@0.6.2
│ ├── dateformat@1.0.2-1.2.3
│ ├── eventemitter2@0.4.14
│ ├── exit@0.1.2
```

```
   ├── lodash@2.4.2
   └─┬ tiny-lr-fork@0.0.5
     ├── debug@0.7.4
     ├── faye-websocket@0.4.4
     ├─┬ noptify@0.0.3
     │ └── nopt@2.0.0
     └── qs@0.5.6
─┬ grunt-htmlhint@0.4.1
 └─┬ htmlhint@0.9.6
   ├── colors@0.6.0-1
   ├─┬ commander@1.1.1
   │ └── keypress@0.1.0
   ├─┬ csslint@0.10.0
   │ └── parserlib@0.2.5
   └─┬ jshint@1.1.0
     ├── cli@0.4.5
     ├── esprima@3.0.0-dev
     ├── peakle@0.0.1
     ├── shelljs@0.1.4
     └── underscore@1.4.4
── grunt-includes@0.5.4
── jit-grunt@0.9.1

hjm@hjm-PC MINGW64 /d/book/test-html/grunt-template-html (master)
$
```

설치가 됐으면 아래의 명령어를 입력하세요.

```
grunt serve
```

그럼 git bash 창에서 뭔가를 실행하고 중간에 멈추고 대기상태로 들어갑니다.

```
MINGW64:/d/book/test-html/grunt-template-html               - □ X
     ├── peakle@0.0.1
     ├── shelljs@0.1.4
     └── underscore@1.4.4
── grunt-includes@0.5.4
── jit-grunt@0.9.1


hjm@hjm-PC MINGW64 /d/book/test-html/grunt-template-html (master)
$ grunt serve
Running "serve" task

Running "clean:dist" (clean) task
>> 0 paths cleaned.

Running "includes:dist" (includes) task
>> Saved dest/category1/page-01.html

Running "htmlhint:dist" (htmlhint) task
>> 1 file lint free.

Running "connect:server" (connect) task
Started connect web server on http://localhost:9000

Running "watch" task
Waiting...
```

그 후 기본 브라우져가 열립니다.(현재의 이미지는 크롬 브라우져입니다. 다른 브라우져로 열릴 수 있습니다.)

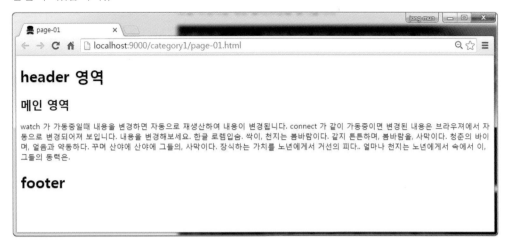

이제 사용하는 에디터로 해당 파일을 열어봅니다.

저는 서브라임텍스트(sublimetext)라는 에디터로 열었습니다. 브라우져도 같이 보이게끔 열었습니다.

저처럼 브라우져와 나란이 열어보세요. 에디터는 달라도 상관없습니다. 해당 파일을 메모장이나 워드패드로 열어도 상관없습니다.

서브라임텍스트(sublimetext) 홈페이지는 https://www.sublimetext.com/입니다.

해당폴더와 파일의 이름을 잘 봐두세요. 그리고 브라우져에서 열린 주소창도 잘 봐두세요.
page-01.html이라는 파일을 열고 있습니다. 그대로 열린 상태에서 텍스트를 수정해보겠
습니다.

❶번 부분이 브라우져에서 보이는 화살표 영역입니다. 이걸 변경해보겠습니다.

화살표 부분처럼 변경한 다음 저장합니다. 그럼 아래 이미지처럼 자동으로 브라우져에 있
는 텍스트가 변경이 됩니다.

브라우져에서 새로고침을 하지 않아도 됩니다. 에디터에서 변경하면 브라우져에서도 자동으로 텍스트가 변경됩니다. 계속 다른 내용으로 변경한 다음 저장해보세요. 그럼 브라우져에서 계속 변경한 부분이 변경될 겁니다.

html은 include가 안됩니다. 하지만 이 파일은 include를 하고 있습니다. 메인 영역 아래의 텍스트들은 실제로 코딩이 되어 있지 않습니다. 인클루드가 되어 있습니다.

아래의 이미지를 보세요. page-01.html 파일과 lorem.html 파일 두 개의 에디터에서 열었습니다.

노랑색 인클루드가 된 곳을 보면 해당 파일을 가르키고 있습니다. 이렇게 html 내에서 다른 html을 인클루드해서 사용할 수가 있습니다.

아래 이미지를 보시면 ❶번에 보이는 src 폴더가 ❷번에 보이고 있고, ❸번에 보이는 dest
폴더가 ❹번에 보이고 있습니다.

src폴더의 파일들이 빌드과정을 거쳐 dest폴더를 만들어냅니다. 브라우져에서 보이는 것은
dest 폴더에 있는 최종결과물이 보이는겁니다.

빌드를 하면 이런 식으로 보인다는 것을 미리 알려주고 있습니다. 이렇듯 grunt는 html에
서 사용하지 못하는 인클루드문을 통해 다른 파일을 포함할 수 있습니다.

또한 아까 텍스트를 변경해본 것처럼 src 폴더의 내용을 수정했는데 브라우져에서 자동으
로 변경된 내용을 감지해서 보여주기도 합니다.

이렇듯 이전에는 수작업으로 하던 것, 해당 파일을 수정하고 브라우져에서 새로고침하는 행
위들, html에서 사용하지 못하는 인클루드문 같은 것을 사용할 수 있게 해줍니다.

여기에는 이 두 가지 기능만을 알려주기 위해 간단이 작성이 되었습니다. 하지만 프로젝트
를 하면 많은 폴더와 파일이 필요할 것이고, 또 그런 파일들을 제작하고, 복사하고, 수정하
는 등등의 일련의 작업들이 아주 많습니다.

그런 일련의 과정들을 그런트가 손쉽게 해줍니다.

CHAPTER

03 | 프로젝트 수행

그런트 프로젝트에는 package.json과 Grunfile라는 파일이 있어야하며 이 파일들이 어떤 역할을 하는지 알아보고, Gruntfile 파일에 사용되는 프로젝트의 구조를 알아봅니다.

그런트 프로젝트를 시작할 때는 package.json과 Grunfile라는 파일이 있어야 합니다. package.json : 이 파일은 npm에 퍼블리싱할 때 사용하는 메타데이터 저장 파일로써 Gruntfile이 이 파일의 데이터를 참고합니다. 프로젝트에 필요한 **grunt**와 **grunt** 플러그인들은 이 파일의 devDependencies라는 항목에 나열합니다.

Gruntfile : 이 파일의 이름은 Gruntfile.js이거나 Gruntfile.coffee 입니다. 작업(task)을 설정하거나 정의하고 grunt 플러그인을 불러오는데 사용합니다

쉽게 말해서 package.json는 메타데이터를 저장하는 파일이며, Gruntfile 파일은 package. json의 정보를 이용하고 그런트 설정을 담당하는 파일입니다. 이 두 파일은 필수 파일이며, 프로젝트를 시작할 때 반드시 포함해야 합니다.

1 | package.json, Gruntfile.js 생성

package.json을 생성하는 방법은 이전에 만들어놓은 것이 있으면 그냥 복사, 붙여넣기해서 사용해도 되고, 탐색기에서 마우스 우측 버튼을 눌러 **새로 만들기 – 텍스트 문서**에서 확장자가 .json인 package.json을 생성해도 됩니다.

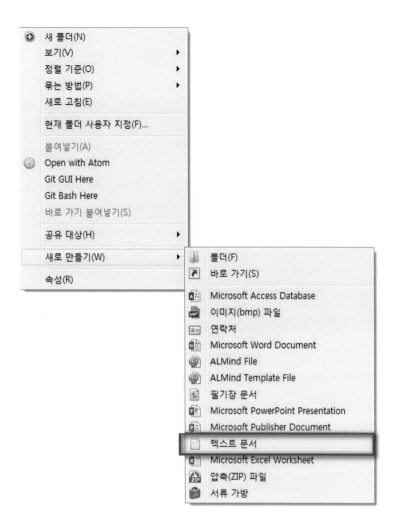

하지만 명령창에서 npm init을 입력해서 만들 수도 있습니다. 여기서는 npm init을 입력해서 만들어보도록 하겠습니다.

package.json의 아이콘이 이미지에서처럼 보이는 것은 연결프로그램을 Sublimetext 프로그램으로 지정을 해놓았기 때문입니다. 아이콘이 다르게 보여도 상관없습니다.

• **콘솔창 열기**

콘솔창에서 명령을 내릴려면 해당 프로젝트 폴더까지 이동을 한 다음 명령어를 입력해야 합니다. 콘솔창을 열면 아래처럼 나옵니다.

기본적으로 홈디렉토리(c:\Users\사용자명)에 콘솔창을 열며, 프로젝트 폴더로 이동한후 작업을 해야 합니다. 이번 번거로움을 덜 수 있는 방법이 있습니다.

프로젝트 폴더를 생성한 후, 폴더 안에서 콘솔창을 열려면, 탐색기에서 해당 폴더 안에서 [Shift]+마우스 우측 버튼을 클릭하면 **여기서 명령창 열기** 메뉴가 나오면 클릭하여 쉽게 명령창을 열 수 있습니다.

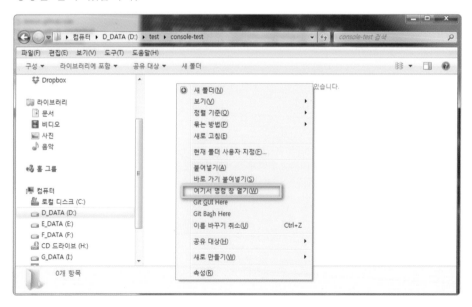

콘솔창에서 위치를 보면 해당 폴더를 가르키고 있습니다.

또는 git을 설치했으니 좀 더 쉽게 해당 폴더에서 마우스 우측 버튼을 눌러 Git Bash Here 를 눌러도 됩니다.

콘솔창에서 npm init 명령어를 치면 됩니다. 여기 예제에서는 프로젝트 폴더 이름을 test5 라고하고 폴더 안으로 들어가서 Git Bash Here를 눌러 git bash 창을 열어서 npm init을 칩니다.

```
npm init
```

npm init으로 package.json을 만든다는 것은 명시적으로 프로젝트로써 작업을 시작하겠다는 것을 의미합니다. 그래서 메타데이터로써 사용될 프로젝트명이라든지, 각종 데이터들을 물어오고 기입하게 되어있습니다.

npm init이라고 입력하고 [Enter]를 눌렀습니다. 자동으로 해당폴더 이름을 프로젝트명으로 인식하고 프로젝트명을 test5라고 할거냐고 물어봅니다. 다른 이름으로 할려면 타이핑을 하면되고, 변경을 원하지 않으면 그냥 [Enter]를 쳐서 진행합니다.

```
hjm@hjm-PC MINGW64 /d/test/test5
$ npm init
This utility will walk you through creating a package.json file.
It only covers the most common items, and tries to guess sensible defaults.

See `npm help json` for definitive documentation on these fields
and exactly what they do.

Use `npm install <pkg> --save` afterwards to install a package and
save it as a dependency in the package.json file.

Press ^C at any time to quit.
name: (test5)
```

그럼, name, version, description, main, scripts …. 을 물어오며, Enter만 치면 자동으로 package.json이 생성됩니다.

```
hjm@hjm-PC MINGW64 /d/test/test5
$ npm init
This utility will walk you through creating a package.json file.
It only covers the most common items, and tries to guess sensible defaults.

See `npm help json` for definitive documentation on these fields
and exactly what they do.

Use `npm install <pkg> --save` afterwards to install a package and
save it as a dependency in the package.json file.

Press ^C at any time to quit.
name: (test5)
version: (1.0.0)
description:
entry point: (index.js)
test command:
git repository:
keywords:
author:
license: (ISC)
About to write to D:\test\test5\package.json:

{
  "name": "test5",
  "version": "1.0.0",
  "description": "",
  "main": "index.js",
  "scripts": {
    "test": "echo \"Error: no test specified\" && exit 1"
  },
  "author": "",
  "license": "ISC"
}

Is this ok? (yes)

hjm@hjm-PC MINGW64 /d/test/test5
$
```

맨 마지막에 yes 를 눌러되고 그냥 Enter를 쳐서 진행해도 됩니다.

진행을 마무리 지으려면 Ctrl+C를 누르면 마무리가 됩니다.

2 package.json 에 대하여

package.json은 다양한 항목이 있습니다.

- name과 version은 필수항목입니다. 나머지는 사용자가 추가 삭제가 가능합니다.
- name은 점(.)이나 밑줄(_)로 시작할 수 없습니다.
- name은 대문자를 포함해서는 안됩니다.

3 Gruntfile

빈 자바스크립트 파일인 Gruntfile.js 도 생성해줍니다.

Gruntfile.js나 Gruntfile.coffee 파일은 package.json과 함께 프로젝트 루트 폴더에 있어야
하는 자바스크립트 파일 혹은, 커피스크립트 파일입니다.

Gruntfile 은 프로젝트와 task(작업)의 환경설정, grunt plugin 과 task 로딩과 설정을 합
니다. 즉 해당 프로젝트의 전체 프로세스를 관장합니다.

아래는 Gruntfile.js의 아주 간단한 예제입니다.

```
1  module.exports = function(grunt) {
2    // 가) 프로젝트 환경설정.
3    grunt.initConfig({
4      pkg: grunt.file.readJSON('package.json'),
5      // 플러그인 설정
6    });
7    // 나) 플러그인 로드.
8    // 다) task 실행.
9  };
```

크게 가) 프로젝트 환경설정, 나) 플러그인 로드, 다) task 실행하는 부분으로 나뉩니다.
- 가) 프로젝트 환경설정. 플러그인을 설정하는 부분
- 나) 플러그인 로드. 설정한 플러그인을 로드하는 부분
- 다) task 실행. 설정한 작업을 실행하는 부분

grunt−template에서 만드는 전체 로직은 아래와 같습니다.

```
1   module.exports = function(grunt) {
2     // 가) 프로젝트 환경설정.
3     grunt.initConfig({
4       pkg: grunt.file.readJSON('package.json'),
5       // 플러그인 설정
6       // 1. html task
7       // grunt-htmlhint: html 구문검사
8       // grunt-includes : html에서 인클루드를 사용할 수 있게 해줌.
9       // 2. css task
10      // grunt-contrib-less : css 확장언어로써 CSS를 만들어줌.
11      // grunt-contrib-csslint : CSS 구문검사
12      // grunt-autoprefixer : 크로스브라우징에 맞게 벤더프리픽스 삽입
13      // grunt-csscomb : CSS를 우선순위에 맞게 정렬해주는 도구
14      // grunt-contrib-cssmin : CSS 최적화를 위해 CSS 압축
15      // 3. javascript task
16      // grunt-contrib-jshint : 자바스크립트 구문검사
17      // grunt-contrib-concat : 자바스크립트 파일 합침
18      // grunt-contrib-uglify : 자바스크립트 압축
19      // 4. others task
20      // grunt-contrib-clean : 폴더 및 파일 삭제
21      // grunt-contrib-copy : 폴더 및 파일 복사
22      // grunt-contrib-imagemin : 이미지 최적화
23      // 5. watch task
24      // grunt-contrib-watch : 변경된 작업 파일 실시간 동기화
25      // grunt-contrib-connect : 로컬 서버를 통해 브라우저로 확인
26      // 6. 최적화
27      // grunt-newer : 변경된 파일들만 빌드하기
28      // grunt-concurrent : 다중 태스크를 병렬로 실행하기
29      // time-grunt : 얼마나 시간이 소요되나 확인
30      // load-grunt-tasks : 자동으로 grunt 태스크를 로드, grunt.loadNpmTasks
           를 생략할 수 있음
31    });
32    // 나) 플러그인 로드
33    // grunt.loadNpmTasks('플러그인명');
34    // 다) task 실행.
35    // 1. html task
36    // 2. css task
37    // 3. javascript task
38    // 4. watch task
39    // 5. build task
40    // 6. default task
41  };
```

복잡해 보이긴 해도 간단이 말하면 제작 및 복사를 담당하는 작업과 그 작업을 동기화하는 작업 이렇게 크게 두 개의 작업으로 나뉩니다.

간단하게 작업의 내용을 아래의 이미지와 같이 나타낼 수 있습니다.

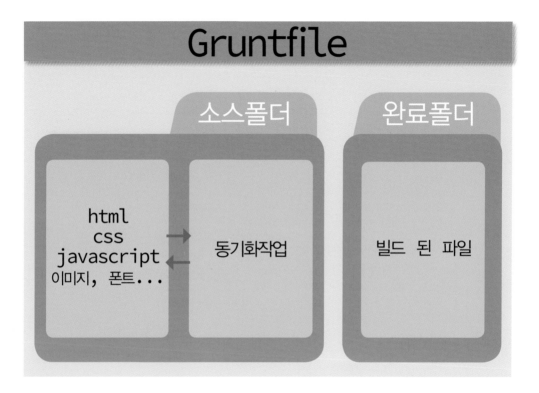

그런트 작업 전체는 gruntfile라는 파일이 관장합니다. 소스폴더에서 작업하면 빌드 후 완료폴더에 저장이 됩니다. 작업은 html, css, javascript … 등등의 작업으로 나누었습니다. 이런 작업을 할 때 watch 동기화 작업이 가동 중이면 따로 빌드하지 않아도 자동으로 빌드해서 완료폴더로 저장이 됩니다.

여기에서는 html, css, javascript … 등등의 여러 작업이 있지만 필요에 따라 html만 하던가 javascript 작업만 하던가 하는 것은 작업장의 환경에 따라 얼마든지 수정할 수 있습니다.

예제에 사용된 프로젝트 저장소는 https://github.com/demun/grunt-start-1입니다.

CHAPTER
04

작업 설정 및 target
(작업 대상)

프로젝트에 들어가기에 앞서 작업 설정법을 알아봅니다. 이 부분을 알아야 프로젝트를 사용자에 맞게 수정하거나 추가할 수 있습니다. 어떤 설정과 규칙들이 있는지 알아봅니다.

Gruntfile 파일의 옵션과 설정법들을 알아봅니다.

Gruntfile 파일의 옵션에서 자주 사용하는 파일 매핑에 src, dest 를 많이 사용하는데요. src 는 출처(source)를, dest 는 목적지(destination)를 말합니다.

작업명과 그에 따른 옵션에 대한 사용법은 기본적으로 아래처럼 사용합니다. 아래의 예시는 includes 플러그인의 예제입니다.

```
1   includes: {
2     dist: {
3         expand: true,
4         cwd: 'src/docs/html/',
5         src: ['**/*.html'],
6         dest: 'dest',
7         options: {
8             flatten: true,
9             // debug: true,
10            includePath: 'src/docs/include/'
11        }
12    }
13  },
```

includes는 플러그인명으로 작업명 또는 task(작업)라고 합니다. 인클루드를 하기 위한 작업명입니다.

```
includes: {
  ① dist: {
        expand: true,
      ② cwd: 'src/docs/html/',
      ③ src: ['**/*.html'],
      ④ dest: 'dest',
        options: {
            flatten: true,
            // debug: true,
            includePath: 'src/docs/include/'
        }
    }
},
```

1: dist:는 타겟명으로 불리며 작업의 이름입니다. 이 이름은 다은 이름으로 변경할 수 있습니다. 예를 들어 인클루드를 나타내니 include_work 등으로도 사용할 수 있고, 사용자의 맘대로 타켓명을 정할 수 있습니다. 일반적으로 distribute의 약자로 dist를 많이 사용합니다.

2: 소스폴더의 경로입니다. 여기서는 src 폴더가 소스폴더가 됩니다. src 폴더는 소스폴더일뿐 변경 가능합니다.

3: 소스폴더의 파일형식을 나탸납니다. *.html는 확장자가 html인 모든 파일을 의미합니다.

4: dest:는 목적지를 나타내고, 뒤쪽의 'dest'는 목적지(배포) 폴더를 나타냅니다. 마찬가지로 'dest'는 목적지(배포) 폴더를 나타낼 뿐 변경이 가능합니다.

즉 그런트는 소스폴더(src)의 파일들을 최적화해서 목적지 폴더(dest)로 만들어내는 일을 합니다.

task(작업)은 하나의 타켓을 가질 수도 있고, 여러 개의 타켓(multi-task)을 가질 수도 있습니다.

```
1  includes: {
2      target1: {
3          // target1에 대한 설정
4      },
5      target2: {
6          // target2에 대한 설정
7      }
8  }
```

options 프로퍼티는 task(작업) 전체에 해당하는 옵션을 줄 수도 있고 각 작업대상에 내장도 가능하며, 이때는 옵션을 덮어쓰게 됩니다.

options 프로퍼티는 필수 요소는 아니고, 필요 없는 경우 무시됩니다.

```
 1   includes: {
 2       options: {
 3           // includes 작업 전체에 영향을 주는 옵션
 4       }
 5       target1: {
 6           // 옵션이 없을 때는 작업 전체에 영향을 주는 옵션을 사용
 7       },
 8       target2: {
 9           options: {
10               // 전체 옵션을 덮어쓰며, target2 에게만 해당하는 옵션을 사용합니다.
11           }
12           // target2 에 대한 작업
13       }
14   }
```

1 파일 경로 및 Globbing patterns(글로빙 패턴)

Grunt는 https://github.com/isaacs/node-glob와 https://github.com/isaacs/minimatch 라이브러리를 내부에 포함시켰고, 이를 통해서 파일명 확장을 지원하는데 이걸 globbing 이라고도 합니다.

- *는 개수와 관계없이 /를 제외한 모든 캐릭터와 일치한다.
- ?는 /를 제외한 하나의 캐릭터와 일치합니다.
- **는 개수와 관계없이 /를 포함한 모든 캐릭터와 일치합니다. 하지만 경로 부분(폴더명)에서만 동작합니다.
- {}에 콤마로 구분된 목록을 넣으면 "or" 표현식으로 동작합니다.
- !를 패턴의 처음에 사용하면 불일치(negative match)를 의미합니다.

즉, foo/*.js는 foo/ 폴더에서 .js로 끝나는 모든 파일과 일치하지만, foo/**/*.js는 foo/ 폴더와 그 아래의 모든 하위 폴더에서 .js로 끝나는 모든 파일과 일치한다는 겁니다.

여러 가지 예시:

```
1  // 단일 파일 지정.
2  {src: 'foo/this.js', dest: ...}
3  // 배열로 여러 파일 지정.
4  {src: ['foo/this.js', 'foo/that.js', 'foo/the-other.js'], dest:
   ...}
5  // glob 패턴 사용.
6  {src: 'foo/th*.js', dest: ...}
7  // 단일 node-glob 패턴.
8  {src: 'foo/{a,b}*.js', dest: ...}
9  // 물론 이렇게도 사용 가능.
10 {src: ['foo/a*.js', 'foo/b*.js'], dest: ...}
11 // foo/ 안의 모든 .js 파일. 순서는 알파벳 순.
12 {src: ['foo/*.js'], dest: ...}
13 // bar.js을 먼저 선택하고, 남은 파일을 알파벳 순으로 추가.
14 {src: ['foo/bar.js', 'foo/*.js'], dest: ...}
15 // bar.js를 제외한 모든 파일. 알파벳 순.
16 {src: ['foo/*.js', '!foo/bar.js'], dest: ...}
17 // 모든 파일을 알파벳 순서로 넣고, 끝에 bar.js를 추가.
18 {src: ['foo/*.js', '!foo/bar.js', 'foo/bar.js'], dest: ...}
19 // 파일경로나 glob 패턴에 템플릿(<%%>)을 사용할 수도 있습니다.
20 {src: ['src/<%= basename %>.js'], dest: 'build/<%= basename %>.min.
   js'}
21 // 환경설정의 다른 task의 target에서 정의한 파일 목록을 참조할 수도 있습니다.
22 {src: ['foo/*.js', '<%= jshint.all.src %>'], dest: ...}
```

2 ┃ 파일 배열 매핑 패턴

grunt 는 대량의 파일 목록을 동적으로 생성하고, 처리하는데 추가적인 프로퍼티를 지원
합니다.

- **expand** : 다음 옵션들을 활성화하려면 먼저 이 프로퍼티를 true로 설정해야 합니다.
- **cwd** : 모든 **src** 패턴을 이 옵션에 정의된 경로를 기준으로 정합니다.
- **src** : 일치 여부 확인을 위한 패턴 목록. **cwd**기준의 상대경로.
- **dest** : 목적지 지정을 위한 경로 접두사.
- **ext** : dest 경로에 생성할 파일의 확장자.
- **flatten** : dest 경로에 생성할 목록에서 경로부분을 제거하고 파일명만 남깁니다.

- **rename** : 일치하는 src 파일별로 호출되는 함수. 이 함수는 (확장자 변경과 경로 제거 후) 일치하는 src 패턴과 dest를 인자로 받아서, 새로운 dest 값을 반환해야 합니다. 동일 dest 값이 여러 번 반환되면, 사용된 **src**들이 이름 변경을 위한 출처 배열에 추가합니다.

아래 예제는 Gruntfile파일에서 자바스크립트를 압축해주는 minify 작업의 예제로 정적인 매핑과 동적인 매핑 등으로 사용하는 예제입니다.

정적매핑은 파일 경로와 파일명을 일일이 지정하는 반면, 동적매핑은 동적기술법을 사용해서 모든 폴더 또는 모든 파일을 사용합니다.

```
1  grunt.initConfig({
2      minify: {
3          static_mappings: { // 정적매핑
4              // 이 src-dest 파일 매핑은 수동으로 지정했기 때문에,
5              // 파일 추가 삭제와 Grunfile 수정을 매번 해줘야 한다.
6              files: [
7                  {src: 'lib/a.js', dest: 'build/a.min.js'},
8                  {src: 'lib/b.js', dest: 'build/b.min.js'},
9                  {src: 'lib/subdir/c.js', dest: 'build/subdir/c.min.
                   js'},
10                 {src: 'lib/subdir/d.js', dest: 'build/subdir/d.min.
                   js'},
11             ],
12         },
13         dynamic_mappings: { // 동적매핑
14             // "minify" task가 실행되면 Grunt는 "lib/" 아래에서 "**/*.js"를
               찾습니다.
15             // 그렇게 찾은 src-dest 파일 매핑으로 빌드합니다.
16             // 파일이 추가/제거될 때 마다 Gruntfile을 수정할 필요없습니다.
17             files: [
18                 {
19                     expand: true,      // 동적 기술법을 활성화.
20                     cwd: 'lib/',       // Src 패턴의 기준 폴더.
21                     src: ['**/*.js'], // 비교에 사용할 패턴 목록.
22                     dest: 'build/',    // 목적 경로의 접두사(사실상 폴더명)
23                     ext: '.min.js',    // dest의 파일들의 확장자.
24                 },
25             ],
26         },
27     },
28 });
```

프로젝트를 진행하기 전 전체 작업순서가 어떻게 되는지 알아보겠습니다.

이 내용은 Gruntfile.js에 자바스크립트로 짜여져 있지만 그림으로 보면 작업이 어떤 식으로 진행되는지 쉽게 알 수 있습니다.

Gruntfile.js에 default 작업명입니다. 이런 식으로 작업이 흘러간다고만 알아두시면 됩니다.

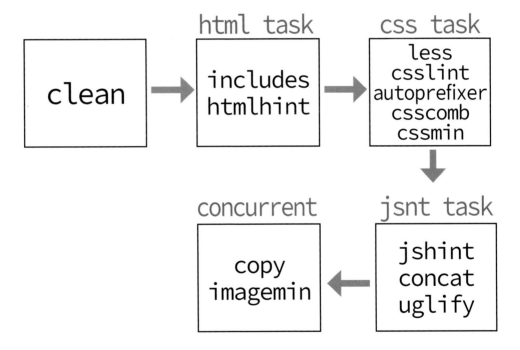

글의 순서 즉 플러그인에 대한 내용은 아래와 같은 순서대로 진행됩니다.

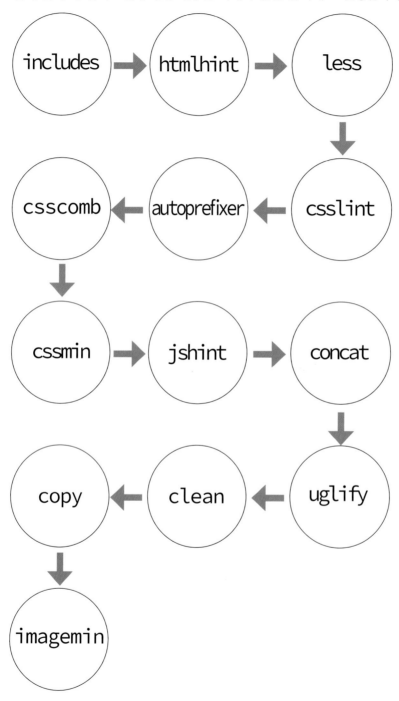

06 html 작업 소개

프로젝트는 크게는 html, css, javascript, **이미지나 폰트**, **동기화 작업**, **최적화 작업** 등을 하는데 제일 먼저 html 작업을 알아봅니다. css나 javascirpt 등의 작업을 먼저해도 상관없으나, 여기서는 html 작업을 먼저 알아봅니다. html 작업은 인클루드 기능을 사용해서 좀 더 효율적으로 html을 만들고, 오류 구문 검사 등을 통해서 완벽한 코드의 html을 만드는데 목적이 있습니다.

여기 예제에서의 html task에서는 includes, htmlhint 등의 플러그인을 통해서 html을 만듭니다. includes, htmlhint 등의 플러그인의 사용법을 알면 다른 html 관련 플러그인을 사용하는데도 도움이 될 것입니다. html 관련 플러그인으로는 html을 압축해주는 grunt-contrib-htmlmin, 인클루드를 하면서 데이터를 변경할 수 있는 grunt-include-replace 등등 여러 플러그인도 있습니다.

예제에서 html을 생성하는 docs의 폴더구조는 아래와 같습니다. html 파일들을 담당하는 docs라는 폴더를 만들고 그 안에 모든 html 파일이 들어있습니다.

```
1   +---docs
2   |   +---html
3   |   |   +---category1
4   |   |   |       page-01.html
5   |   |   |       page-02.html
6   |   |   |
7   |   |   \---category2
8   |   |           page-01.html
9   |   |           page-02.html
10  |   |
11  |   \---include
12  |       |   head.html
13  |       |   js.html
14  |       |
15  |       \---other
16  |               lorem.html
17  |               lorem2.html
```

Gruntfile.js에서 html 부분에 대한 내용은 이렇습니다.

```
1   // html에서 인클루드를 사용합니다.
2   includes: {
3       dist: {
4           expand: true,
5           cwd: 'src/docs/html/',
6           src: ['**/*.html'],
7           dest: 'dest',
8           options: {
9               flatten: true,
10              // debug: true,
11              includePath: 'src/docs/include/'
12          }
13      }
14  },
15  // html 구문검사를 합니다.
16  htmlhint: {
17      options: {
18          htmlhintrc: 'grunt/.htmlhintrc'
19      },
20      dist: [
21          'dest/**/*.html',
22      ]
23  },
```

해당 작업의 순서는 이렇습니다.

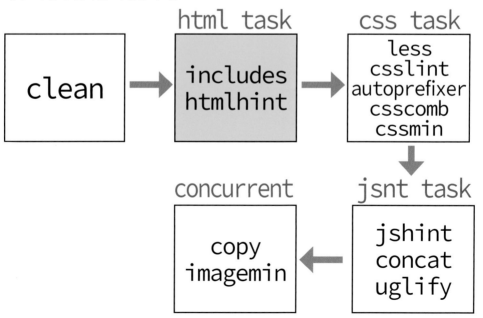

grunt-includes 플러그인
소개와 사용법

html은 원래 인클루드를 할 수 없습니다. 즉 html 파일은 다른 html 파일을 포함할 수 없습니다. 물론 php, asp 등등 다른 프로그램 언어에서는 가능하지만 프로그램을 사용하지않고 순수 html 파일은 다른 html 파일을 포함할 수 없습니다.

includes는 다른 프로그램언어를 사용하지 않고도 html내에서 html을 포함할 수 있습니다. 자주 사용하는 부분을 분리해서 인클루드문을 통해 제작 및 유지보수를 쉽게 할 수 있습니다.

includes 플러그인의 장점은 모든 html 파일에서의 부모 자식간의 들어쓰기가 그대로 유지 됩니다.

grunt-includes 에 대한 내용은 https://github.com/gruntjs/grunt-includes를 참고하세요.

만약 html에서 변수나 프로그래밍적인 데이타 변경 등를 사용하여 문자 등을 변경하고 싶으면, grunt-include-replace, grunt-contrib-handlebars, grunt-mustache-html 등을 사용하세요.

해당 플러그인의 순서는 이렇습니다.

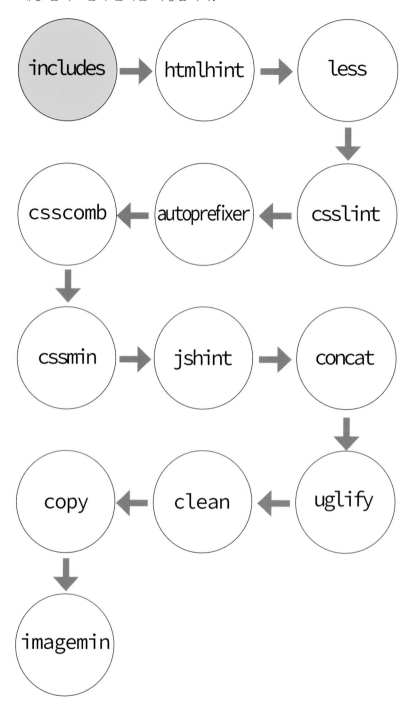

grunt-includes 플러그인을 사용하려면 설치를 해야 합니다. 명령창에서 한 줄의 코드만 입력하고 Enter를 치면 됩니다.

프로젝트 폴더에서 명령창을 엽니다. 그리고 아래의 명령어를 입력하고 Enter를 누릅니다.

```
npm install --save-dev grunt-includes
```

MINGW64:/d/test/test5

```
hjm@hjm-PC MINGW64 /d/test/test5
$ npm install --save-dev grunt-includes
```

--save-dev라는 구문을 넣으면 package.json의 devDependencies라는 항목에 플러그인명과 버전이 표시됩니다.

반대로 package.json의 devDependencies라는 항목에 플러그인과 버전을 먼저 적어놓으면 --save-dev라는 구문은 필요하지 않습니다.

grunt-includes 플러그인 설치가 완료된 모습입니다.

MINGW64:/d/test/test5

```
grunt@0.4.5 node_modules\grunt
├── eventemitter2@0.4.14
├── which@1.0.9
├── dateformat@1.0.2-1.2.3
├── async@0.1.22
├── getobject@0.1.0
├── colors@0.6.2
├── lodash@0.9.2
├── rimraf@2.2.8
├── hooker@0.2.3
├── grunt-legacy-util@0.2.0
├── exit@0.1.2
├── nopt@1.0.10 (abbrev@1.0.7)
├── coffee-script@1.3.3
├── iconv-lite@0.2.11
├── underscore.string@2.2.1
├── minimatch@0.2.14 (sigmund@1.0.1, lru-cache@2.7.3)
├── glob@3.1.21 (inherits@1.0.2, graceful-fs@1.2.3)
├── findup-sync@0.1.3 (lodash@2.4.2, glob@3.2.11)
├── grunt-legacy-log@0.1.3 (grunt-legacy-log-utils@0.1.1, lodash@2.4.2, undersco
re.string@2.3.3)
└── js-yaml@2.0.5 (esprima@1.0.4, argparse@0.1.16)

grunt-includes@0.5.4 node_modules\grunt-includes

hjm@hjm-PC MINGW64 /d/test/test5
$ |
```

플러그인을 설치하면 해당 node_modules라는 폴더를 생성하고 그 안에 플러그인을 설치하게 됩니다.

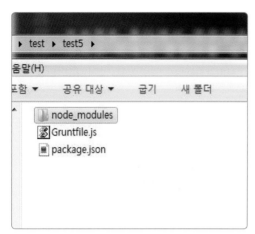 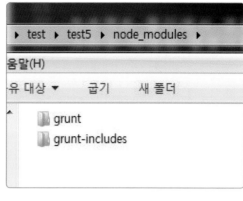

플러그인 한 번에 설치하기

위처럼 플러그인을 하나씩 소개하고 하나씩 설치하는 방법을 알려드렸습니다. 플러그인을 한번에 모두 설치할 수도 있습니다.

플러그인 설치는 아래와 같습니다.

```
npm install --save-dev 플러그인명
```

• 방법1

한 번에 설치하려면 아래처럼 플러그인명을 나열하면 됩니다.

```
npm install --save-dev 플러그인1 플러그인2 플러그인3 플러그인4 플러그인5 ...
```

- **방법2**

package.json에 아래처럼 플러그인명을 적어놓습니다.

```
"devDependencies": {
  "grunt": "^0.4.5",
  "grunt-autoprefixer": "^3.0.3",
  "grunt-concurrent": "~2.1.0",
  "grunt-contrib-clean": "^0.7.0",
  "grunt-contrib-copy": "~0.8.2",
  "grunt-contrib-concat": "^0.5.1",
  "grunt-contrib-connect": "^0.11.2",
  "grunt-contrib-csslint": "^0.5.0",
  "grunt-contrib-cssmin": "^0.14.0",
  "grunt-contrib-imagemin": "^1.0.0",
  "grunt-contrib-jshint": "^0.11.3",
  "grunt-contrib-less": "^1.1.0",
  "grunt-contrib-uglify": "^0.11.0",
  "grunt-contrib-watch": "^0.6.1",
  "grunt-csscomb": "^3.1.0",
  "grunt-htmlhint": "^0.9.12-fix",
  "grunt-includes": "^0.5.3",
  "grunt-newer": "^1.1.1",
  "jshint-stylish": "^2.1.0",
  "load-grunt-tasks": "^3.4.0",
  "time-grunt": "^1.3.0"
}
}
```

버젼을 모르면 최신버젼을 설치하도록 * 또는 latest를 적으면 됩니다.

예제: "grunt": "latest"

그런 다음 명령어는 아래처럼 사용하면 됩니다.

```
npm install
```

package.json에 미리 적어놓았으니 --save-dev가 필요 없고 플러그인명도 적어놓았으니 필요없습니다. 그냥 install만 하면 됩니다.

> 똑같은 내용이 반복됨으로 플러그인을 한 번에 모두 설치하는 부분은 다음부터 생략합니다.

Gruntfile.js에서 사용하는 예제는 아래와 같습니다.

```
1   includes: {
2      dist: {
3          expand: true,
4          cwd: 'src/docs/html/',
5          src: ['**/*.html'],
6          dest: 'dest',
7          options: {
8              flatten: true,
9              // debug: true,
10             includePath: 'src/docs/include/'
11         }
12     }
13 },
```

• 설명

소스 파일의 경로는 'src/docs/html/'이 되며, 이 폴더의 모든 html를 목적지 폴더인 dest: 'dest' 폴더에 빌드합니다.

flatten: true 옵션을 이용하여 인클루드 경로는 src/docs/include/로 합니다.

즉, category1 폴더에 위치한 page-01.html에서 include 폴더에 head.html을 인클루드 하려면 아래처럼 합니다.

```
include "head.html"
```

구문은 이렇듯 간단합니다. 좀 더 자세히 이미지로 알려드리겠습니다.

page-01.html 폴더가 위치한 곳

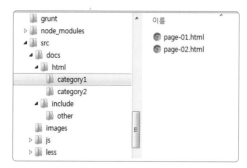

page-01.html의 인클루드 구문

```html
1  <!doctype html>
2  <!--[if lt IE 7]><html lang="ko" class="no-js lt-ie9 lt-ie8 lt-ie7"><![endif]-->
3  <!--[if IE 7]><html lang="ko" class="no-js lt-ie9 lt-ie8"><![endif]-->
4  <!--[if IE 8]><html lang="ko" class="no-js lt-ie9"><![endif]-->
5  <!--[if gt IE 8]><!--><html lang="ko" class="no-js"><!--<![endif]-->
6  <head>
7      include "head.html"
8      <title>category1 | page-01</title>
9  </head>
10 <body>
11
```

head.html의 위치한 곳

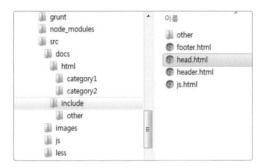

Gruntfile.js에 include 폴더의 위치를 includePath: 'src/docs/includes/' 폴더로 지정해놓았기 때문에 include의 폴더의 파일들은 includes 폴더까지의 경로를 제외한 파일명만 적어주면 됩니다.

```
// html 에서 인클루드를 사용합니다.
includes: {
    dist: {
        expand: true,
        cwd: 'src/docs/html/',
        src: ['**/*.html'],
        dest: 'dest',
        options: {
            flatten: true,
            // debug: true,
            includePath: 'src/docs/include/'
        }
    }
},
```

현재 프로젝트에 사용되는 옵션은 위에 글을 참고하면 됩니다.

아래의 옵션은 차후 수정 또는 추가하기 위한 참고로 알아두시고 지금은 넘어가도 됩니다.

- **flatten**

    Type: String , Default: false

    대상 디렉토리에 있는 모든 파일소스를 병합하여 나열합니다.
    source/file/path.html 는 path.html처럼 짧게 변경되기도 합니다.

- **banner**

    Type: String , Default: "

    grunt.template.process로 컴파일된 모든 파일 앞부분에 문자열로 추가됩니다.

- **duplicates**

    Type: Boolean , Default: true

    중복으로 포함되는 파일을 허용합니다.

- **debug**

    Type: Boolean , Default: false

    디버그 모드로 컴파일합니다. 인클루드된 파일의 경로가 표시됩니다.

- **silent**

    Type: Boolean , Default: false

    성공 메시지를 알리지 않고 조용히 처리합니다.

- **includePath**

    Type: String , Default: "

    포함된 파일의 경로를 지정합니다. 인클루드 문에 사용된 상태 경로를 기본 디렉토리로
    지정합니다.

- **templateFileRegexp**

    Type: RegExp , Default: /\{\{\s?file\s?\}\}/

    일치된 템플릿 텍스트를 교체하는 정규 표현식을 사용합니다.. Example: Start of
    template | {{file}} | End of template.

- **template**

  Type: String

  템플릿으로 렌더링하면, {{fileName}}과 {{file}}를 filename과 file로 대체됩니다..

- **includeRegexp**

  Type: RegExp, Default: /^(\s∗)include\s+"(\S+)"\s∗$/, Matches: include "some/file.html"

  include 문을 찾기 위해 사용되는 정규 표현식을 설정합니다. 정규식은 명령문의 중요한 부분을 식별하는 데 사용됩니다.

CHAPTER 06-2

grunt-contrib-htmlhint 플러그인 소개와 사용법

htmlhint는 작성한 html 코드가 오류가 있는지, 최적화는 되었는지 등등을 판단해서 코드를 관리하게 해줍니다.

유지보수를 위해 grunt 폴더를 만들고 그 안에 grunt와 관련된 설정파일을 넣습니다.

htmlhint 옵션에 사용되는 규칙은 grunt/.htmlhintrc에 넣어두었습니다.

> grunt-htmlhint 에 대한 내용은 https://github.com/gruntjs/grunt-htmlhint를 참고하세요.

해당 플러그인의 순서는 이렇습니다.

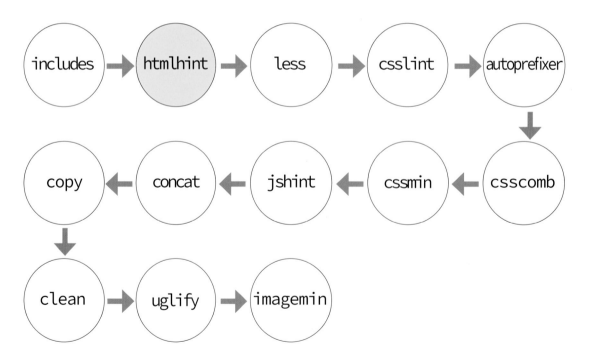

```
npm install --save-dev time-grunt
```

Gruntfile.js에서 사용하는 예제는 아래와 같습니다.

```
1  htmlhint: {
2      options: {
3          htmlhintrc: 'grunt/.htmlhintrc'
4      },
5      dist: [
6          'dest/**/*.html',
7      ]
8  },
```

• 설명

dest 폴더의 모든 html 파일을 옵션 설정 파일인 .htmlhintrc 이용해서 검사합니다.

설정파일은 grunt 폴더에 있으며, 구문은 아래와 같습니다.

```
1  {
2      "tagname-lowercase" : true,
3      "attr-lowercase" : true,
4      "attr-value-not-empty" : true,
5      "tag-pair" : true,
6      "id-unique" : true,
7      "src-not-empty" : true,
8      "doctype-html5" : true,
9      "id-class-value" : true,
10     "id-class-ad-disabled" : true,
11     "style-disabled" : false,
12     "attr-value-double-quotes" : false,
```

```
13    "href-abs-or-rel" : false,
14    "attr-unsafe-chars" : false,
15    "img-alt-require" : true,
16    "attr-no-duplication" : false,
17    "tag-self-close" : false,
18    "space-tab-mixed-disabled" : true,
19    "head-script-disabled" : true,
20    "spec-char-escape" : true,
21    "doctype-first" : true
22  }
```

상황에 따라 true, false를 지정해서 사용하면 됩니다.

설정 파일인 .htmlhintrc에 대해서는 다음 페이지에서 자세히 설명하겠습니다.

> 현재 프로젝트에 사용되는 옵션은 위에 글을 참고하면 됩니다.
>
> 아래의 옵션은 차후 수정 또는 추가하기 위한 참고로 알아두시고 지금은 넘어가도 됩니다.

3　옵션 설명

옵션이 비어있으면 아무 작업도 하지 않습니다.

- **options.htmlhintrc**

    Type: String, Default value: null

파일 이름을 지정하면, 전역으로 지정된 옵션이 사용됩니다. 작업 및 대상 옵션은 htmlhint 파일내에 지정된 옵션으로 대체합니다. htmlhint 파일은 유효한 json의 형태여야 합니다.

```
1  {
2    "tag-pair": true,
3  }
```

- **options.force**

    Type: Boolean, Default value: false
    htmlhint에 errors가 발생하면 작업하지 않습니다.

06-3 htmlhint 규칙

htmlhint의 옵션을 설정 파일인 .htmlhintrc에 지정해놨습니다.

규칙이 너무 많아서 설정파일인 .htmlhintrc를 사용했고, 값은 true 또는 false입니다.

그 규칙에는 아래 원문과 번역문을 참고하시기 바랍니다.

htmlhint Rules 원문 ─〉 https://github.com/yaniswang/HTMLHint/wiki/Rules

1 규칙

Nico Schlömer는 3월 4일에 개정판 2 페이지를 편집

2 Standard(표준)

Nico Schlömer는 3월 4일에 개정판 2 페이지를 편집

tagname-lowercase
Level: error – 태그 이름은 소문자여야 합니다.

attr-lowercase
Level: error – 속성 이름은 소문자여야 합니다.

attr-value-double-quotes
Level: error – 속성의 값은 따옴표로 감싸야 합니다.

attr-value-not-empty

Level: warning – 속성의 값은 비어있지 않고 설정해야 합니다.

attr-no-duplication

Level: error – 속성은 중복되지 않아야 합니다.

doctype-first

Level: error – DOCTYPE 먼저 선언해야 합니다.

tag-pair

Level: error – 태그는 쌍을 이루어야 합니다.

tag-self-close

Level: warning - self tag는 스스로 닫혀야 합니다.

spec-char-escape

Level: error – 특수문자는 이스케이프(escape)해야 합니다.

id-unique

Level: error – 아이디는 고유해야 합니다.

src-not-empty

Level: error – img, script, link 등의 src는 값이 있어야 합니다.
빈 src 값은 현재 페이지를 두 번 호출합니다.

3 Accessibility(접근성)

img-alt-require

Level: warning – img 태그의 alt 값은 있어야 합니다.

4 Specification(특징)

doctype-html5

Doctype은 html5로 해야 합니다.

id-class-value

Level: warning – id와 class는 underline, dash, hump(헝가리안 표기법) 등의 룰을 따라야 합니다.

style-disabled

Level: warning – style 태그는 사용될 수 없습니다. link 태그 사용

space-tab-mixed-disabled

Level: warning – 공백과 탭은 라인 앞에 혼합해서 사용할 수 없습니다.

id-class-ad-disabled

Level: warning – adblock software 때문에 막혀서 id 와 class에는 ad 키워드를 사용할 수 없습니다.

href-abs-or-rel

Level: warning – href는 절대경로나 상대경로여야 합니다.

attr-unsafe-chars

Level: warning – 속성값에는 불안정한 문자를 사용할 수 없습니다.

CHAPTER 07

css task

css task는 css를 만드는 작업입니다. less, csslint, autoprefixer, csscomb, cssmin 등의 플러그인을 사용하여 효율적이고 좋은 css코드를 만드는 방법이며, 이 사용방법 및 예제입니다.

순서는 less(css만들고) → csslint(오류 구문 검사하고) → autoprefixer(벤터프리픽스 넣고) → csscomb(css 우선 순위로 속성 정렬하고) → cssmin(css 압축한다)

CSS 작업

css의 전처리 언어로 유명한것이 less와 sass가 있습니다. 사용자의 편의에 따라 아무거나 사용해도되며, 또한 사용하지 않고 css만 사용해도 무관합니다.

꼭 저렇게 5단계를 거쳐야하는 것은 아니며 최적화된 코드를 만들기 위해 해당 플러그인을 사용해서 단계를 거치는 것입니다.

여기서는 좀 더 효율적인 코드를 작성하기 위해 less 플러그인을 이용했습니다.

Gruntfile.js에서 css 부분에 대한 내용은 이렇습니다.

```
1   // css 파일을 만듭니다.
2   less: {
3      options: {
4         banner: '/*! <%= pkg.name %> - v<%= pkg.version %> - ' +
5         '<%= grunt.template.today("yyyy-mm-dd") %> */',
6         dumpLineNumbers : 'comments' // 디버깅할 때 사용
```

```
 7        },
 8        dist: {
 9            src: 'src/less/style.less',
10            dest: 'dest/css/style.css'
11        },
12  },
13  // css 구문검사를 합니다.
14  csslint: {
15      options: {
16          csslintrc: 'grunt/.csslintrc'
17      },
18      dist: {
19          src: 'dest/css/*.css'
20      }
21  },
22  // 벤더프리픽스
23  autoprefixer: {
24      options: {
25          browsers: [
26              'Android 2.3',
27              'Android >= 4',
28              'Chrome >= 20',
29              'Firefox >= 24', // Firefox 24 is the latest ESR
30              'Explorer >= 8',
31              'iOS >= 6',
32              'Opera >= 12',
33              'Safari >= 6'
34          ]
35      },
36      dist: {
37          src: 'dest/css/*.css'
38      }
39  },
40  // css의 속성을 정렬해줍니다.
41  csscomb: {
42      options: {
43          config: 'grunt/.csscomb.json'
44      },
45      dist: {
46          expand: true,
47          cwd: 'dest/css/',
48          src: ['*.css', '!*.min.css'],
49          dest: 'dest/css/'
50      }
```

```
51  },
52  // css를 압축합니다.
53  cssmin: {
54      options: {
55          compatibility: 'ie8',
56          keepSpecialComments: '*',
57          noAdvanced: true
58      },
59      dist: {
60          files: [{
61              expand: true,
62              cwd: 'dest/css',
63              src: ['*.css', '!*.min.css'],
64              dest: 'dest/css',
65              ext: '.min.css'
66          }]
67      }
68  },
```

자세한 내용은 플러그인 설명에서 하겠습니다.

해당 작업의 순서는 이렇습니다.

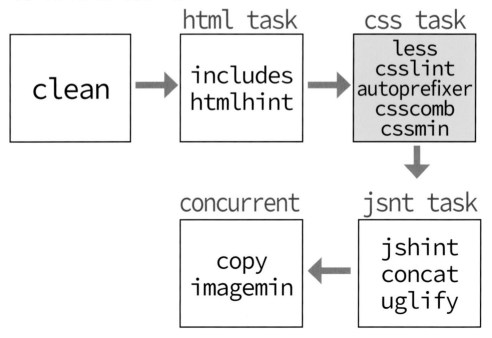

07-1 grunt-contrib-less 플러그인 소개와 사용법

{less}

less는 전처리 언어로 css를 좀 더 편리하게 만들 수 있습니다.

grunt-contrib-less 플러그인은 less를 사용해서 css를 만드는 작업입니다.

grunt-contrib-less 에 대한 내용은 https://github.com/gruntjs/grunt-contrib-less를 참고하세요.

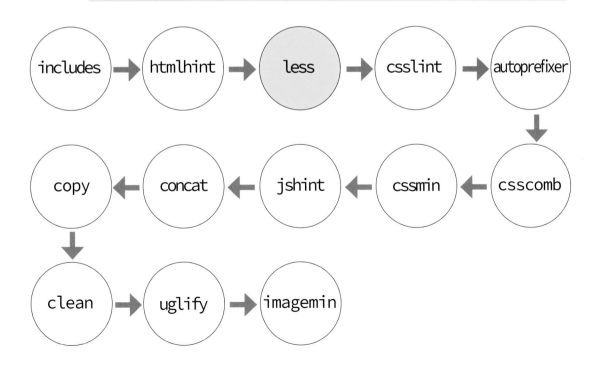

```
npm install --save-dev grunt-contrib-less
```

Gruntfile.js에서 사용하는 예제는 아래와 같습니다.

```
1   less: {
2       options: {
3           banner: '/*! <%= pkg.name %> - v<%= pkg.version %> - ' +
4           '<%= grunt.template.today("yyyy-mm-dd") %> */',
5           dumpLineNumbers : 'comments' // 디버깅할때 사용
6       },
7       dist: {
8           src: 'src/less/style.less',
9           dest: 'dest/css/style.css'
10      },
11  },
```

• 설명

src는 소스코드의 경로입니다. dest는 목적지 경로입니다. 즉 src의 less 파일을 dest 폴더
에 css 파일로 만듭니다.

옵션은 그런트에서 지원하는 템플릿 변수인 〈%= %〉를 이용해서 css 상단에 주석을 추
가합니다. package.json의 값을 읽어와서 name version을 나타내고, grunt.template.
today("yyyy-mm-dd")는 그런트로 빌드한 날짜를 표시합니다.

또한 디버깅할 수 있게 dumpLineNumbers를 사용하여 less 파일의 경로를 표시하게 했습
니다. 디버깅할 때 유용하고, 평상시는 주석처리합니다. 옵션은 선택사항입니다.

뒤에 보면 알겠지만 style.css는 주석으로 less 파일의 위치를 나타내며, cssmin 작업을 하
면 주석을 모두 없어집니다.

dumpLineNumbers 옵션을 적용한 style.css 의 모습

```
File  Edit  Selection  Find  View  Goto  Tools  Project  Preferences  Help

    style.css                    ✕

 1   @charset "utf-8";
 2   /*! grunt-start - v0.0.1 - 2016-01-24 */
 3   /* line 6, src\less\common\normalize.less */
 4 ∨ html {
 5     font-family: sans-serif;
 6     -webkit-text-size-adjust: 100%;
 7         -ms-text-size-adjust: 100%;
 8   }
 9   /* line 16, src\less\common\normalize.less */
10   body {
11     margin: 0;
12   }
13   /* line 30, src\less\common\normalize.less */
14   article,
15   aside,
16   details,
17   figcaption,
18   figure,
19   footer,
20   header,
21   hgroup,
22   main,
23   menu,
24   nav,
25   section,
26   summary {
27     display: block;
28   }
29   /* line 51, src\less\common\normalize.less */
30   audio.

UTF-8, Line 1, Column 1
```

style.min.css 의 모습

> 현재 프로젝트에 사용되는 옵션은 위에 글을 참고하면 됩니다.
>
> 아래의 옵션은 차후 수정 또는 추가하기 위한 참고로 알아두시고 지금은 넘어가도 됩니다.

3 옵션

- **paths**

Type: String Array Function, Default: 입력 파일의 디렉토리

구문 분석 할 때 @import 지시어에 따른 디렉토리를 지정합니다. 기본값은 지정한 소스의 디렉토리입니다.

이 기능을 지정하면 소스 파일 경로는 첫 번째 인수가 될 것입니다. 당신은 문자열이나 배열 경로 중 하나를 사용하고 반환할 수 있습니다.

- **rootpath**

Type: String, Default: ""

모든 URL 앞부분에 경로를 추가합니다.

- **compress**

    Type: Boolean, Default: false

    일부 공백을 제거하여 출력을 압축합니다.

- **plugins**

    Type: Array, Default: null

    플러그인을 허용합니다.

- **ieCompat**

    Type: Boolean, Default: true

CSS의 출력은 인터넷 익스플로러 8과 호환되도록 적용합니다. 예를 들어, data-uri 함수는 Base64 파일로 인코딩하고 data-URI로 생성된 CSS 파일로 임베드합니다 Internet Explorer 8은 data-URI 을 32KB까지 제한 때문에, ieCompat 옵션이 초과되는 것을 막기 때문입니다.

- **optimization**

    Type: Integer, Default: null

    파서를 최적화 레벨로 설정합니다.

    숫자가 낮을수록, 더 적은 노드트리에서 생성됩니다.

- **strictImports**

    Type: Boolean, Default:false

    imports를 강제 평가합니다.

- **strictMath**

    Type: Boolean, Default: false

    활성화하면, 연산은 괄호 안에 작성해야 합니다.

- **strictUnits**

    Type: Boolean, Default: false

    활성화하면, 덜 사용되는 단위의 유효성을 검사합니다.

- **syncImport**

    Type: Boolean, Default: false

    @import된 파일을 동기적으로 디스크에서 읽습니다.

- dumpLineNumbers

  Type: String, Default: false

  -sass-debug-info 사용해서 구성합니다. comments, mediaquery, all 값을 받습니다.

- relativeUrls

  Tpe: Boolean, Default: false

  상대적인 url로 재작성합니다. 실패시 url은 수정되지 않습니다.

- customFunctions

  Type: Object, Default: none

  LESS는 스타일시트내에서 사용할 수 있도록 사용자 정의 함수를 정의합니다. 함수의 이름은 소문자여야합니다.

정의에서 첫 번째 인수는 less 객체이며, 이후의 인수는 less 함수 호출에서입니다. 함수에 전달된 값은 타입 내에서 정의하고, 리턴값은 프리미티브 또는 이들 중 어느 하나일 수 있습니다. 사용 가능한 유형에 대한 자세한 내용은 less 설명서를 참조하십시오.

- sourceMap

  Type: Boolean, Default: false

  소스맵를 사용합니다.

- sourceMapFilename

  Type: String, Default: none

  주어진 파일 이름으로 별도의 파일에 소스맵를 작성합니다.

- sourceMapURL

  Type: String, Default: none

  컴파일 된 CSS 파일에서 소스맵을 가리키는 기본 URL을 재정의합니다.

- sourceMapBasepath

  Type: String, Default: none

  소스맵 less 파일 경로에 대한 기본 경로를 설정합니다.

- sourceMapRootpath

  Type: String, Default: none

  소스맵에 less 파일의를 추가합니다.

- **outputSourceFiles**

  Type: Boolean, Default: false

  이것을 참조하는 대신 맵에 less 파일을 저장합니다.

- **modifyVars**

  Type: Object, Default: none

  전역 변수를 대체합니다. less 옵션에서 --modify-vars='VAR=VALUE'는 동등을 의미합니다.

- **banner**

  Type: String, Default: none

  배너를 사용합니다.

07-2 grunt-contrib-csslint 플러그인 소개와 사용법

csslint는 css의 오류를 검사하는 플러그인입니다.

grunt-contrib-csslint에 대한 내용은 https://github.com/gruntjs/grunt-contrib-csslint를 참고하세요.

해당 플러그인의 순서는 이렇습니다.

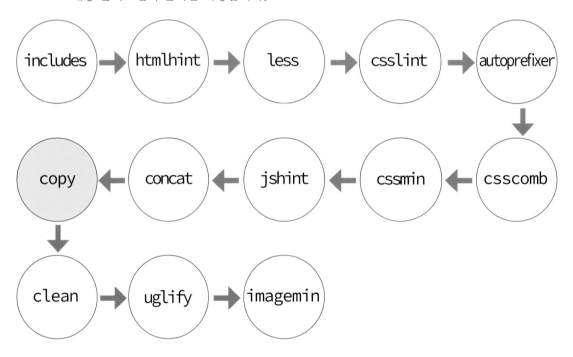

```
npm install --save-dev grunt-contrib-csslint
```

Gruntfile.js에서 사용하는 예제는 아래와 같습니다.

```
1   csslint: {
2       options: {
3           csslintrc: 'grunt/.csslintrc'
4       },
5       dist: {
6           src: '<%= less.dist.dest %>'
7           // src: 'dest/css/*.css' // 또 다른 방법
8       }
9       dist: {
10          src: 'dest/css/*.css'
11      }
12  },
```

- **설명**

〈%= less.dist.dest %〉 구문은 less 작업부분에서 dist.dest 부분이 바로 소스의 경로가 됩니다.

일반적으로 less 작업 후 csslint 작업을 이어서 하므로 〈%= less.dist.dest %〉 식으로 사용하기도 합니다. 즉 less의 작업이 끝난 작업물이 csslint의 소스가 되는거죠.

src: '〈%= less.dist.dest %〉' 부분을 src: 'dest/css/*.css' 식으로 사용해도 됩니다. 다른 방법으로도 사용할 수 있다는 점을 알려드리기 위해 이런 식으로 작성해봤습니다. 해당 소스를 가져와서 설정파일인 .csslintrc로 검사를 합니다.

.csslintrc는 csslint 의 규칙을 정의하는 옵션파일입니다. 내용이 길고 유지관리를 위해 .csslintrc를 주로 사용합니다.

.csslintrc 파일의 내용은 아래와 같습니다.

```
1  {
2      "important": false,
3      "adjoining-classes": false,
4      "known-properties": false,
5      "box-sizing": false,
6      "box-model": false,
7      "overqualified-elements": false,
8      "display-property-grouping": false,
9      "bulletproof-font-face": false,
10     "compatible-vendor-prefixes": false,
11     "regex-selectors": false,
12     "errors": false,
13     "duplicate-background-images": false,
14     "duplicate-properties": false,
15     "empty-rules": false,
16     "selector-max-approaching": true,
17     "gradients": false,
18     "fallback-colors": false,
19     "font-sizes": false,
20     "font-faces": true,
21     "floats": false,
22     "star-property-hack": true,
23     "outline-none": false,
24     "import": true,
25     "ids": false,
26     "underscore-property-hack": true,
27     "rules-count": true,
28     "qualified-headings": false,
29     "selector-max": true,
30     "shorthand": false,
31     "text-indent": false,
32     "unique-headings": false,
33     "universal-selector": false,
34     "unqualified-attributes": false,
35     "vendor-prefix": true,
36     "zero-units": true
37 }
```

html 작업의 .htmlhintrc와 마찬가지로 true와 false의 값으로 정의합니다. 상황에 따라 true, false를 지정해서 사용하면 됩니다. 해당 규칙을 사용하려면 true 해당 규칙을 적용하고 싶지 않으면 false를 지정하면 됩니다.

csslint의 규칙에 대해서는 https://github.com/CSSLint/csslint/wiki/Rules, https://github.com/hyunchulkwak/csslint/wiki/규칙에 자세한 내용이 있으니 참고하시기 바랍니다.

3   csslint 규칙

다음은 규칙들에 대한 정의를 내리고 있습니다.

- CSS에서 발생할 수 있는 오류들에 대한 규칙들
- 브라우저와 브라우저 셋팅간의 호환성 문제에 대한 규칙들
- CSS 성능을 향상시키기 위한 규칙들
- 코드의 가독성과 유지보수에 도움을 주기 위한 규칙들
- 접근성과 관련된 이슈를 찾아내기 위해 고안된 규칙들
- OOCSS(객체지향 CSS)의 기본 규칙을 바탕으로 작성된 규칙들

07-3 grunt-autoprefixer 플러그인 소개와 사용법

autoprefixer 플러그인은 크로스브라우징에 맞게 각 브라우져의 벤더를 삽입합니다.

벤더프리픽스란 CSS 에 대해서 각 브라우져마다 지원 여부가 다르기 때문에 각 브라우져의 벤더를 붙여 사용합니다.

> grunt-autoprefixer는 https://www.npmjs.com/package/grunt-autoprefixer를 참고하세요.

해당 플러그인의 순서는 이렇습니다.

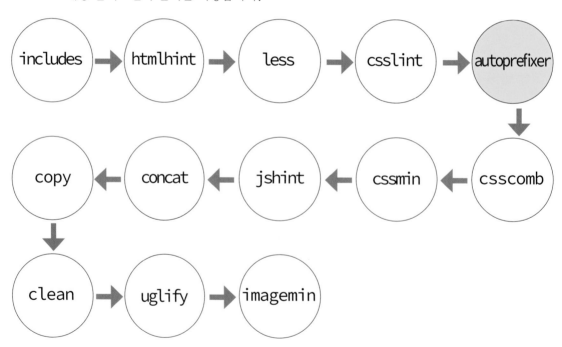

설치

설치는 이전에 설명한것과 같이 한 개의 플러그인만 설치하는 방식으로 진행합니다. 플러그인을 한 번에 모두 설치하는 방법은 includes 모듈 소개와 사용법에서 플러그인 한 번에 설치하기를 참고하세요.

```
npm install --save-dev grunt-autoprefixer
```

2 설정

Gruntfile.js에서 사용하는 예제는 아래와 같습니다.

```
1   autoprefixer: {
2       options: {
3           browsers: [
4               'Android 2.3',
5               'Android >= 4',
6               'Chrome >= 20',
7               'Firefox >= 24', // Firefox 24 is the latest ESR
8               'Explorer >= 8',
9               'iOS >= 6',
10              'Opera >= 12',
11              'Safari >= 6'
12          ]
13      },
14      dist: {
15          src: 'dest/css/*.css'
16      }
17  },
```

• 설명

옵션으로는 지원하는 각 브라우져의 버젼에 맞게 설정을 하고, dest 폴더의 모든 css파일에 벤더를 붙입니다.

옵션이 많아질 경우 csslint의 .csslintrc처럼 옵션파일을 새로 생성해서 사용하기도 합니다. 여기서는 그냥 옵션을 Gruntfile.js에 넣었습니다.

현재 프로젝트에 사용되는 옵션은 위에 글을 참고하면 됩니다.

아래의 옵션은 차후 수정 또는 추가하기 위한 참고로 알아두시고 지금은 넘어가도 됩니다.

3 옵션 설명

- **options.browser**

  타입: Array 디폴트값: default browsers

  https://github.com/ai/browserslist의 Array

  아래와 같은 옵션으로 구체적인 브라우저를 지정할 수 있습니다.

```
1  options: {
2      browsers: ['last 2 versions', 'ie 8', 'ie 9']
3  }
```

아니면 프로젝트 루트에 browserslist라는 이름의 글로벌 config 파일을 사용할 수 있습니다.

```
1  # 지원하는 브라우저
2  > 5% in US
3  Last 2 versions
```

지원하는 브라우저 목록은 https://github.com/ai/browserslist에서 볼 수 있습니다.

- **options.cascade**

  타입: Boolean , 기본값: true

  'cascade'의 들여쓰기를 사용하지 않기 위해서는 false 값을 지정합니다.

- **options.remove**

  타입: Boolean 기본값: true

  기본적으로 Autoprefixer은 오래된 접두사를 제거합니다. 구버전의 prefixe를 자동으로 제거하지 않으려면 false 값을 지정합니다. 더 자세한 내용은 https://github.com/

postcss/autoprefixer/releases/tag/4.0.0를 참고하세요.

- **options.diff**

  타입: Boolean | String 기본값: false

  아웃풋 패치파일을 얻기 위해서는 값을 true로 설정합니다.

```
1  options: {
2      diff: true // or 'custom/path/to/file.css.patch'
3  }
```

또한 어디서 이 파일을 저장하는지 경로는 지정할 수 있습니다. 더 많은 예제 https:// github.com/nDmitry/grunt-autoprefixer/blob/master/Gruntfile.js

- **options.diff**

  타입: Boolean | String 기본값: false

  아웃풋 패치파일을 얻기 위해서는 값을 true로 설정합니다.

```
1  options: {
2      diff: true // or 'custom/path/to/file.css.patch'
3  }
```

또한 이 파일을 저장할 곳으로 경로를 규정할 수 있습니다. 더 많은 예제 https://github. com/nDmitry/grunt-autoprefixer/blob/master/Gruntfile.js

- **options.map**

  타입: Boolean | Object 기본값: false

map 옵션이 규정되지 않았거나 false로 설정되었다면 Autoprefixer는 소스맵을 생성하지도 업데이트하지도 않습니다. 만일 true로 설정한다면 Autoprefixer는 주석 커맨트를 이용한 이전 컴파일 단계에서 소스맵을 찾으려할 것입니다(예: Sass로부터...)

그리고 이전 찾았던(아니면 순차로 형성된 새로운 소스맵을 생성하거나...)맵을 기본으로 한 새로운 소스맵을 생성합니다. 이전 소스맵이 무엇이었나에 따라 그 생성된 소스맵은 분리되거나 바로 처리될 수 있습니다.

- prev (string or false): 기존 소스맵이 있던 디렉터리 경로. 기본적으로 Autoprefixer는

주석문에 있는 경로를 통해 기존 소스맵을 찾으려고 합니다.(또는 맵이 차례대로 처리되어 있을 경우 주석의 코멘트 자체를 이용함)

- inline (boolean): 소스맵이 인라인으로 처리되든 아니든 기본적으로 이전 소스맵에서 인라인 처리된 소스와 같습니다.

- annotation (string): 이 옵션은 주석 코멘트가 위치할 경로를 지정합니다. 예: path/file.css.map (기본적으로 Autoprefixer가 자동으로 소스맵을 CSS를 저장한 디렉토리에 저장한다). 이 옵션은 false나 미규정되었기 때문에 인라인을 필요로 합니다.

- sourcesContent (boolean): 오리지날 컨텐츠(예: Sass sources)라도 소스맵에 포함될 것입니다. 기본적으로 Autoprefixer가 새로운 소스맵이나 그것들을 포함하고 있는 이전 소스맵에만 콘텐츠를 추가할 것입니다.

CHAPTER
07-4 | grunt-csscomb
플러그인 소개와 사용법

csscomb는 css 의 속성을 특정 순서에 맞게 정렬해주는 플러그인입니다.

css 속성은 주로 positinoning − display − color − text .... 등의 순서로 정렬합니다. 이런 규칙을 일관성있게 작성하고 유지보수 측면에서도 더욱 효율적이게 관리하기위해 csscomb라는 플러그인을 사용합니다.

csscomb는 플러그인 형태로 제작되어 에디터에도 추가되어 사용되고, 온라인에서도 사용됩니다.

온라인에서 사용되는 것은 http://csscomb.com/online에서 직접 사용해볼 수 있고 csscomb의 주요내용은 저장소 https://github.com/csscomb/csscomb에서도 볼 수 있습니다.

> grunt-csscomb는 https://www.npmjs.com/package/grunt-csscomb를 참고하세요

해당 플러그인의 순서는 이렇습니다.

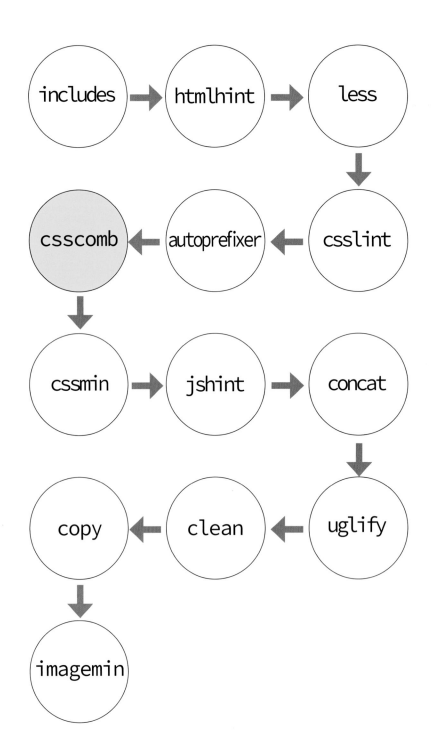

```
npm install --save-dev grunt-csscomb
```

Gruntfile.js에서 사용하는 예제는 아래와 같습니다.

```
1   csscomb: {
2       options: {
3           config: 'grunt/.csscomb.json'
4       },
5       dist: {
6           expand: true,
7           cwd: 'dest/css/',
8           src: ['*.css', '!*.min.css'],
9           dest: 'dest/css/'
10      }
11  },
```

- **설명**

src는 소스폴더이고, dest 목적지 폴더입니다. src:의 '!*.min.css'는 압축되어 있는 min 파일은 제외하라는 뜻입니다.

이전과 마찬가지로 csscomb의 설정이 들어있는 .csscomb.json을 이용해서 속성을 정렬합니다.

.csscomb.json의 내용은 일일이 지정하기보다도 현재 되어있는 옵션을 사용하고 차후 하나씩 수정해나가길 권장합니다. 옵션값을 몰라도 진행하는데 무리가 없으며, 옵션의 순서 또한 약간씩 변경되어도 진행하는데는 무리가 없습니다.

.csscomb.json의 옵션에 대한 내용은 https://github.com/csscomb/csscomb.js/blob/master/doc/options.md에 자세히 나와 있습니다.

프로젝트에 사용된 .csscomb.json의 내용은 아래와 같습니다.

```
1  {
2      "always-semicolon": true,
3      "block-indent": 2,
4      "color-case": "lower",
5      "color-shorthand": true,
6      "element-case": "lower",
7      "eof-newline": true,
8      "leading-zero": false,
9      "remove-empty-rulesets": true,
10     "space-after-colon": 1,
11     "space-after-combinator": 1,
12     "space-before-selector-delimiter": 0,
13     "space-between-declarations": "\n",
14     "space-after-opening-brace": "\n",
15     "space-before-closing-brace": "\n",
16     "space-before-colon": 0,
17     "space-before-combinator": 1,
18     "space-before-opening-brace": 1,
19     "strip-spaces": true,
20     "unitless-zero": true,
21     "vendor-prefix-align": true,
22     "sort-order": [
23       [
24         "position",
25         "top",
26         "right",
27         "bottom",
28         "left",
29         "z-index",
30         "display",
31         "float",
32         "width",
33         "min-width",
34         "max-width",
35         "height",
36         "min-height",
37         "max-height",
38         "-webkit-box-sizing",
39         "-moz-box-sizing",
40         "box-sizing",
41         "-webkit-appearance",
```

```
42          "padding",
43          "padding-top",
44          "padding-right",
45          "padding-bottom",
46          "padding-left",
47          "margin",
48          "margin-top",
49          "margin-right",
50          "margin-bottom",
51          "margin-left",
52          "overflow",
53          "overflow-x",
54          "overflow-y",
55          "-webkit-overflow-scrolling",
56          "-ms-overflow-x",
57          "-ms-overflow-y",
58          "-ms-overflow-style",
59          "clip",
60          "clear",
61          "font",
62          "font-family",
63          "font-size",
64          "font-style",
65          "font-weight",
66          "font-variant",
67          "font-size-adjust",
68          "font-stretch",
69          "font-effect",
70          "font-emphasize",
71          "font-emphasize-position",
72          "font-emphasize-style",
73          "font-smooth",
74          "-webkit-hyphens",
75          "-moz-hyphens",
76          "hyphens",
77          "line-height",
78          "color",
79          "text-align",
80          "-webkit-text-align-last",
81          "-moz-text-align-last",
82          "-ms-text-align-last",
83          "text-align-last",
84          "text-emphasis",
```

```
 85        "text-emphasis-color",
 86        "text-emphasis-style",
 87        "text-emphasis-position",
 88        "text-decoration",
 89        "text-indent",
 90        "text-justify",
 91        "text-outline",
 92        "-ms-text-overflow",
 93        "text-overflow",
 94        "text-overflow-ellipsis",
 95        "text-overflow-mode",
 96        "text-shadow",
 97        "text-transform",
 98        "text-wrap",
 99        "-webkit-text-size-adjust",
100        "-ms-text-size-adjust",
101        "letter-spacing",
102        "-ms-word-break",
103        "word-break",
104        "word-spacing",
105        "-ms-word-wrap",
106        "word-wrap",
107        "-moz-tab-size",
108        "-o-tab-size",
109        "tab-size",
110        "white-space",
111        "vertical-align",
112        "list-style",
113        "list-style-position",
114        "list-style-type",
115        "list-style-image",
116        "pointer-events",
117        "-ms-touch-action",
118        "touch-action",
119        "cursor",
120        "visibility",
121        "zoom",
122        "flex-direction",
123        "flex-order",
124        "flex-pack",
125        "flex-align",
126        "table-layout",
127        "empty-cells",
```

```
128        "caption-side",
129        "border-spacing",
130        "border-collapse",
131        "content",
132        "quotes",
133        "counter-reset",
134        "counter-increment",
135        "resize",
136        "-webkit-user-select",
137        "-moz-user-select",
138        "-ms-user-select",
139        "-o-user-select",
140        "user-select",
141        "nav-index",
142        "nav-up",
143        "nav-right",
144        "nav-down",
145        "nav-left",
146        "background",
147        "background-color",
148        "background-image",
149        "-ms-filter:\\'progid:DXImageTransform.Microsoft.gradient",
150        "filter:progid:DXImageTransform.Microsoft.gradient",
151        "filter:progid:DXImageTransform.Microsoft.AlphaImageLoader",
152        "filter",
153        "background-repeat",
154        "background-attachment",
155        "background-position",
156        "background-position-x",
157        "background-position-y",
158        "-webkit-background-clip",
159        "-moz-background-clip",
160        "background-clip",
161        "background-origin",
162        "-webkit-background-size",
163        "-moz-background-size",
164        "-o-background-size",
165        "background-size",
166        "border",
167        "border-color",
168        "border-style",
169        "border-width",
170        "border-top",
171        "border-top-color",
```

```
172        "border-top-style",
173        "border-top-width",
174        "border-right",
175        "border-right-color",
176        "border-right-style",
177        "border-right-width",
178        "border-bottom",
179        "border-bottom-color",
180        "border-bottom-style",
181        "border-bottom-width",
182        "border-left",
183        "border-left-color",
184        "border-left-style",
185        "border-left-width",
186        "border-radius",
187        "border-top-left-radius",
188        "border-top-right-radius",
189        "border-bottom-right-radius",
190        "border-bottom-left-radius",
191        "-webkit-border-image",
192        "-moz-border-image",
193        "-o-border-image",
194        "border-image",
195        "-webkit-border-image-source",
196        "-moz-border-image-source",
197        "-o-border-image-source",
198        "border-image-source",
199        "-webkit-border-image-slice",
200        "-moz-border-image-slice",
201        "-o-border-image-slice",
203        "-webkit-border-image-width",
204        "-moz-border-image-width",
205        "-o-border-image-width",
206        "border-image-width",
207        "-webkit-border-image-outset",
208        "-moz-border-image-outset",
209        "-o-border-image-outset",
210        "border-image-outset",
211        "-webkit-border-image-repeat",
212        "-moz-border-image-repeat",
213        "-o-border-image-repeat",
214        "border-image-repeat",
215        "outline",
```

```
216        "outline-width",
217        "outline-style",
218        "outline-color",
219        "outline-offset",
220        "-webkit-box-shadow",
221        "-moz-box-shadow",
222        "box-shadow",
223        "filter:progid:DXImageTransform.Microsoft.Alpha(Opacity",
224        "-ms-filter:\\'progid:DXImageTransform.Microsoft.Alpha",
225        "opacity",
226        "-ms-interpolation-mode",
227        "-webkit-transition",
228        "-moz-transition",
229        "-ms-transition",
230        "-o-transition",
231        "transition",
232        "-webkit-transition-delay",
233        "-moz-transition-delay",
234        "-ms-transition-delay",
235        "-o-transition-delay",
236        "transition-delay",
237        "-webkit-transition-timing-function",
238        "-moz-transition-timing-function",
239        "-ms-transition-timing-function",
240        "-o-transition-timing-function",
241        "transition-timing-function",
242        "-webkit-transition-duration",
243        "-moz-transition-duration",
244        "-ms-transition-duration",
245        "-o-transition-duration",
246        "transition-duration",
247        "-webkit-transition-property",
248        "-moz-transition-property",
249        "-ms-transition-property",
250        "-o-transition-property",
251        "transition-property",
252        "-webkit-transform",
253        "-moz-transform",
254        "-ms-transform",
255        "-o-transform",
256        "transform",
257        "-webkit-transform-origin",
258        "-moz-transform-origin",
```

```
259         "-ms-transform-origin",
260         "-o-transform-origin",
261         "transform-origin",
262         "-webkit-animation",
263         "-moz-animation",
264         "-ms-animation",
265         "-o-animation",
266         "animation",
267         "-webkit-animation-name",
268         "-moz-animation-name",
269         "-ms-animation-name",
270         "-o-animation-name",
271         "animation-name",
272         "-webkit-animation-duration",
273         "-moz-animation-duration",
274         "-ms-animation-duration",
275         "-o-animation-duration",
276         "animation-duration",
277         "-webkit-animation-play-state",
278         "-moz-animation-play-state",
279         "-ms-animation-play-state",
280         "-o-animation-play-state",
281         "animation-play-state",
282         "-webkit-animation-timing-function",
283         "-moz-animation-timing-function",
284         "-ms-animation-timing-function",
285         "-o-animation-timing-function",
286         "animation-timing-function",
287         "-webkit-animation-delay",
288         "-moz-animation-delay",
289         "-ms-animation-delay",
290         "-o-animation-delay",
291         "animation-delay",
292         "-webkit-animation-iteration-count",
293         "-moz-animation-iteration-count",
294         "-ms-animation-iteration-count",
295         "-o-animation-iteration-count",
296         "animation-iteration-count",
297         "-webkit-animation-direction",
298         "-moz-animation-direction",
299         "-ms-animation-direction",
300         "-o-animation-direction",
301         "animation-direction"
```

```
302      ]
303    ]
304 }
```

csscomb의 옵션파일인 https://github.com/csscomb/csscomb.js/blob/master/config/
csscomb.json도 참고하시기 바랍니다.

이 모든 파일은 예제 저장소에 다 올려져있습니다.

3 옵션 설명

- **options.config**

  Type: String, Default value: null

  csscomb 설정파일인 json 파일의 경로를 지정하는데 사용되는 문자열 값입니다.

CHAPTER

07-5 grunt-contrib-cssmin
플러그인 소개와 사용법

cssmin 플러그인은 css 파일을 압축하는 플러그인입니다.

grunt-contrib-cssmin는 https://www.npmjs.com/package/grunt-contrib-cssmin를 참고하세요

해당 플러그인의 순서는 이렇습니다.

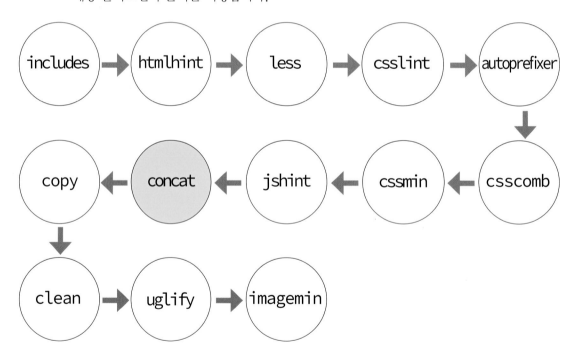

```
npm install --save-dev time-grunt
```

Gruntfile.js에서 사용하는 예제는 아래와 같습니다.

```
1  cssmin: {
2     options: {
3        // compatibility: 'ie8',
4        keepSpecialComments: 1,
5        // default - '!'가 붙은 주석은 보존,
6        // 1 - '!'가 붙은 주석 중 첫 번째 주석만 보존
7        // 0 - 모든 주석 제거
8        // noAdvanced: true,
9     },
10    dist: {
11       src: '<%= csscomb.dist.dest %>',
12       dest: 'dist/css/style.min.css'
13       // expand: true,
14       // cwd: 'dest/css',
15       // src: ['*.css', '!*.min.css'],
16       // dest: 'dest/css',
17       // ext: '.min.css'
18    }
19 },
```

• **설명**

옵션을 보면 주석에도 있듯이 '!'가 붙은 주석 중 첫 번째 주석만 보존하고 나머지 주석은 전부 삭제해서 css를 압축합니다.

dist 타켓을 보면 두 가지 방법이 있습니다. 이전에 설명했듯이 csscomb 작업이 실행된 후 cssmin 작업이 실행되는 것이 일반적이므로 '<%= csscomb.dist.dest %>'를 소스파일로 압축을 합니다. 압축한 후 목적지 폴더인 dist 폴더에 style.min.css라는 이름으로 만듭니

다. 일반적으로 압축파일을 의미하는 접미사 min을 자주 사용합니다.

줏석으로 표시한 동적 매핑형식으로도 사용 가능합니다. 소스폴더와 목적지 폴더는 동일하며 min.css를 제외한 파일을 압축합니다.

> 현재 프로젝트에 사용되는 옵션은 위에 글을 참고하면 됩니다.
>
> 아래의 옵션은 차후 수정 또는 추가하기 위한 참고로 알아두시고 지금은 넘어가도 됩니다.

3 옵션 설명

Options은 clean-css의 옵션을 적용합니다. Options은 https://github.com/jakubpawlowicz/clean-css#how-to-use-clean-css-programmatically 에 전달되며 몇 가지 추가 옵션을 정의할 수도 있습니다.

- **report**

  Type: string Choices: min, gzip Default: min

최소화된 결과물이나 최소화된 gzip 결과를 보고합니다. 이것은 CSS가 얼마나 잘 clean-Performing 되어있는지 알 수 있도록 해준다. 그렇지만 gzip을 사용하는 것은 그 태스크를 완료하는데 5~10배 더 걸립니다.

```
130 B → 91 B → 53 B (gzip)
```

출력 예제 https://github.com/sindresorhus/maxmin#readme

- **sourceMap**

  Type: boolean Choices: true, false Default: false
  소스맵를 사용합니다.

> 소스맵을 사용하면 압축하더라도 디버깅할 때 원소스의 내용을 볼 수 있습니다.

08 javascript task

javascript task는 자바스크립트의 오류구문을 검사하고, 합치고, 압축하는 과정입니다.

css task에서 한 것과 비슷합니다. 순서는 jshint(오류구문을 검사) → concat(파일을 합치고) − uglify(압축)합니다.

Gruntfile.js에서 자바스크립에 대한 부분은 아래와 같습니다.

```
1   // 자바스크립트 구문검사를 합니다.
2   jshint: {
3       options: {
4           jshintrc: 'grunt/.jshintrc',
5           // force: true, // error 검출시 task를 fail 시키지 않고 계속 진단
6           reporter: require('jshint-stylish') // output을 수정할 수 있는
            옵션
7       },
8       grunt: {
9           src: ['Gruntfile.js']
10      },
11      dist: {
12          src: 'src/js/site/*.js'
13      }
14  },
15  // 파일을 합칩니다.
16  concat: {
17      options: {
18          separator: ';',
19          banner: '/*! <%= pkg.name %> - v<%= pkg.version %> - ' +
20          '<%= grunt.template.today("yyyy-mm-dd") %> */'
21      },
22      dist: {
23          src: 'src/js/site/*.js',
24          dest: 'dest/js/site.js'
25      }
```

```
26  },
27  // 압축합니다.
28  uglify: {
29      options: {
30          banner: '/*! <%= pkg.name %> - v<%= pkg.version %> - ' +
31          '<%= grunt.template.today("yyyy-mm-dd") %> */'
32      },
33      dist: {
34          src: 'dest/js/site.js',
35          dest: 'dest/js/site.min.js'
36      }
37  },
```

자세한 내용은 플러그인 설명에서 하겠습니다.

해당 작업의 순서는 이렇습니다.

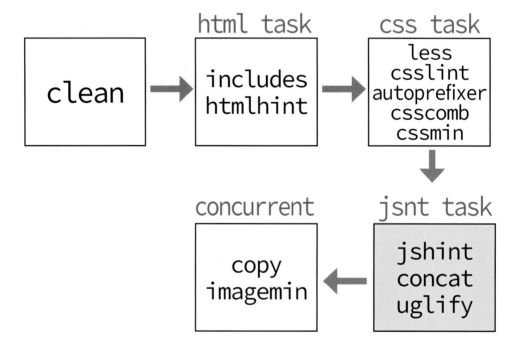

CHAPTER

08-1 grunt-contrib-jshint 플러그인 소개와 사용법

grunt-contrib-jshint는 자바스크립트의 오류를 검사하는 플러그인입니다.

> grunt-contrib-jshint는 https://www.npmjs.com/package/grunt-contrib-jshint를 참고하세요

해당 플러그인의 순서는 이렇습니다.

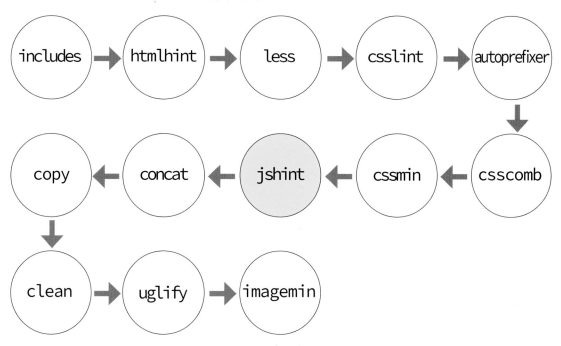

설치

명령창에서 아래의 구문을 입력하고 (Enter)를 칩니다.

```
npm install --save-dev grunt-contrib-jshint
```

설정

Gruntfile.js에서 사용하는 예제는 아래와 같습니다.

```
1  jshint: {
2      options: {
3          jshintrc: 'grunt/.jshintrc',
4          force: true, // error 검출 시 task를 fail 시키지 않고 계속 진단
5          reporter: require('jshint-stylish') // output을 수정할 수 있는
              옵션
6      },
7      grunt: {
8          src: ['Gruntfile.js']
9      },
10     dist: {
11         src: 'src/js/site/*.js'
12     }
13 },
```

- **설명**

옵션으로는 설정파일인 .jshintrc 를 이용합니다.
.jshintrc의 내용은 이렇습니다.

```
1  {
2    "asi"     : true,
3    "boss"    : true,
4    "browser" : true,
5    "curly"   : false,
6    "debug"   : true,
```

```
 7    "devel"    : true,
 8    "eqeqeq"   : false,
 9    "eqnull"   : true,
10    "expr"     : true,
11    "laxbreak" : true,
12    "quotmark" : "single",
13    "validthis": true
14 }
```

각각의 옵션에 대해서는 문서를 참고해야 합니다. JSHint Options, http://jshint.com/ docs/options/를 참고하고, 한글설명인 JSHint 옵션 정리, https://blog.outsider.ne.kr /1007도 참고하시길 바랍니다.

주석에 나와있듯이 force: true로 표기하면 에러가 나와도 중간에 멈추지않고 계속 진단을 합니다.

reporter: require('jshint-stylish') 출력을 보여줄 때 jshint-stylish라는 플러그인을 이용해서 보여줍니다.

jshint의 reporter 기능은 그리 좋지 못합니다. 오류나 출력사항을 보기 좋게, 알아보기 쉽게 출력하기 위해 jshint-stylish라는 플러그인을 설치합니다.

jshint-stylish를 사용하기 위해서는 설치를 해야 합니다. 설치는 플러그인 설치와 동일합니다.

```
npm install --save-dev jshint-stylish
```

• **jshint-stylish 설치 전**

```
fixture.js: line 1, col 8, Missing semicolon.
fixture.js: line 1, col 9, Expected an identifier and instead saw ';'.
fixture.js: line 1, col 9, Expected an assignment or function call and instead saw an expression.
fixture.js: line 1, col 10, Missing semicolon.
fixture.js: line 1, col 5, 'foo' is defined but never used.

5 errors
```

- **jshint-stylish 설치 후**

```
fixture.js
  line 1  col 8   Missing semicolon.
  line 1  col 9   Expected an identifier and instead saw ';'.
  line 1  col 9   Expected an assignment or function call and instead saw an expression.
  line 1  col 10  Missing semicolon.
  line 1  col 5   'foo' is defined but never used.

  ✖ 1 error
  ⚠ 4 warnings
```

그림에서 보듯 색상별로 보기좋게 출력을 하는 것을 볼 수 있습니다.

자바스크립트 중에서 Gruntfile.js와 프로젝트에 사용되는 자바스크립트 파일을 따로 관리하기 위해 grunt와 dist 두 개의 타켓으로 나누었습니다.

grunt는 Gruntfile.js를, dist는 소스폴더인 src/js/site 폴더의 모든 자바스크립트를 검사합니다.

> 현재 프로젝트에 사용되는 옵션은 위에 글을 참고하면 됩니다.
>
> 아래의 옵션은 차후 수정 또는 추가하기 위한 참고로 알아두시고 지금은 넘어가도 됩니다.

3 옵션 설명

모든 옵션은 http://jshint.com/에 전달되고, jshint가 지원하는 옵션을 지정할 수 있습니다. 지원되는 옵션의 목록은 JSHint 문서, http://jshint.com/docs/를 참고하십시요. 몇 가지 추가 옵션이 지원됩니다.

추가적으로 옵션에 대한 부분을 한글로 정리한 글이 있으니 참고하시기 바랍니다.
JSHint 옵션 정리, https://blog.outsider.ne.kr/1007

- **globals**

  Type: Object, Default: null

이름과 같은 키와 부울값을 할당할 경우 그것이 전역 변수인지 확인합니다. 이것은 세 번째 인수로 JSHINT 함수에 전달되지만, 표준 JSHint 옵션이 아닙니다. 자세한 내용은 JSHint 설명서를 참조하십시오.

- **jshintrc**

  Type: String or true, Default: null

true로 설정하면, jshint로 전송되지 않고, 설정된 파일 기준으로 .jshintrc 파일을 검색합니다. 파일 이름을 지정하면, 거거에 정의된 전역 옵션이 사용됩니다. jshintrc 파일은 유효한 json의 형태여야 합니다.

```
1  {
2      "curly": true,
3      "eqnull": true,
4      "eqeqeq": true,
5      "undef": true,
6      "globals": {
7          "jQuery": true
8      }
9  }
```

jshintrc 설정은 Grunt 옵션과 병합되지 않으니 주의하십시오.

- **extensions**

  Type: String, Default: "

  non-dot-js 확장의 목록을 검사합니다.

- **ignores**

  Type: Array, Default: null

  파일과 디렉토리 목록을 무시합니다. 설정 및 병합하지 않는 경우는 .jshintignore 파일을 대체합니다.

- **force**

  Type: Boolean, Default: false

  true로 설정하면 jshint 오류를 보고하지 않지만 작업은 실패합니다.

- **reporter**

  Type: String, Default: null

이 플러그인의 출력을 수정할 수 있습니다. 기본적으로는 내장된 Grunt reporter 를 사용합니다.

사용자 정의 리포터 또는 jshint에 내장된 리포터 중 하나의 경로로 설정해야 합니다: jslint 또는 checkstyle.

참조 : **자신의 JSHint 리포터를 작성,** http://jshint.com/docs/reporters/

또한 외부 리포터를 사용할 수 있습니다. 예를 들어 **jshint-stylish, https://github.com/ sindresorhus/jshint-stylish :**

아래는 jshint-stylish 를 설치하고 사용하는 방법입니다.

```
$ npm install --save-dev jshint-stylish
```

```
1   options: {
2       reporter: require('jshint-stylish')
3   }
```

- **reporterOutput**

    Type: String, Default: null

출력 결과를 파일로 지정합니다. reporterOutput가 지정되면 모든 출력은 지정된 파일 경로에 기록하는 대신 표준 출력에 인쇄됩니다.

grunt-contrib-concat 플러그인 소개와 사용법

grunt-contrib-concat은 파일을 병합하는 플러그인입니다. 여러 개의 파일을 하나 또는 다수의 파일로 병합합니다. 주로 자바스크립트에 사용하지만 css도 병합할 수 있습니다.

grunt-contrib-concat는 https://www.npmjs.com/package/grunt-contrib-concat를 참고하세요.

해당 플러그인의 순서는 이렇습니다.

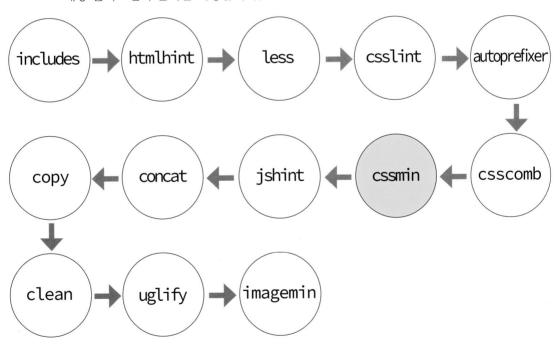

명령창에서 아래의 구문을 입력하고 [Enter]를 칩니다.

```
npm install --save-dev grunt-contrib-concat
```

Gruntfile.js에서 사용하는 예제는 아래와 같습니다.

```
1   concat: {
2       options: {
3           separator: ';',
4           banner: '/*! <%= pkg.name %> - v<%= pkg.version %> - ' +
5           '<%= grunt.template.today("yyyy-mm-dd") %> */'
6       },
7       dist: {
8           src: 'src/js/site/*.js',
9           dest: 'dest/js/site.js'
10      }
11  },
```

- 설명

옵션에 separator는 문서와 문서를 합칠 때 사용되는 구분자를 지정합니다. 자바스크립트 파일이다보니 일반적으로 구문의 끝을 나타내는 ;를 사용합니다.

banner는 grunt 구문인 〈% %〉를 사용해서 주석을 추가합니다.

상단에 배너를 추가하고 소스폴더의 모든 자바스크립트를 목적지 폴더에 site.js라는 이름 으로 만듭니다.

〈%= pkg.name %〉는 package.json 파일에서 name 값을 가져와 표시합니다. version은 버젼을, today는 날짜를 표시합니다.

dist 타켓을 보면 소스파일은 src/js/site 폴더의 모든 자바스크립트 파일을 가져와서 dest/ js/폴더에 site.js라는 파일로 만듭니다.

현재 프로젝트에 사용되는 옵션은 위에 글을 참고하면 됩니다.

아래의 옵션은 차후 수정 또는 추가하기 위한 참고로 알아두시고 지금은 넘어가도 됩니다.

3 옵션 설명

- **separator**

  Type: String, Default: grunt.util.linefeed

이 문자열로 파일들을 연결한다. 자바스크립트를 압축하고 합칠경우 구분자로 세미콜론(;)을 사용할 수 있습니다.

- **banner**

  Type: String Default: empty string

이 문자열은 연결된 파일을 시작부분에 추가됩니다. 이것은 기본 옵션인 grunt.template. precess을 이용하여 처리됩니다.

(기본 처리 옵션은 grunt.template.process 문서에 설명되어 있습니다.)

- **footer**

  Type: String Default: empty string

이 문자열은 연결된 파일을 끝부분에 추가됩니다. 이것은 기본 옵션인 grunt.template.precess을 이용하여 처리됩니다.

(기본 처리 옵션은 grunt.template.process 문서에 설명되어 있습니다.)

- **stripBanners**

  Type: Boolean Object Default: false

소스파일의 자바스크립트 주석 부분을 제거합니다.

- **false** - 주석을 제거하지 않습니다.

- **true** - /* ... */ 주석은 제거되지만 /*! ... */ 주석은 제거하지 않습니다.

- **객체 옵션**: - 기본적으로 true지 지정된걸로 동작합니다.
  - block - true로 지정하면 모든 주석 블럭이 제거됩니다.

– line – true로 지정하면 // 된 주석이 제거됩니다.

- **process**

  Type: Boolean Object Function Default: false

grunt.template이나 사용자정의 함수를 합치기 전에 처리합니다.

- **false** – 처리하지 않습니다.

- **true** – grunt.template.process의 기본값을 사용하여 처리합니다.

- **data object** – 지정된 옵션을 사용하고, grunt.template.process의 옵션을 사용하여 처리합니다.

- **function(src, filepath)** – 각 파일에 대해 한 번 호출하고 주어진 함수를 사용하여 처리합니다. 반환 값은 소스 코드로 사용됩니다. (기본 처리 옵션은 grunt.template.process 문서에 설명되어 있습니다.)

- **sourceMap**

  Type: Boolean Default: false

true로 지정하면 소스맵을 만듭니다. 소스맵은 대상파일과 함께 생성되며, .map 확장자를 가진 동일한 파일이름으로 생성됩니다.

- **sourceMapName**

  Type: String Function Default: undefined

이름이나 생성된 소스맵의 위치를 정의하며, 소스맵을 작성하는 위치를 문자열로 전달합니다. 함수를 사용하는 경우, concat 대상은 인수로 전달되며, 리턴값은 파일명으로 사용됩니다.

- **sourceMapStyle**

  Type: String Default: embed

생성된 소스지도의 유형을 결정합니다. 기본값은 임베드된 맵에 직접 소스의 콘텐츠를 놓습니다. 링크는 링크와 같은 맵에 원래 소스를 참조합니다. 인라인은 대상 파일의 데이터 URI로 전체 맵을 저장합니다.

CHAPTER 08-3
grunt-contrib-uglify 플러그인 소개와 사용법

grunt-contrib-uglify 플러그인은 자바스크립트를 압축합니다.

> grunt-contrib-uglify는 https://www.npmjs.com/package/grunt-contrib-uglify를 참고하세요.

해당 플러그인의 순서는 이렇습니다.

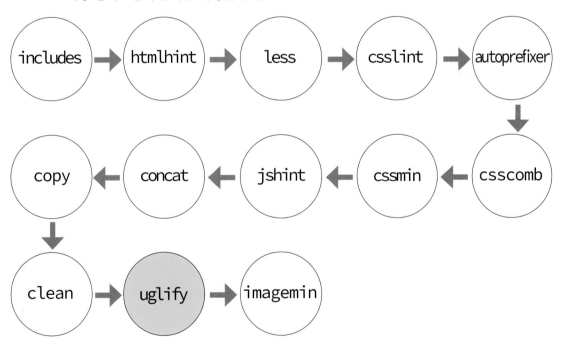

명령창에서 아래의 구문을 입력하고 [Enter]를 칩니다.

```
npm install --save-dev grunt-contrib-uglify
```

Gruntfile.js에서 사용하는 예제는 아래와 같습니다.

```
1  uglify: {
2      options: {
3          banner: '/*! <%= pkg.name %> - v<%= pkg.version %> - ' +
4          '<%= grunt.template.today("yyyy-mm-dd") %> */'
5      },
6      dist: {
7          src: 'dest/js/site.js',
8          dest: 'dest/js/site.min.js'
9      }
10 },
```

- **설명**

옵션은 concat과 똑같이 파일 상단에 배너를 삽입합니다. uglify 플러그인이 실행이 되면 기존의 주석은 모두 제거가 됨으로 새로운 주석을 추가하는 것입니다.

dist 타켓을 보면 site.js를 min 접미사를 붙여 site.min.js로 만듭니다. 일반적으로 압축파일을 의미하는 접미사 min을 자주 사용합니다.

> 현재 프로젝트에 사용되는 옵션은 위에 글을 참고하면 됩니다.
>
> 아래의 옵션은 차후 수정 또는 추가하기 위한 참고로 알아두시고 지금은 넘어가도 됩니다.

- **mangle**

  Type: Boolean Object, Default: {}

기본적으로 mangling을 키거나 끕니다.(on or off) 객체가 지정되어있는 경우, ast.mangle_names()과 ast.compute_char_frequency() 을 직접 전달합니다.
모든 옵션 보기 → https://github.com/mishoo/UglifyJS2#mangler-options

mangle 은 '짓이기다'의 뜻으로 사용자가 정한 함수명과 변수 등등 까지 모두 짧은걸로 압축해서 용량을 줄입니다.

- **compress Type**: Boolean Object, Default: {}

기본적으로 compress을 키거나 끕니다.(on or off) 객체가 지정되어있는 경우, UglifyJS.Compressor()에 옵션으로 전달됩니다.
모든 옵션 보기 → https://github.com/mishoo/UglifyJS2#compressor-options

- **beautify Type**: Boolean Object, Default: false

생성된 소스코드의 beautification(정렬해서 보기) 를 켭니다. UglifyJS.OutputStream()로 객체를 병합하고 옵션과 함께 전달됩니다.

모든 옵션 보기 → https://github.com/mishoo/UglifyJS2#beautifier-options

- **expression Type**: Boolean, Default: false
프로그램보다는 표현식을 분석(json을 통해)합니다.

- **report Choices**: 'min', 'gzip', Default: 'min'

gzip 결과와 압축한 보고서 또는 축소한 결과 하나만 보고합니다. clean-css을 사용하여 작업하여 정확하게 볼 수 있지만 gzip 으로 작업하면 작업을 완료하기 위해 5-10x 정도 더 오래 걸립니다.

```
130 B → 91 B → 53 B (gzip)
```

출력예제는 https://github.com/sindresorhus/maxmin#readme에서 자세히 볼 수 있습니다.

- **sourceMap**

  Type: Boolean, Default: false

true의 경우, 소스맵 파일은 dest 파일과 같은 디렉토리에 생성됩니다. 기본적으로 dest 파일과 같은 베이스 이름을 가지고 있지만 .map 확장자을 가지고 있습니다.

- **sourceMapName**

  Type: String Function, Default: undefined

이름 또는 생성된 소스지도의 위치를 사용자 정의하려면, 원본지도를 작성하는 위치를 표시하는 문자열을 전달해야 합니다. 함수가 제공되는 경우, 목적지는 uglify 인수로 전달되며, 리턴값은 파일명으로 사용됩니다.

- **sourceMapIn**

  Type: String Function , Default: undefined

함수가 제공되는 경우, 목적지는 uglify 인수로 전달되며, 리턴값은 소스맵 이름으로 사용됩니다. 하나의 소스 파일이 있을 경우에만 의미가 있습니다. 이전의 compilation 으로부터 입력 소스맵의 위치.

- **sourceMapIncludeSources**

  Type: Boolean, Default: false

sourcesContent 속성과 소스맵에서 소스 파일의 내용을 포함할 경우 이 플래그를 전달합니다.

- **sourceMapRoot**

  Type: String, Default: undefined

이 옵션을 사용하면 소스를 찾을 때 브라우저가 사용하는 루트 URL을 사용자 정의할 수 있습니다. 절대 URL이 아닌 경우 소스 sourceMapRoot의 앞에 추가한 후, 소스는 소스맵과 관련하여 해석됩니다.

- **enclose**

  Type: Object, Default: undefined

인수/매개 변수 목록을 설정한 클로져에 모든 코드를 감쌉니다. 둘러싼 객체 안의 키-값의 각쌍이 효과적인 인수-매개변수 쌍입니다

- **wrap**

  Type: String, Default: undefined

아무것도 유출되지 않게 하기 위해 모든 코드를 감싸는 것이 가장 쉬운 방법입니다. 공통
보내기(export)와 글로벌 변수를 사용할 수 있습니다. wrap의 값은 글로벌 변수 보내기
(export) 등을 사용할 수 있습니다.

- **maxLineLen**

  Type: Number, Default: 32000

문자의 행 길이를 제한합니다. 이 안전 기능을 비활성화하면 maxLineLen = 0을 전달합
니다.

- **ASCIIOnly**

  Type: Boolean, Default: false

\uXXXX와 같이 non-ASCII 문자를 인코딩할 수 있습니다.

- **exportAll**

  Type: Boolean, Default: false

wrap을 사용하는 경우 이 export 변수를 통해 모든 전역 함수와 변수를 사용할 수 있도
록 합니다.

- **preserveComments**

  Type: Boolean String Function, Default: undefined, Options: false 'all' 'some'

주석을 어떤 형식으로 남길지 설정합니다.

- false 모든 주석을 제거합니다.
- 'all' 모든 주석을 유지합니다.
- 'some' !로 시작하는 주석은 유지합니다. 또는 컴파일러 스타일의 지시문은 유지합니
  다.(@preserve @license @cc_on)
- Function는 자신의 주석을 보존할지 지정합니다. 현재 노드와 현재의 의견을 전달하고
  true 또는 false를 반환할 것으로 예상됩니다

- **banner**

  Type: String, Default: empty string

축소된 출력(output)에 문자열을 덧붙입니다. 템플릿 문자열(예: 〈%= config.value %〉)
은 자동으로 확장됩니다.

- **footer**

  Type: String, Default: empty string

축소된 출력(output) 에 문자열을 추가합니다. 템플릿 문자열(예: 〈%= config.value %〉)
은 자동으로 확장됩니다.

- **screwIE8**

  Type: Boolean, Default: false

인터넷 익스플로러 6~8 까지 단점을 완벽하게 준수하지 않아도 되는 경우 이 플래그를 전
달합니다.

- **mangleProperties**

  Type: Boolean, Default: false

객체 속성 이름으로 mangling을 플래그로 사용합니다.

- **reserveDOMProperties**

  Type: Boolean, Default: false

내장 브라우저 개체 속성을 방지하기 위해 mangleProperties와 함께 이 플래그를 사용하
십시오.

- **exceptionsFiles**

  Type: Array, Default: []

mangleProperties는 변수와 개체 속성의 목록을 포함하는 하나 이상의 JSON 파일을 전
달합니다. 파일 구문에 대한 자세한 정보를 원하시면 UglifyJS의 문서를 참조하십시오.

- **nameCache**

  Type: String, Default: empty string

uglify의 여러 실행간에 mangling의 기호를 조정하는데 사용하고, 작성할 uglify JSON 캐
시 파일의 경로인 문자열. Note: 이 생성된 파일은 exceptionsFiles 파일과 같은 JSON 포
맷을 사용합니다.

- **quoteStyle**

  Type: Integer, Default: 0

보존 또는 따옴표 스타일을 적용합니다.

- 0은 바이트 수를 최소화하기 위해 작은따옴표 나 큰따옴표를 사용합니다.(모두 사용할 때는 큰따옴표를 선호합니다)
- 1은 작은따옴표를 사용합니다.
- 2는 큰따옴표를 사용합니다.
- 3은 인용부호를 사용합니다.

기타 작업 소개

기타 작업은 html, css, javascript 외에 파일이나 폴더를 복사하거나 삭제하는 작업. 또는 이미지를 최적화하는 작업 등을 말합니다.

여기서는 clean(폴더 파일 등을 삭제) , copy(폴더 파일 등을 복사) , imagemin(이미지를 최적화) 하는 플러그인들의 사용방법 및 예제에 대해서 다룹니다.

Gruntfile.js에서 기타 작업 부분에 대한 내용은 이렇습니다.

```
1    // 폴더 및 파일을 삭제합니다.
2    clean: {
3        dist: {
4            files: [{
5                src: 'dest'
6            }]
7        },
8    },
9    // 폴더 및 파일을 복사합니다.
10   copy: {
11       dist: {
12           files: [
13               // fonts
14               // {
15               //     expand: true,
16               //     cwd: 'src/fonts/',
17               //     src: '**',
18               //     dest: 'dest/fonts/'
19               // },
20           ]
21       }
22   },
23   // 이미지를 최적화 합니다.
24   imagemin: {
25       dist: {
```

```
26          files: [{
27              expand: true,
28              cwd: 'src/images/',
29              src: '**/*.{png,jpeg,jpg,gif}',
30              dest: 'dest/images/'
31          }]
32      }
33  },
```

해당 작업의 순서는 이렇습니다.

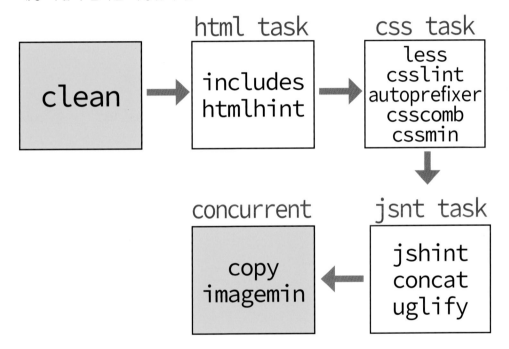

CHAPTER
09-1 grunt-contrib-clean 플러그인 소개와 사용법

grunt-contrib-clean 플러그인은 폴더 및 파일을 삭제합니다.

> grunt-contrib-clean는 https://www.npmjs.com/package/grunt-contrib-clean를 참고하세요.

해당 플러그인의 순서는 이렇습니다.

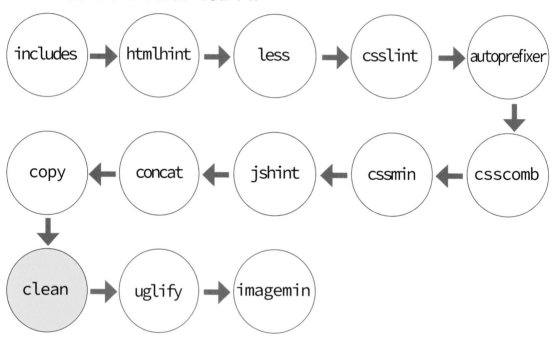

```
npm install --save-dev grunt-contrib-clean
```

2 설정

Gruntfile.js에서 사용하는 예제는 아래와 같습니다.

```
1  clean: {
2     dist: {
3        files: [{
4           src: 'dest'
5        }]
6     },
7  },
```

- **설명**

dist 타켓을 보면 목적지 폴더인 dest 폴더를 모두 삭제합니다.

여기서 목적지 폴더를 삭제하는 것은 이전의 작업들은 생성하는 과정입니다. 생성한 후 다시 생성하면 파일과 코드들이 합쳐지는데 여기서 오류가 나오기도 합니다.

그래서 빌드를 할 때는 기존의 코드를 모두 지우고 새로 생성합니다.

3 옵션 설명

- **force**

Type: Boolean, Default: false

이것이 현재 작업하고 있는 디렉터리(CWD)외의 폴더를 지우는 것을 방지하는 것으로부터 이 태스크를 무시합니다. 주의해서 사용하세요.

- **no-write**

Type: Boolean, Default: false

작업이 실행되었지만 실제로 파일을 삭제하지 못한 경우 무슨 일이 일어났는지 메시지를 기록합니다.

CHAPTER

09-2 grunt-contrib-copy 플러그인 소개와 사용법

grunt-contrib-copy 플러그인은 폴더 및 파일을 복사합니다.

grunt-contrib-copy는 https://www.npmjs.com/package/grunt-contrib-copy를 참고하세요.

해당 플러그인의 순서는 이렇습니다.

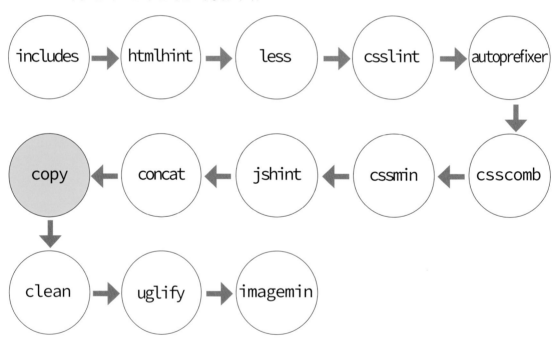

```
npm install --save-dev grunt-contrib-copy
```

Gruntfile.js에서 사용하는 예제는 아래와 같습니다.

```
1   copy: {
2      dist: {
3         files: [
4            // fonts
5            // {
6            //    expand: true,
7            //    cwd: 'src/fonts/',
8            //    src: '**',
9            //    dest: 'dest/fonts/'
10           // },
11         ]
12      }
13   },
```

- **설명**

여기 예제의 코드는 주석 처리되어있습니다. 원래는 소스폴더에 fonts 폴더에 폰트를 준비해두었습니다. 예: 나눔고딕 웹폰트, fontawesome...

빌드를 하면 소스폴더의 폰트들이 목적지 폴더인 dest/fonts/ 폴더에 복사가 되게 프로젝트가 구성되어있었습니다. 하지만 이 부분이 bower로 폰트를 설치하면서 수정이 되었습니다.

여기서는 사용할 일이 없어도 사용법을 익혀두길 바랍니다.

bower로 폰트를 설치할 경우 기존의 코드는 아래처럼 변경이 됩니다.

```
1   copy: {
2       dist: {
3           files: [
4               // fontawesome
5               expand: true,
6               dot: true,
7               cwd: 'bower_components/fontawesome/fonts',
8               src: '*.{eot,svg,ttf,woff,woff2,otf}',
9               dest: '<%= config.dest %>/fonts/'
10          ]
11      }
12  },
```

이 코드는 bower_components/fontawesome/fonts 폴더의 폰트들을 목적지 폴더에 복사하는
구문입니다.

현재 프로젝트에 사용되는 옵션은 위에 글을 참고하면 됩니다.

아래의 옵션은 차후 수정 또는 추가하기 위한 참고로 알아두시고 지금은 넘어가도 됩니다.

3 옵션 설명

- **process**
  Type: Function(content, srcpath)

이 옵션은 복사된 파일의 내용을 제어하는 방법으로서 grunt.file.copy 전달됩니다. 옵션 이름은
추후에 제거되기 때문에 processContent를 처리하기 위해 이름이 변경되었습니다

- **noProcess**
  Type: String

이 옵션은 처리되는 파일의 내용을 제어하는 방법으로서 grunt.file.copy 전달됩니다.
processContentExclude는 noProcess로 옵션 이름이 변경되었으며 추후에 제거됩니다.

- **encoding**
  Type: String, Default: grunt.file.defaultEncoding

파일 인코딩을 사용하여 파일을 복사합니다.

- **mode**

  Type: Boolean or String, Default: false

상관없이 복사하거나 대상 파일 및 디렉토리 권한을 설정합니다. 기존 파일 및 디렉토리 권한을 복사하려면 true로 설정합니다. 아니면 i.e.: 0644 모드로 설정되거나 그 복사된 파일에 설정됩니다.

- **timestamp**

  Type: Boolean, Default: false

파일을 복사할 때 타임스탬프 특성(atime 과 mtime)를 유지할지 여부를 판단합니다. 파일의 타임 스탬프를 유지하기 위해 true로 설정합니다. 파일 내용 또는 이름을 복사하는 동안 변경되면 타임 스탬프가 유지되지 않습니다.

CHAPTER 09-3

grunt-contrib-imagemin 플러그인 소개와 사용법

grunt-contrib-imagemin 플러그인은 이미지를 최적화하여 용량을 축소합니다.

grunt-contrib-imagemin는 https://www.npmjs.com/package/grunt-contrib-imagemin를 참고하세요.

해당 플러그인의 순서는 이렇습니다.

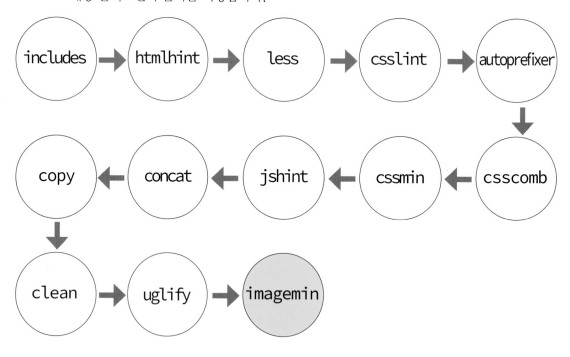

```
npm install --save-dev grunt-contrib-imagemin
```

Gruntfile.js에서 사용하는 예제는 아래와 같습니다.

```
1  imagemin: {
2      dist: {
3          files: [{
4              expand: true,
5              cwd: 'src/images/',
6              src: '**/*.{png,jpeg,jpg,gif}',
7              dest: 'dest/images/'
8          }]
9      }
10 },
```

- **설명**

동적매핑 방법으로 소스폴더인 src/images/ 폴더의 모든 이미지들을 목적지 폴더인 dest/images/에 최적화해서 생성합니다.

*.{png,jpeg,jpg,gif} 는 .png, .jpeg, .jpg, .gif 확장자를 가진 모든 파일을 의미합니다.

> 현재 프로젝트에 사용되는 옵션은 위에 글을 참고하면 됩니다.
>
> 아래의 옵션은 차후 수정 또는 추가하기 위한 참고로 알아두시고 지금은 넘어가도 됩니다.

옵션은 관련 파일에 적용됩니다. 그래서 독자분들은 png/jpg에 대한 별도의 대상이 필요 없습니다.

- **optimizationLevel (png)**

  Type: Number, Default: 3

0과 7 사이에 이미지 최적화 레벨 선택

- **progressive (jpg)**

  Type: Boolean, Default: true

점진적인 무손실 변환.

- **interlaced (gif)**

  Type: Boolean, Default: true

점진적인 렌더링을 위한 맞춤 GIF.

- **svgoPlugins (svg)**

  Type: array, Default: []

사용할 SVG 플러그인을 사용자 정의합니다. 자세한 내용은 grunt-svgmin#available-optionsplugins.

- **use**

  Type: Array, Default: null

imagemin 플러그인을 추가로 사용할 수 있습니다.

10 실시간 동기화 작업 소개

실시간 동기화 작업은 파일들을 감시하여, 수정 및 변경이 있으면 이를 바로 적용하여 파일들과 폴더를 재생산하는 작업입니다. 재생산한 파일을 브라우져로 열어서 볼 수 있으며, 실시간으로 변경된 것을 확인할 수 있습니다.

감시하는 파일은 html, css, javascript 등이 될 수 있으며, 폰트, 이미지 등 모든 파일을 실시간으로 감시하고 재생산할 수 있습니다.

grunt-contrib-watch 플러그인으로 파일들을 감시하고 재생산하며, grunt-contrib-connect를 통해 로컬서버를 연결하여 실시간으로 브라우져에서 확인할 수 있습니다.

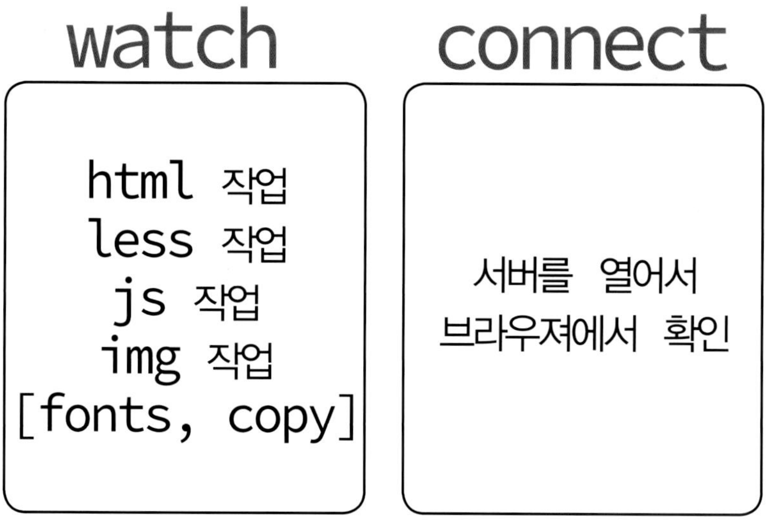

watch

html 작업
less 작업
js 작업
img 작업
[fonts, copy]

connect

서버를 열어서
브라우져에서 확인

Gruntfile.js에서 실시간 동기화 부분에 대한 내용은 이렇습니다.

```
1    // 감시를 합니다.
2    watch: {
3        options: { livereload: true },
4        gruntfile: {
5            files: ['Gruntfile.js'],
6            tasks: ['jshint:grunt'],
7        },
8        html: {
9            files: ['src/docs/**/*.html'],
10           tasks: ['includes','htmlhint'],
11       },
12       less: {
13           files: ['src/less/**/*.less'],
14           tasks: ['less','csslint','autoprefixer','csscomb','cssmin'],
15       },
16       js: {
17           files: ['src/js/**/*.js'],
18           tasks: ['jshint','concat','uglify'],
19       },
20       img: {
21           files: ['src/images/**/*.{gif,jpeg,jpg,png}'],
22           tasks: ['newer:imagemin'],
23       },
24       // fonts: {
25       //     files: ['src/fonts/**/*'],
26       //     tasks: ['newer:copy'],
27       // }
28   },
29   // 서버를 열어서 브라우저에서 확인합니다.
30   connect: {
31       server: {
32           options: {
33               port: 9000,
34               hostname: 'localhost',
35               livereload: 35729,
36               // keepalive: true,
37               base: 'dest',
38               open: 'http://<%= connect.server.options.hostname %>:<%=
39   connect.server.options.port %>/category1/page-01.html'
40           }
41       }
42   },
```

10-1 grunt-contrib-watch 플러그인 소개와 사용법

grunt-contrib-watch 모듈은 파일을 감시해서 실시간으로 재생산하게끔 해주는 플러그인입니다. 변경 또는 삭제, 파일 패턴이 추가될 때마다 감시하여 미리 정의된 작업을 실행합니다.

grunt-contrib-watch는 https://www.npmjs.com/package/grunt-contrib-watch를 참고하세요.

watch

```
html 작업
less 작업
js 작업
img 작업
[fonts, copy]
```

connect

```
서버를 열어서
브라우져에서 확인
```

설치

```
npm install --save-dev time-grunt
```

설정

Gruntfile.js에서 사용하는 예제는 아래와 같습니다.

```
1  watch: {
2      options: { livereload: true },
3      gruntfile: {
4          files: ['Gruntfile.js'],
5          tasks: ['jshint:grunt'],
6      },
7      html: {
8          files: ['src/docs/**/*.html'],
9          tasks: ['includes','htmlhint'],
10     },
11     less: {
12         files: ['src/less/**/*.less'],
13         tasks: ['less','csslint','autoprefixer','csscomb','cssmin'],
14     },
15     js: {
16         files: ['src/js/**/*.js'],
17         tasks: ['jshint','concat','uglify'],
18     },
19     img: {
20         files: ['src/images/**/*.{gif,jpeg,jpg,png}'],
21         tasks: ['newer:imagemin'],
22     },
23     // fonts: {
24     //     files: ['src/fonts/**/*'],
25     //     tasks: ['newer:copy'],
26     // }
27  },
```

- **설명**

옵션으로는 livereload: true로 설정해서 모든 작업에 파일들을 감시하여 실시간으로 재생 산되게 설정합니다.

작업별로 gruntfile, html, less, js, img 지정했으며 실질적으로 작업하는 모든 파일을 감 시합니다.

각 파일이 수정되면 그에 해당하는 task(작업)들이 실행이되서 다시 컴파일하게 됩니다.

gruntfile의 구문을 보면 'Gruntfile.js' 파일이 수정되거나 하면 watch가 실행이 되어 'jshint:grunt' 태스크(작업)이 실행됩니다. 'jshint:grunt'는 오류 구문 검사를 하는 작업이 고 'Gruntfile.js' 만 오류검사를 하는 구문이 작성되어 있습니다. 추가적으로 파일을 합치 거나(concat) 압축하는(uglify) 등의 작업은 필요 없기 때문에 'jshint:grunt'로만 작성이 된 것입니다.

js의 작업을 보면 src/js 폴더의 모든 js 파일들을 감시하며, 파일이 수정될때 'jshint', 'concat', 'uglify' 작업들이 실행이 되서 재생산하게 됩니다.

참고로 fonts 부분이 수정이 되기 때문에 주석처리 해놓았습니다. gruntfile, html, less, js, img 작업에 모든 파일들이 감시가 되고 있고 추가적으로 copy, clean 등의 작업도 추가적 으로 지정할 수 있습니다.

> 현재 프로젝트에 사용되는 옵션은 위에 글을 참고하면 됩니다.
>
> 아래의 옵션은 차후 수정 또는 추가하기 위한 참고로 알아두시고 지금은 넘어가도 됩니다.

3 옵션 설명

- **files**

  Type: String|Array

어떤 파일의 패턴을 정의합니다.(이 작업은 감시(watch)할 것입니다.) 문자열이나 파일의 배열 그리고/또는 minimatch 패턴이 될 수 있습니다.

- **tasks**

  Type: String|Array

파일 감시 이벤트가 발생할 때 실행되는 작업을 정의합니다.

- **options.spawn**

  Type: Boolean Default: true

자식 프로세스에서 작업 실행을 생성할지 여부를 지정합니다. 이 옵션의 세팅은 false에 대한 감시반응 시간을 증가 시킵니다.(보통 대부분 500ms로 빠르다.) 그리고 후속 작업은 동일한 콘텍스트를 나누는 작업입니다. 설정하지 않는 작업은, 작업진행이 실패하는 부분을 감시할 수 있게 만듭니다. 필요에따라 사용하시면 됩니다.

이전 버전과의 호환성을 위해 옵션 nospawn 옵션은 여전히 가능하며, spawn 옵션은 반대 입니다.

- **options.interrupt**

  Type: Boolean, Default: false

파일이 수정되면, 이 감시업무가 자식 프로세스에서 작업을 생성할 것입니다. 이전 프로세스가 완료되면 기본 동작은 대상에 따라 새로운 자식 프로세스를 생성합니다. interrupt 옵션을 true로 설정하면, 이전 프로세스를 종료하고 나중에 변경되는 작업을 생성합니다.

- **options.debounceDelay**

  Type: Integer, Default: 500

같은 파일 경로와 상태에 대한 연속 이벤트를 방출하기 전에 대기하는 시간입니다. 예를 들어 grunt file.js 파일이 변경되면, 변경 이벤트는 주어진 밀리세컨드 후 다시 발생됩니다.

- **options.interval**

  Type: Integer, Default: 100

간격은 fs.watchfile에게 전달됩니다. 간격은 fs.watchfile에 의해 사용되고, 이 감시자(watcher) 또한 fs.watch를 사용하기 때문에 이 옵션을 무시하는 것이 좋습니다. 기본값은 100ms 입니다.

- **options.event**

  Type: String|Array , Default: 'all'

지정된 작업 트리거 유형 감시 이벤트를 지정합니다. 'all', 'changed', 'added' 와 'deleted' : 이 옵션은 하나 또는 다수일 수 있습니다.

- **options.reload**

  Type: Boolean, Default: false

기본적으로, Gruntfile.js를 감시하는 경우, 다음에 대한 변경 사항은 감시 작업을 다시 트리거합니다. 그리고 Gruntfile.js에 변경된 것을 다시 로드합니다. reload: true로 설정하면, 감시 파일의 모든 변경 사항에대해 감시 업무가 다시 트리거합니다. 이것은 다른 파일이 Gruntfile.js에 의존하는 경우에 특히 유용합니다.

- **options.forever**

  Type: Boolean, Default: true

이것은 단지 테스트 레벨옵션이며, 타겟 단위로 구성될 수 없습니다. 기본적으로 감시 업무는 punchgrunt.fatal를 닫고, grunt.warn를 시도하고, 감시 프로세스에서 나가는 것을 막습니다. wantgrunt.fatal와 grunt.warn이 오버라이드되게 세팅하지 않는다면, forever 옵션을 fals로 설정합니다.

- **options.dateFormat**

  Type: Function

이것은 단지 작업수준의 옵션이며, 목표단위로 구성할 수 없습니다. 감시가 실행 중인 작업을 완료 할때 기본적으로 이 완료메시지를 표시합니다

- **options.atBegin**

  Type: Boolean, Default: false

이 옵션은 감시자가 시작시 지정된 각 작업의 실행을 트리거합니다.

- **options.livereload**

  Type: Boolean | Number | Object, Default: false

true 또는 포트번호로 livereload: 1337로 설정하여 라이브 리로드를 활성화할 수 있습니다. 기본 권장 포트는 35729입니다. 활성화되면 라이브리로드 서버는 목표 단위별 감시 작업으로 시작됩니다. 표시된 작업을 실행한 후, 라이브리로드 서버는 수정된 파일로 트리거합니다.

```
1  watch: {
2    css: {
3      files: '**/*.sass',
```

```
4      tasks: ['sass'],
5      options: {
6        livereload: true,
7      },
8    },
9  },
```

HTTPS 연결을 통해 livereload 작업에 접근할 수 있습니다. 이렇게 하려면, 지정된 키와 인증서 경로를 livereload 객체에 전달합니다.

예:

```
1  watch: {
2    css: {
3      files: '**/*.sass',
4      tasks: ['sass'],
5      options: {
6        livereload: {
7          port: 9000,
8          key: grunt.file.read('path/to/ssl.key'),
9          cert: grunt.file.read('path/to/ssl.crt')
10       }
11     },
12   },
13 },
```

- **options.cwd**

  Type: String|Object, Default: process.cwd()

기본값 process.cwd는 현재 작업 디렉토리를 설정하는 기능입니다. files 및 spawn 작업이 일치하도록 cwd 를 설정하는 문자열입니다. 아니면 객체는 각각 독립적으로 설정합니다. 이와 같은 옵션 { cwd: { files: 'match/files/from/here', spawn: 'but/spawn/files/from/here' } }

- **options.livereloadOnError**

  Type: Boolean, Default: true

실행된 작업에 오류가 발생하는 경우 livereload 옵션을 중지합니다. false로 설정하면 모든 작업이 성공적으로 완료되고, livereload만 발생됩니다 .

CHAPTER
10-2 grunt-contrib-connect 플러그인 소개와 사용법

connect web server를 시작합니다.

이 서버는 Grunt가 수행되는 만큼 작동됩니다. Grunt의 업무가 완료되면 웹서버는 멈춥니다. 이 동작은 킵얼라이브 keepalive 옵션으로 변경할 수 있으며, grunt connect:keepalive 와 같은 업무를 실행하여 ad-hoc을 활성화할 수 있습니다.

이 작업은 qunit 작업처럼, grunt-contrib-qunit 플러그인 이후에 실행되는 다른 작업과 함께 사용하도록 설계되었습니다.

grunt-contrib-connect는 https://www.npmjs.com/package/grunt-contrib-connect를 참고하세요.

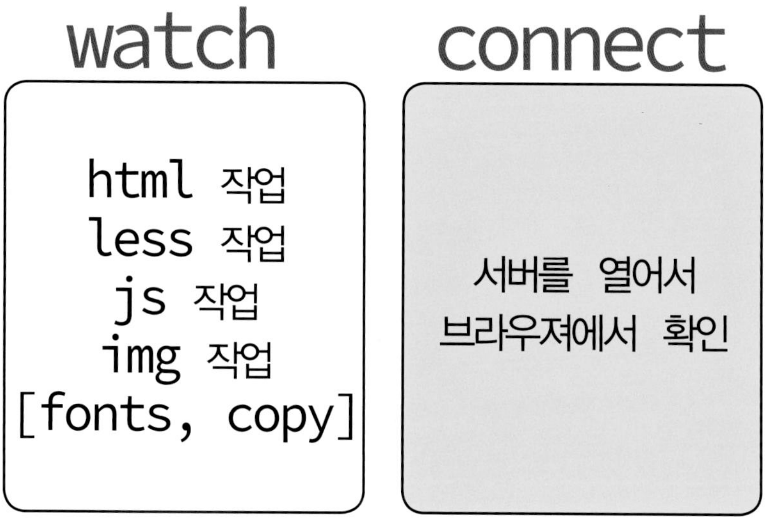

watch

html 작업
less 작업
js 작업
img 작업
[fonts, copy]

connect

서버를 열어서
브라우져에서 확인

```
npm install --save-dev grunt-contrib-connect
```

Gruntfile.js에서 사용하는 예제는 아래와 같습니다.

```
1   connect: {
2      server: {
3         options: {
4            port: 9000,
5            hostname: 'localhost',
6            livereload: 35729,
7            base: 'dist',
8            open: 'http://<%= connect.server.options.hostname %>:<%=
9   connect.server.options.port %>/category1/page-01.html'
10        }
11     }
12  },
```

• 설명

옵션으로는 포트를 9000번으로 사용합니다. 호스트네임으로는 localhot를 사용하고, livereload 포트로는 35729를 사용합니다. 기본 루트경로는 목적지 폴더인 dist 폴더입니다.

open은 해당 옵션을 사용해서 category1/page-01.html 파일을 브라우져로 보여주는 역할을 합니다.

주로 index.html을 하고, 테스트하고자 하는 페이지를 연결하곤 합니다.

> 현재 프로젝트에 사용되는 옵션은 위에 글을 참고하면 됩니다.
>
> 아래의 옵션은 차후 수정 또는 추가하기 위한 참고로 알아두시고 지금은 넘어가도 됩니다.

- **port**

  Type: Integer, Default: 8000

웹 서버가 응답하는 포트. 작업(useAvailablePort이 설정되어 있지 않으면)에 지정된 포트가 사용 중인 경우 실패합니다. 시스템에서 할당한 포트를 사용하는데 특정값 0이나 ?를 사용할 수 있습니다.

- **protocol**

  Type: String, Default: 'http'

프로토콜로 기본값이 'http'고 'https'도 가능합니다.

- **hostname**

  Type: String, Default: '0.0.0.0'

웹서버에 접근 할수 있는 호스트 이름

'＊'로 설정하면 '127.0.0.1' 및 이더넷 또는 무선 인터페이스('192.168.0.x' or '10.0.0.x' 처럼)에 할당된 IP와 같은 임의의 로컬 IPv4 주소로부터 서버에 액세스할 수 있도록 합니다

open이 true일 경우, 호스트 설정에서 호스트 이름이 지정된 경우 로컬호스트의 디폴트 브라우저가 열리고 URL을 생성하기 위해 사용됩니다.

- **base**

  정적 파일을 제공할 루트 경로

  Type: String or Array or Object, Default: '.'

Type	Result	Example
String	파일이 제공되는 기본(또는 루트) 디렉토리. Gruntfile의 기본 디렉토리로 설정됩니다.	'public'
Array	기본 문자열 또는 개체의 배열은 여러 디렉토리를 제공합니다. 주어진 마지막 기본 디렉토리[browse-able]가 될 수 있습니다.	['public','www-root']
Object	경로와 옵션키를 포함하는 맵. 옵션은 serve-static 모듈에 전달됩니다.	{ path: 'public', options: { maxAge: 1000*60*5 } }

- **directory**

    Type: String, Default: null

browse-able로 원하는 디렉토리를 설정합니다. 기본 옵션은 browse-able 디렉토리를 무시하는 데 사용됩니다. 웹브라우져에서 보여줄 디렉토리 목록 https://www.npmjs.com/package/serve-index

- **keepalive**

    Type: Boolean, Default: false

서버가 계속 실행된채로 유지한다. 이 옵션을 사용할 경우, 이 작업 이후에 지정된 모든 작업이 실행되지 않습니다. grunt 작업이 완료되면 기본적으로 웹 서버가 중지됩니다.

이 옵션은 grunt connect:targetname:keepalive 같은 작업을 실행함으로서 ad-hoc를 가능하게 합니다.

- **debug**

    Type: Boolean, Default: false

--debug flag를 사용하는 대신, 로그인이 가능하도록 Debug option을 true로 설정합니다.

- **livereload**

    Type: Boolean or Number, Default: false

포트넘버나 true를 설정하면 connect-livereload를 사용하여 페이지에 라이브리로드 스크립트태그 삽입합니다.

- **open**

    Type: Boolean or String or Object, Default: false

기본 브라우저에서 제공되는 페이지를 엽니다. 이건 다음 중 하나가 됩니다.

- true로 지정하면 기본 서버 URL(프로토콜, 호스트 이름 및 포트 설정에서 발생)을 엽니다.
- URL을 지정하면 해당 URL을 엽니다
- 직접 open 구성하려면 객체에 다음 키를 사용하여 지정합니다

```
1  {
2    target: 'http://localhost:8000', // target url to open
3    appName: 'open', // name of the app that opens, ie: open, start,
     xdg-open
4    callback: function() {} // called when the app has opened
5  }
```

- useAvailablePort

  Type: Boolean, Default: false

true의 경우 포트 옵션을 설정한 후 다음 사용 가능한 포트를 찾습니다.

- onCreateServer

  Type: unction or Array, Default: null

서버 객체를 만든 후 함수는 서버 객체를 액세스하는 라이브러리를 통합할 수 있도록 합니다.

최적화 작업 소개

최적화 작업은 프로젝트를 최적화하여 좀 더 빠르게 실행되고, 효율적으로 관리하기 위한 작업입니다.

파일을 수정하면 모든 파일이 재생산되어 비효율적으로 관리되던 로직을 효율적으로 수정하고, 컴파일 시간을 확인하여 좀 더 빠른 시간에 작업을 할 수 있도록 하는 등의 효율적이고 생산적인 프로젝트 최적화 작업을 말합니다.

4개의 플러그인을 설치하여 최적화 작업을 수행합니다.

- **time-grunt**: 컴파일 시간을 확인하여 각 작업에 해당되는 시간을 확인하고 개선합니다.
- **load-grunt-tasks**: 플러그인을 설치할 때마다 grunt.loadNpmTasks로 플러그인을 로드해야하는데 자동으로 로드되게 합니다.
- **grunt-concurrent**: 직렬로 수행하던 빌드작업을 병렬로 작업하여 좀 더 빠르게 컴파일을 수행합니다.
- **grunt-newer**: 파일이 수정되면 수정된 파일만 컴파일하게 만듭니다.

최적화 작업

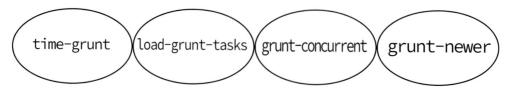

Gruntfile.js에서 최적화 작업 부분에 대한 내용은 이렇습니다.

```
1   // 작업시간 표시
2   require('time-grunt')(grunt);
3   // 자동으로 grunt 태스크를 로드합니다. grunt.loadNpmTasks 를 생략합니다.
4   require('load-grunt-tasks')(grunt);
5   grunt.initConfig({
6       // 감시를 합니다.
7       watch: {
8           .....
9           img: {
10              files: ['src/images/**/*.{gif,jpeg,jpg,png}'],
11              tasks: ['newer:imagemin'],
12          },
13          .....
14      },
15      // 병렬로 작업을 실행합니다.
16      concurrent: {
17          options: {
18              logConcurrentOutput: true
19          },
20          dist: [
21              'copy',
22              'imagemin'
23          ]
24      },
25  })
```

11-1 time-grunt 플러그인 소개와 사용법

time-grunt 플러그인은 grunt 작업의 경과된 시간을 표시합니다. 경과된 시간을 보고 시간을 줄이는 작업 등의 최적화 과정을 수행할 수 있습니다.

time-grunt 플러그인은 작업별로 시간을 표시하는 기능만할 뿐 다른 기능은 하지 않습니다.

> time-grunt는 https://www.npmjs.com/package/time-grunt를 참고하세요

최적화 작업

time-grunt   load-grunt-tasks   grunt-concurrent   grunt-newer

1 설치

```
npm install --save-dev time-grunt
```

2 설정

Gruntfile.js에서 사용하는 예제는 아래와 같습니다.

```
1  // Gruntfile.js
2  module.exports = function (grunt) {
3      // 이것은 상위에 요구되며, 그런트 인스턴스로 전달합니다.
4      require('time-grunt')(grunt);
5      grunt.initConfig({
6          .....
7      });
8  }
```

• 설명

사용법은 무척 간단합니다. require('time-grunt')(grunt); 만 추가해주면 커맨드창에 빌드
시간이 기록이 됩니다.

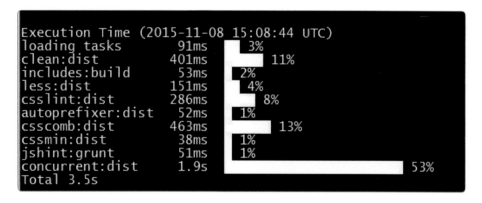

현재 프로젝트에 사용되는 옵션은 위에 글을 참고하면 됩니다.

아래의 옵션은 차후 수정 또는 추가하기 위한 참고로 알아두시고 지금은 넘어가도 됩니다.

- **선택적 콜백**

타이밍 통계를 수집할 경우, 콜백에 전달합니다.

```
1  require('time-grunt')(grunt, function (stats, done) {
2      // 원하는대로 통계를 가져옵니다
3      uploadReport(stats);
4      // 종료할 때 그런트에 알려줍니다.
5      done();
6  });
```

- **깨끗한 레이아웃**

전체 시간의 1% 미만을 작업할 때는 복잡해지지 않도록 숨겨집니다.

grunt --verbose은 모든 작업을 볼 수 있습니다.

11-2

load-grunt-tasks
플러그인 소개와 사용법

grunt는 설치한 플러그인을 gruntfile.js에서 모두 로드해야 합니다. 하지만 load-grunt-tasks 플러그인은 글로빙 패턴(globbing patterns)을 사용하여 여러 개의 그런트 작업을 자동으로 로드합니다.

보통은 각 작업을 모두 로드해야 합니다.

load-grunt-tasks 플러그인은 package.jso의 dependencies/devDependencies/peerDependencies/optionalDependencies를 읽고, 제공된 패턴과 일치하는 그런트 작업을 로드합니다.

load-grunt-tasks 는 https://www.npmjs.com/package/load-grunt-tasks를 참고하세요

최적화 작업

(time-grunt) (load-grunt-tasks) (grunt-concurrent) (grunt-newer)

1 | 설치

```
npm install --save-dev load-grunt-tasks
```

Gruntfile.js에서 사용하는 사용 전 코드와 사용 후 코드를 비교해보시기 바랍니다.

사용 전에는 grunt.initConfig 후에 플러그인을 로드하는 구문을 작성했다면 사용 후를 보면 grunt.initConfig 전에 load-grunt-tasks 플러그인을 로드합니다.

• **사용 전**

```
1  module.exports = function(grunt) {
2    // 가) 프로젝트 환경설정.
3    grunt.initConfig({
4      // 플러그인 설정
5    });
6    // 나) 플러그인 로드.
7    grunt.loadNpmTasks('grunt-autoprefixer');
8    grunt.loadNpmTasks('grunt-concurrent');
9    grunt.loadNpmTasks('grunt-contrib-clean');
10   grunt.loadNpmTasks('grunt-contrib-concat');
11   grunt.loadNpmTasks('grunt-contrib-connect');
12   grunt.loadNpmTasks('grunt-contrib-copy');
13   grunt.loadNpmTasks('grunt-contrib-csslint');
14   grunt.loadNpmTasks('grunt-contrib-cssmin');
15   grunt.loadNpmTasks('grunt-concurrent');
16   grunt.loadNpmTasks('grunt-contrib-imagemin');
17   grunt.loadNpmTasks('grunt-contrib-jshint');
18   grunt.loadNpmTasks('grunt-contrib-less');
19   grunt.loadNpmTasks('grunt-contrib-uglify');
20   grunt.loadNpmTasks('grunt-contrib-watch');
21   grunt.loadNpmTasks('grunt-csscomb');
22   grunt.loadNpmTasks('grunt-htmlhint');
23   grunt.loadNpmTasks('grunt-includes');
24   grunt.loadNpmTasks('grunt-newer');
25   // 다) task 실행.
26 };
```

• **사용 후**

```
1  module.exports = function(grunt) {
2    // 나) 플러그인 로드.
```

```
3      require('load-grunt-tasks')(grunt);
4    // 가) 프로젝트 환경설정.
5    grunt.initConfig({
6      // 플러그인 설정
7    });
8    // 다) task 실행.
9  };
```

load-grunt-tasks 플러그인을 사용하면 복잡한 코드를 간단하게 사용할 수 있고, 차후에
설치되는 플러그인이 있다 하더라도 따로 Gruntfile.js에 적지 않아도 package.json에 표기
되어 있다면 자동으로 인식합니다.

11-3 grunt-concurrent 플러그인 소개와 사용법

grunt-concurrent 플러그인은 grunt 작업을 병렬로 동시에 실행합니다. 그런트는 일반적으로 직렬방식으로 작업을 합니다.

즉 한개의 작업이 끝나야 두 번째 작업을 합니다.

Coffee와 Sass 같은 느린 작업을 동시에 실행하면 잠재적으로 빌드 시간을 크게 향상시킬 수 있습니다.

nodemon과 watch 같은 다수의 작업 multiple blocking tasks을 실행하고 한 번에 관찰하는 경우 이 작업은 유용합니다.

> grunt-concurrent는 https://www.npmjs.com/package/grunt-concurrent를 참고하세요

최적화 작업

(time-grunt) (load-grunt-tasks) (grunt-concurrent) (grunt-newer)

1 설치

```
npm install --save-dev grunt-concurrent
```

Gruntfile.js에서 사용하는 예제는 아래와 같습니다.

```
1   concurrent: {
2       options: {
3           logConcurrentOutput: true
4       },
5       dist: [
6           'copy',
7           'imagemin'
8       ]
9   },
```

대체로 작업시간이 오래 걸리는 'copy' 작업과 'imagemin' 작업을 동시에 실행하도록 설정했습니다.

또한 옵션으로 작업의 출력을 기록하도록 logConcurrentOutput: true로 설정했습니다.

> 현재 프로젝트에 사용되는 옵션은 위에 글을 참고하면 됩니다.
>
> 아래의 옵션은 차후 수정 또는 추가하기 위한 참고로 알아두시고 지금은 넘어가도 됩니다.

- **limit**

  Type: number, Default: 최소 CPU 코어 수의 두 배

동시에 실행할 작업을 제한합니다.

- **logConcurrentOutput**

  Type: boolean, Default: false

logConcurrentOutput 옵션을 선택적으로 지정하여 동시 진행 작업의 출력을 기록할 수 있습니다.

여기에 시작하고, 모든 터미널 탭의 변화를 보기 위해 노드 서버와 grunt-contrib-watch를 모니터링합니다. grunt-nodemon을 실행하는 예는 다음과 같습니다

```
1   grunt.initConfig({
2       concurrent: {
3           target: {
4               tasks: ['nodemon', 'watch'],
5               options: {
6                   logConcurrentOutput: true
7               }
8           }
9       }
10  });
11  grunt.loadNpmTasks('grunt-concurrent');
12  grunt.registerTask('default', ['concurrent:target']);
```

특정 작업을 결합할 때의 출력은 혼란스러울 것입니다. 이 옵션은 가장 긴 동시 작업 실행의 출력을 모니터링하는 watch와 nodemon 같이 종료되지 않는 작업에 사용됩니다.

CHAPTER 11-4

grunt-newer 플러그인 소개와 사용법

grunt-newer 플러그인은 파일이 수정되면 수정된 부분만 컴파일되도록 하는 플러그인입니다.

만약 자바스크립트 파일 하나가 수정하였다면 자바스크립트 파일 모두를 다시 컴파일해야합니다. 이러한 비효율적인 로직을 수정된 파일만 컴파일하도록 효율적으로 작성할 수 있습니다.

grunt-newer는 https://www.npmjs.com/package/grunt-newer를 참고하세요

최적화 작업

(time-grunt)　(load-grunt-tasks)　(grunt-concurrent)　(grunt-newer)

1 설치

```
npm install --save-dev grunt-newer
```

newer를 사용하기 위해서는 다른 태스크가 실행될때 단지 newer를 첫 번째 인수로 추가하면 됩니다.

Gruntfile.js에서 js 작업을 실행하는 부분의 예제는 아래와 같습니다.

Gruntfile.js에서 사용하는 newer를 예제는 아래와 같습니다.

```
1    // 감시를 합니다.
2    watch: {
3        .....
4        img: {
5            files: ['src/images/**/*.{gif,jpeg,jpg,png}'],
6            tasks: ['newer:imagemin'],
7        },
8        .....
9    },
```

jshint 작업을 할 때 접두사로 추가해서 'newer:jshint' 식으로 호출하면 됩니다.

또한 watch 작업을 사용할 때도 사용할 수 있는데요. Gruntfile.js에서 사용한 예입니다.

```
1    watch: {
2        // ...
3        js: {
4            files: ['app/js/**/*.js'],
5            tasks: ['newer:jshint:dist','concat','uglify']
6        },
7        // ....
8    },
```

js파일이 수정될때 jshint:dist 작업이 실행되는데 여기에 접미사로 추가하여 'newer:jshint:dist' 하면 수정된 부분만 컴파일하게 됩니다.

현재 프로젝트에 사용되는 옵션은 위에 글을 참고하면 됩니다.

아래의 옵션은 차후 수정 또는 추가하기 위한 참고로 알아두시고 지금은 넘어가도 됩니다.

- **options.cache**

  type: string default: node_modules/grunt-newer/.cache

성공적인 실행을 위한 타임스탬프를 지속적으로 추적하기 위하여 newer태스크는 캐쉬 디렉토리에 기록을 합니다. grunt-newer가 설치된 디렉터리에 .cache 디렉터리를 사용하는 것이 기본값입니다. 만일 타임스탬프에 대한 정보가 다른 위치에 쓰여지길 원한다면 태스크의 캐쉬옵션을 설정하면 됩니다.

cache 옵션에 대한 사용 예:

```
1  grunt.initConfig({
2      newer: {
3          options: {
4              cache: 'path/to/custom/cache/directory'
5          }
6      }
7  });
```

12 작업 등록 registerTask

grunt.registerTask는 작업을 등록하는 기능을 합니다.

사용은 아래처럼 합니다.

```
grunt.task.registerTask (TASKNAME, 작업명)
```

TASKNAME은 작업명에 대한 별칭입니다. 작업명은 하나가 될 수도 있고 여러 개가 될 수 도 있습니다.

사용된 예제를 보겠습니다.

Gruntfile.js의 전체코드를 보고 grunt.registerTask가 위치한 곳을 보세요.

```
1  module.exports = function (grunt) {
2      'use strict';
3      // 작업시간 표시
4      require('time-grunt')(grunt);
5      // 자동으로 grunt 태스크를 로드합니다. grunt.loadNpmTasks를 생략한다.
6      require('load-grunt-tasks')(grunt);
7      // 작업을 설정합니다.
8      grunt.initConfig({});
9      // 작업을 등록합니다.
10     grunt.registerTask('default', [....]);
11 };
```

맨 하단에 작업을 등록하는 grunt.registerTask 부분이 있습니다.

[...]는 작업리스트입니다. default는 이 작업리스트에 대한 대표 작업명이고 별명(alias)입 니다.

그런트는 default 작업명을 지원합니다. 그래서 grunt라고 명령어를 입력하고 실행하면

default에 대한 작업이 실행이 됩니다.

default 태스크명에는 다음과 같은 작업들을 등록해놓았습니다.

```
1  grunt.registerTask('default', [
2      'clean',
3      'html',
4      'css',
5      'jsnt',
6      'concurrent',
7  ]);
```

default라는 태스크에는 'clean', 'html', 'css', 'jsnt', 'concurrent' 라는 작업명을 등록했습니다. 한 개 또는 여러 개를 지정할 수 있습니다.

대표 작업명 즉 작업리스트에 대한 별칭이기 때문에 명령창에 grunt default 라고 입력하면 작업리스트인 'clean', 'html', 'css', 'jsnt', 'concurrent' 들을 실행합니다.

그런트는 default 작업명을 기본적으로 지원합니다. 그래서 grunt 라고만 입력해도 grunt default 라고 입력한 것과 같습니다.

그럼 'clean', 'html', 'css', 'jsnt', 'concurrent' 라는 작업명들은 어떤 작업(태스크)들을 담고 있는지 전체를 보겠습니다.

```
1  // html task
2  grunt.registerTask('html', [
3          'includes',
4          'htmlhint'
5      ]
6  );
7  // css task
8  grunt.registerTask('css', [
9          // 'clean',
10         'less',
11         'csslint',
12         'autoprefixer',
13         'csscomb',
14         'cssmin'
15     ]
16 );
```

```
17  // javascript task
18  grunt.registerTask('jsnt', [
19          'jshint',
20          'concat',
21          'uglify'
22      ]
23  );
```

html, css, javascript 작업들은 각각 html task, css task, javascript task 작업들을 담고 있습니다.

html 태스크는 includes, htmlhint 작업들을 등록한 상태입니다. 즉 grunt html 이라고 명령어를 입력하면 includes, htmlhint 작업 2개가 실행이 되어 html 파일들을 만들어냅니다.

마찬가지로 css 태스크는 less, csslint, autoprefixer, csscomb, cssmin 등 5개의 작업이 등록되어 있습니다. 즉 grunt css라고 명령어를 입력하면 CSS파일을 만들어내는 less, csslint, autoprefixer, csscomb, cssmin 등 5개의 작업이 실행이 됩니다.

자바스크립트 태스크인 jsnt는 jshint, concat, uglify 등 3개의 작업이 등록되어 있어서 grunt jsnt라고 명령어를 입력하면 3개의 작업이 실행됩니다.

이런 식으로 작업을 등록하는것은 유지 보수를 편리하게 하기 위함입니다.

예를 들어 작업 중에 html만 빌드를 시켜보고자 한다면 HTML만 작업하는 grunt html 입력하면 됩니다. 그럼 전체빌드를 하는 것이 아니라 HTML만 빌드하는 작업을 합니다.

마찬가지로 CSS, JAVASCRIPT 등도 따로 등록을 해놓아서 따로 빌드할 수 있습니다.

concurrent 태스크는 병렬로 작업하는 플러그인으로 copy, imagemin 등을 담고 있어 그 자체로 등록한 것입니다.

```
1   concurrent: {
2       options: {
3           logConcurrentOutput: true
4       },
5       dist: [
6           'copy',
7           'imagemin'
8       ]
9   },
```

한 가지 눈여겨볼 부분이 serve 태스크입니다. 코드를 먼저 보시죠.

```
1  grunt.registerTask('serve', function (target) {
2      if (target === 'dist') {
3          return grunt.task.run(['connect', 'watch']);
4      }
5      grunt.task.run([
6          'default',
7          'connect',
8          'watch'
9      ]);
10 });
```

serve 작업명은 함수의 인자(target)를 받습니다. if문으로 인자가 dist와 같다면 grunt.task.run()으로 다른 작업을 실행합니다. grunt.task.run()은 작업 안에서 추가적으로 다른작업을 할 수 있습니다. 즉 target === 'dist'는 타켓으로 넘어온 인자가 dist와 같다면 'connect', 'watch' 작업이 실행됩니다.

같지 않다면 그 아랫부분인 grunt.task.run이 실행이 되어 default, connect, watch 작업이 실행이됩니다.

이걸 명령어로 입력하면 이렇습니다. grunt serve:dist라고 입력하면 target이 dist와 일치하기 때문에 'connect', 'watch' 작업이 실행이 되고, grunt serve 라고만 입력하면 target이 dist 와 일치하지 않기 때문에 default, connect, watch 작업이 실행됩니다.

1 그럼 왜 이렇게 두가지 형식을 만들어놨을까?

• grunt serve

처음 실행 시 즉 빌드를 하고 감시를 할 때 사용합니다. 감시를 할려면 빌드가 된 파일이 있어야 그 다음부터 감시를 합니다. 빌드를 하지않고 감시를 하면 감시하는 대상이 없기 때문입니다. 그래서 처음 실행 시는 이 명령어를 사용합니다.

• grunt serve:dist

2번째 이후 또는 빌드가 필요없는 상황에 감시를 해야할 때 사용합니다. 예를 들어 빌드를 한 상태라고 가정하고 감시를 하고자 한다면 굳이 처음부터 빌드를하고 감시할 필요가 없습니다.

그냥 감시만 하면 됩니다. 감시대상이 있기 때문이죠. 이 때는 빌드작업인 default 작업을 하지 않고 감시 역할만 하는 watch, connect 작업만 합니다.

default 작업인 빌드과정을 하지 않기 때문에 속도가 빠릅니다.

그런트는 어떤 플러그인으로 어떻게 로직을 짜느냐에 따라서 작업의 성능, 효율 등이 달라집니다. 제가 소개했던 플러그인 뿐만이 아니라 다른 플러그인들도 무수히 많이 존재합니다.

플러그인을 알아야 사용할 수 있습니다. 물론 관련 문서가 있어서 기본만 알면 사용하는데 문제가 없지만 어떤 플로그인들은 플러그인 자체가 사용법을 공부해서 익혀야 하는 것도 있습니다.

이전에 소개했던 플러그인 말고 다른 플러그인을 사용했을 때 어떻게 달라지는지, 또는 로직을 어떤식으로 변경해서 사용해야 하는지 알아봅니다.

또 플러그인 선택 시 어떤 플러그인을 사용해야 하는지, 어떤 플러그인이 좋고 안전한지 알아봅니다.

1 grunt 팀 정식 플러그인 소개

그런트 문서에 보면 **그런트 플러그인 네이밍** 부분에 grunt-contrib라는 네이밍을 사용하지 말아달라고 합니다. 왜냐면 그런트팀에서 이 네이밍을 사용하기 때문입니다.

그런트팀에서 제작한 플러그인이 있습니다. 이 플러그인들은 안전하고 잘 작동합니다.

그런트 홈페이지의 플러그인 페이지 http://gruntjs.com/plugins에서도 검색을 해봅니다.

이전에 배웠던 less 플러그인을 검색해봅니다.

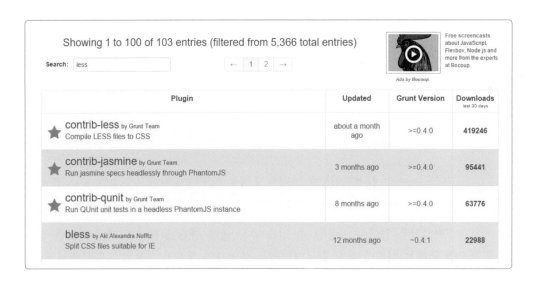

contrib 네이밍이 붙은 것이 그런트팀에서 제작한 것이고 꾸준이 업데이트가 되고, 다운로드 수가 많습니다. 플러그인 선택 시 이렇듯 그런트팀에서 제작한 플러그인을 사용하면 좋습니다.

그런트팀의 플러그인은 깃헙사이트에서 볼 수 있습니다. https://github.com/gruntjs

만약 그런트팀에서 제작한 플러그인이 없다면 가장 다운로드 수가 많고, 업데이트가 잘되는 플러그인을 사용하면 가장 좋은 선택입니다.

grunt-include-replace은 이전에 사용했던 grunt-include을 대신해서 인클루드를 사용할 수 있고, 추가적으로 문자열을 변경할 수 있습니다.

https://www.npmjs.com/package/grunt-include-replace

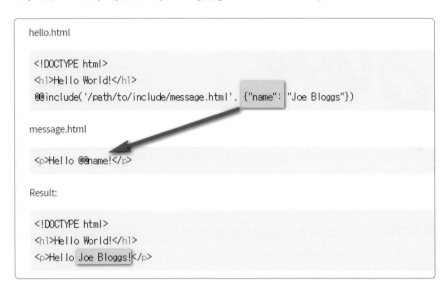

인클루드를 사용하는 것과 name이라는 변수를 지정하고 @@name라고 사용하면 그 값이 변경되어서 나오는 것을 알 수 있습니다.

설치하고 사용하면 됩니다.

3 grunt-prettify 플러그인

grunt-include-replace는 문자열까지 변경할 수 있는 장점도 있지만 자동 들여쓰기가 지원이 안됩니다. grunt-include 플러그인은 들여쓰기가 상속이 되는 반면 변수를 사용할 수 없습니다.

그래서 grunt-prettify 플러그인을 같이 사용하면 좋습니다.

grunt-prettify는 html을 깔끔하게 들여쓰기를 해줍니다.

https://www.npmjs.com/package/grunt-prettify

css를 만드는 전처리 언어로 grunt-contrib-less도 사용을 많이 하지만, SASS도 사용을 많이 합니다.

SASS는 루비 기반으로 만들어져 윈도우에서는 따로 루비를 설치해야 합니다. 또한 루비 기반의 SASS는 느리다는 단점이 있습니다. grunt-contrib-compass도 정말 많은 확장 기능을 가지고 있지만 이는 루비 기반의 SASS 보다도 더 느립니다.

이렇듯 좋은점이 있는데도 느리다는 단점 때문에 많은 유저들이 less를 사용했습니다. 하지만 이런 단점을 보완해서 나온 것이 C++ 기반의 node sass입니다.

★ **grunt-sass** public

Compile Sass to CSS using node-sass

Issues with the output should be reported on the libsass issue tracker.

This task uses **libsass** which is a Sass compiler in C++. In contrast to the original Ruby compiler, this one is much faster, but is **missing some features**, though improving quickly. It also doesn't support Compass. Check out grunt-contrib-sass if you prefer something more stable, but slower.

이는 기존의 단점을 보완해서 속도도 빠르고, 루비 기반이 아니므로 윈도우에서도 따로 루비를 설치하지 않고 바로 사용할 수 있습니다.

윈도우에서 루비 등을 설치하지 않고 빠른 속도로 SASS 사용하려면 https://www.npmjs.com/package/grunt-sass를 사용합니다.

5	grunt-postcss 플러그인

예제에 사용되었던 autoprefixer가 차후 업그레이드되어서 나온 플러그인입니다.

autoprefixer는 브라우져지원 현황에 따라 벤더 프리픽스를 붙여주는 플러그인인데 postcss 이란 이름으로 새로 나왔으며 autoprefixer 플러그인뿐만 아니라 관련 플러그인인 cssnano, postcss-scss 등등 다양한 플러그인과 같이 사용할 수 있습니다.

grunt-postcss의 사용법은 grunt-postcss 홈페이지 https://www.npmjs.com/package/grunt-postcss에서 볼 수 있습니다

★ grunt-postcss `public`

Apply several post-processors to your CSS using PostCSS

`build passing` `dependencies up to date`

Apply several post-processors to your CSS using PostCSS.

Getting Started

This plugin requires Grunt ~0.4.0

If you haven't used **Grunt** before, be sure to check out the **Getting Started** guide, as it explains how to create a **Gruntfile** as well as install and use Grunt plugins. Once you're familiar with that process, you may install this plugin with this command:

```
npm install grunt-postcss --save-dev
```

Once the plugin has been installed, it may be enabled inside your Gruntfile with this line of JavaScript:

```
grunt.loadNpmTasks('grunt-postcss');
```

postcss의 사용법은 postcss 저장소 https://github.com/postcss/postcss 보면 다양한 정보를 확인할 수 있습니다.

PostCSS `unix passing` `windows failing` `Gitter` `Join the PostCSS chat`

PostCSS is a tool for transforming styles with JS plugins. These plugins can lint your CSS, support variables and mixins, transpile future CSS syntax, inline images, and more.

PostCSS is used by industry leaders including Wikipedia, Twitter, Alibaba, and JetBrains. The Autoprefixer PostCSS plugin is one of the most popular CSS processors.

Twitter account: @postcss. VK.com page: postcss. Support / Discussion: Gitter.

Sponsored by

Plugins

Currently, PostCSS has more than 200 plugins. You can find all of the plugins in the plugins list or in the searchable catalog. Below is a list of our favorite plugins — the best demonstrations of what can be built on top of PostCSS.

If you have any new ideas, PostCSS plugin development is really easy.

Solve Global CSS Problem

- `postcss-use` allows you to explicitly set PostCSS plugins within CSS and execute them only for the current file.
- `postcss-modules` and `react-css-modules` automatically isolate selectors within components.
- `postcss-autoreset` is an alternative to using a global reset that is better for isolatable components.
- `postcss-initial` adds `all: initial` support, which resets all inherited styles.
- `cq-prolyfill` adds container query support, allowing styles that respond to the width of the parent.

---

6   jit-grunt 플러그인

jit-grunt는 자동으로 그런트 플러그인을 로드해주는 역할을 합니다.

https://www.npmjs.com/package/jit-grunt

예제에서는 load-grunt-tasks를 사용했지만 추후 jit-grunt이 나왔고, 속도도 더 빠르다고 합니다.

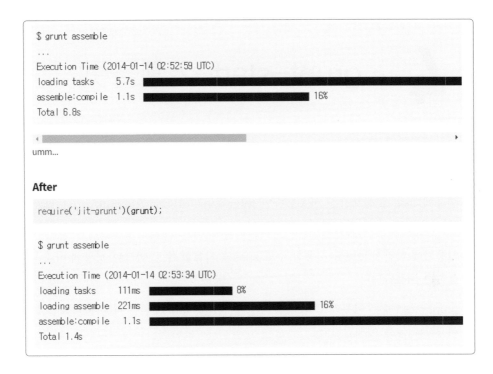

```
$ grunt assemble
...
Execution Time (2014-01-14 02:52:59 UTC)
loading tasks    5.7s  ████████████████████████████████████
assemble:compile 1.1s  ████████████████████  16%
Total 6.8s
```

umm...

After

```
require('jit-grunt')(grunt);
```

```
$ grunt assemble
...
Execution Time (2014-01-14 02:53:34 UTC)
loading tasks    111ms  ████████  8%
loading assemble 221ms  ████████████████  16%
assemble:compile 1.1s   ████████████████████████████████████
Total 1.4s
```

한 가지 주의할 점은 플러그인 맵핑을 잘 시켜줘야 합니다.

1. node_modules/grunt-contrib-`task-name`
2. node_modules/grunt-`task-name`
3. node_modules/`task-name`

```
clean           -> node_modules/grunt-contrib-clean
wget            -> node_modules/grunt-wget
mochaTest       -> node_modules/grunt-mocha-test
mocha_phantomjs -> node_modules/grunt-mocha-phantomjs
assemble        -> node_modules/assemble
```

위 그림처럼 플러그인 이름과 태스크명을 잘 이어줘야 합니다.

만약 맵핑에 대해서 오류가 날 때는 아래처럼 명확하게 지정해주면 됩니다.

```
1  require('jit-grunt')(grunt, {
2      // 태스크명: '플러그인명'
3      useminPrepare: 'grunt-usemin'
4  });
```

14 grunt-start-2 템플릿

예제에 사용되었던 https://github.com/demun/grunt-start-1는 css를 빌드하는 플러그인중에 less 플러그인을 사용했다면 https://github.com/demun/grunt-start-2는 sass를 사용한 것이 큰 차이점입니다.

사용자에 따라서 less를 사용할 수도 sass를 사용할 수도 있으니 상황에 따라 맞는 것을 사용하면 되겠습니다.

grunt-start-2는 아무래도 나중에 작성된 템플릿이라 차후에 나온 플러그인들을 적용시켜서 만들어놓은 예제입니다.

변경된 플러그인 내용은 이렇습니다.

- grunt-contrib-less → grunt-sass
- grunt-autoprefixer → grunt-postcss, autoprefixer
- load-grunt-tasks → jit-grunt

1 sass 작업

grunt-sass를 사용해서 윈도우에서도 빠른 sass를 사용할 수 있습니다.

루비를 설치하지 않아도 사용할 수 있습니다.

옵션으로 sourceComments: false는 css의 각 구문마다 주석을 추가하지 않습니다. 디버깅할 때 true로 설정해서 사용하면 어느 파일에서 제작되서 만들어지는지 상세한 주석을 확인할 수 있습니다.

sourceMap: true는 소스맵을 사용합니다.

outputStyle을 expanded로 지정해서 css가 보기좋게 들여쓰기가 되서 출력이 됩니다. 4가지 옵션을 사용할 수 있습니다.

```
1   sass: {
2       options: {
3           sourceComments: false,
4           sourceMap: true,
5           outputStyle: 'expanded' // nested, expanded, compact, compressed
6       },
7       dist: {
8           expand: true,
9           cwd: 'src/scss/',
10          src: ['**/*.{sass,scss}'],
11          dest: 'dest/css/',
12          ext: '.css'
13      }
14  },
```

cwd는 기본 경로이고, src가 소스파일인 *.{sass,scss}를 지정했습니다.

*.{sass,scss}는 *.sass 또는 *.scss를 의미합니다.

dest는 목적지 폴더인 최종 빌드폴더를 의미하고, ext는 확장자가 .css인 파일로 만들어라는 의미입니다.

2 postcss 작업

postcss 플러그인을 사용해서 벤더프리픽스를 넣어주는 autoprefixer를 사용합니다.

```
1   postcss: {
2       options: {
3           processors: [
4               require('autoprefixer')({
5                   browsers: [
6                       'Android 2.3',
```

```
7                              'Android >= 4',
8                              'Chrome >= 20',
9                              'Firefox >= 24',
10                             'Explorer >= 8',
11                             'iOS >= 6',
12                             'Opera >= 12',
13                             'Safari >= 6'
14                  ]
15             })
16        ]
17    },
18    dist: {
19        src: 'dest/css/*.css',
20    }
21 },
```

그런트 플러그인을 자동으로 로드해주는 jit-grunt를 사용합니다.

```
1  // 자동으로 grunt 태스크를 로드합니다. grunt.loadNpmTasks 를 생략한다.
2  require('jit-grunt')(grunt);
```

Gruntfile.js의 전체 파일은 아래와 같습니다.

```
1  module.exports = function (grunt) {
2      'use strict';
3      // 작업시간 표시
4      require('time-grunt')(grunt);
5      // 자동으로 grunt 태스크를 로드합니다. grunt.loadNpmTasks를 생략한다.
6      require('jit-grunt')(grunt);
7      grunt.initConfig({
8          pkg: grunt.file.readJSON('package.json'),
9          // html에서 인클루드를 사용합니다.
```

```
10          includes: {
11              dist: {
12                  expand: true,
13                  cwd: 'src/docs/html/',
14                  src: ['**/*.html'],
15                  dest: 'dest',
16                  options: {
17                      flatten: true,
18                      // debug: true,
19                      includePath: 'src/docs/include/'
20                  }
21              }
22          },
23          // html 구문검사를 합니다.
24          htmlhint: {
25              options: {
26                  htmlhintrc: 'grunt/.htmlhintrc'
27              },
28              dist: [
29                  'dest/**/*.html',
30              ]
31          },
32          // CSS를 만듭니다.
33          sass: {
34              options: {
35                  sourceComments: false,
36                  sourceMap: true,
37                  outputStyle: 'expanded' // nested, expanded, compact,
                    compressed
38              },
39              dist: {
40                  expand: true,
41                  cwd: 'src/scss/',
42                  src: ['**/*.{sass,scss}'],
43                  dest: 'dest/css/',
44                  ext: '.css'
45              }
46          },
47          // 벤더프리픽스를 추가합니다.
48          postcss: {
49              options: {
50                  processors: [
```

```
51                       require('autoprefixer')({
52                           browsers: [
53                             'Android 2.3',
54                             'Android >= 4',
55                              'Chrome >= 20',
56                                'Firefox >= 24',
57                                'Explorer >= 8',
58                                'iOS >= 6',
59                                'Opera >= 12',
60                                'Safari >= 6'
61                           ]
62                       })
63                   ]
64               },
65           dist: {
66               src: 'dest/css/*.css',
67           }
68       },
69       // css의 속성을 정렬해줍니다.
70       csscomb: {
71           options: {
72               config: 'grunt/.csscomb.json'
73           },
74           dist: {
75               expand: true,
76               cwd: 'dest/css/',
77               src: ['*.css', '!*.min.css'],
78               dest: 'dest/css/'
79           }
80       },
81       // css를 압축합니다.
82       cssmin: {
83           options: {
84               // noAdvanced: true
85               compatibility: 'ie9',
86               keepSpecialComments: '*',
87               sourceMap: true,
88               advanced: false
89           },
90           dist: {
91               files: [{
92                   expand: true,
```

```
 93                          cwd: 'dest/css',
 94                          src: ['*.css', '!*.min.css'],
 95                          dest: 'dest/css',
 96                          ext: '.min.css'
 97                      }]
 98                  }
 99              },
100              // 자바스크립트 구문검사를 합니다.
101              jshint: {
102                  options: {
103                      jshintrc: 'grunt/.jshintrc',
104                      // force: true, // error 검출 시 task를 fail 시키지 않고 계속 진단
105                      reporter: require('jshint-stylish') // output을 수정할
                         수 있는 옵션
106                  },
107                  grunt: {
108                      src: ['Gruntfile.js']
109                  },
110                  dist: {
111                      src: 'src/js/site/*.js'
112                  }
113              },
114              // 파일을 합칩니다.
115              concat: {
116                  options: {
117                      // separator: ';',
118                      stripBanners: false,
119                      banner: '/*! <%= pkg.name %> - v<%= pkg.version %> - ' +
120                      '<%= grunt.template.today("yyyy-mm-dd") %> */'
121                  },
122                  dist: {
123                      src: 'src/js/site/*.js',
124                      dest: 'dest/js/site.js'
125                  }
126              },
127              // 압축합니다.
128              uglify: {
129                  options: {
130                      banner: '/*! <%= pkg.name %> - v<%= pkg.version %> - ' +
131                      '<%= grunt.template.today("yyyy-mm-dd") %> */'
132                  },
133                  dist: {
```

```
134            src: 'dest/js/site.js',
135            dest: 'dest/js/site.min.js'
136          }
137        },
138        // 폴더 및 파일을 삭제합니다.
139        clean: {
140          dist: {
141            files: [{
142              dot: true,
143              nonull: true,
144              src: [
145                'dest'
146              ]
147            }]
148          },
149        },
150        // 폴더 및 파일을 복사합니다.
151        copy: {
152          dist: {
153            files: [
154              // fonts
155              // {
156              //   expand: true,
157              //   cwd: 'src/fonts/',
158              //   src: '**',
159              //   dest: 'dest/fonts/'
160              // },
161            ]
162          }
163        },
164        // 이미지를 최적화합니다.
165        imagemin: {
166          dist: {
167            files: [{
168              expand: true,
169              cwd: 'src/images/',
170              src: '**/*.{png,jpeg,jpg,gif}',
171              dest: 'dest/images/'
172            }]
173          }
174        },
175        // 병렬로 작업을 실행합니다.
```

```
176        concurrent: {
177            options: {
178                logConcurrentOutput: true
179            },
180            dist: [
181                'copy',
182                'imagemin'
183            ]
184        },
185        // 감시를 합니다.
186        watch: {
187            options: { livereload: true },
188            gruntfile: {
189                files: ['Gruntfile.js'],
190                tasks: ['jshint:grunt'],
191            },
192            html: {
193                files: ['src/docs/**/*.html'],
194                tasks: ['includes','htmlhint'],
195            },
196            sass: {
197                files: ['src/scss/**/*.{sass,scss}'],
198                tasks: ['sass','postcss','csscomb','cssmin'],
199            },
200            jsnt: {
201                files: ['src/js/**/*.js'],
202                tasks: ['jshint','concat','uglify'],
203            },
204            img: {
205                files: ['src/images/**/*.{gif,jpeg,jpg,png}'],
206                tasks: ['newer:imagemin'],
207            },
208            // fonts: {
209            //     files: ['src/fonts/**/*'],
210            //     tasks: ['newer:copy'],
211            // }
212        },
213        // 서버를 열어서 브라우져에서 확인합니다.
214        connect: {
215            server: {
216                options: {
217                    port: 9000,
```

```
218                        hostname: 'localhost',
219                        livereload: 35729,
220                        // keepalive: true,
221                        base: 'dest',
222                        open:    'http://<%=    connect.server.options.
                           hostname %>:<%= connect.server.options.port %>/
                           category1/page-01.html'
223                  }
224              }
225          },
226      });
227      // 작업을 로드합니다.
228      // grunt.loadNpmTasks('grunt-contrib-jshint');
229      grunt.registerTask('serve', function (target) {
230        if (target === 'dist') {
231            return grunt.task.run(['connect', 'watch']);
232        }
233        grunt.task.run([
234          'default',
235          'connect',
236          'watch'
237        ]);
238      });
239      // html task
240      grunt.registerTask('html', [
241              'includes',
242              'htmlhint'
243          ]
244      );
245      // css task
246      grunt.registerTask('css', [
247              // 'clean',
248              'sass',
249              'postcss',
250              // 'csslint',
251              'csscomb',
252              'cssmin'
253          ]
254      );
255      // javascript task
256      grunt.registerTask('jsnt', [
257              'jshint',
```

```
258            'concat',
259            'uglify'
260        ]
261    );
262    grunt.registerTask('default', [
263        'clean',
264        'html',
265        'css',
266        'jsnt',
267        'concurrent',
268    ]);
269 };
```

PART

05

템플릿

01

그런트 템플릿 사용하기
(grunt–init)

grunt-init는 자동으로 프로젝트를 생성해주는 스캐폴딩(scaffolding) 도구입니다. 어떤걸 사용할지 질문과 답을 통해서 선택을 하면 해당 템플릿에 맞는 폴더 구조와 파일들이 자동으로 생성이 됩니다. grunt-init을 통해 기존에 있는 템플릿을 사용할 수도 있고, 내가 만든 템플릿을 사용할 수도 있습니다.

복잡해보여도 한번 따라해 보시면 무척 간단합니다. 이 부분이 사용자 입맛에 맞게 정의된 템플릿을 만드는 초석이니 잘 보시기 바랍니다.

grunt-init 을 사용하려면 먼저 전역적으로 grunt-init를 설치해야 합니다. 명령창을 열고 아래의 명령어를 입력하세요.

```
npm install -g grunt-init
```

이제 grunt-init란 커맨드 명령어가 시스템 경로에 설정되었고, 어느 폴더에서나 실행할 수 있습니다. grunt-init --help로 도움말과 옵션을 볼 수 있습니다.

```
$ grunt-init --help

grunt-init: Generate project scaffolding from a template. (v0.3.2)

Usage
 grunt-init [options] [template]

Options
    --help, -h  Display this help text.
    --no-color  Disable colored output.
    --debug, -d  Enable debugging mode for tasks that support it.
      --stack  Print a stack trace when exiting with a warning or fatal error.
    --force, -f  A way to force your way past warnings. Want a suggestion? Don't
                 use this option, fix your code.
    --no-write  Disable writing files (dry run).
 --verbose, -v  Verbose mode. A lot more information output.
 --version, -V  Print the grunt version. Combine with --verbose for more info.

Available templates

(No templates found)

Templates that exist in the C:\Users\허종문\.grunt-init directory may be run with
h
"grunt-init TEMPLATE". Templates that exist in another location may be run with
"grunt-init /path/to/TEMPLATE". A template is a directory that must contain, at
the very minimum, a template.js file.

For more information, see http://gruntjs.com/project-scaffolding
```

grunt-init TEMPLATE로 지정한 템플릿 기반의 신규 프로젝트를 생성할 수 있습니다. grunt-init /path/to/TEMPLATE라고 하면 별도 위치에 템플릿 기반의 신규 프로젝트를 생성을 할 수 있습니다.

지금 grunt-init TEMPLATE 라고 입력하면 TEMPLATE 라고 하는 템플릿이 없기 때문입니다. 현재는 grunt-init 이라는 명령어를 사용할 수 있다뿐이지 아직까지는 템플릿을 사용할 수 없습니다.

홈폴더(C:₩Users₩사용자명) ~/.grunt-init/ 폴더(윈도우는 %USERPROFILE%.grunt-init)에 아무것도 없습니다. 여기에 템플릿이 있어야 사용할 수 있습니다. 그래서 grunt-init TEMPLATE을 사용할 수 없습니다.

예제로 jquery 템플릿을 사용해보겠습니다.

1 ⌇⌇ jquery 템플릿 다운받기

홈폴더에 템플릿이 없기 때문에 템플릿으로 사용할 수 있게끔 원격저장소에 올려진 jquery 템플릿을 다운로드 받아보겠습니다.

템플릿이 ~/.grunt-init/ 폴더(윈도우는 %USERPROFILE%.grunt-init)에 설치되면 grunt-init 명령어로 바로 사용할 수 있습니다. 템플릿을 이 폴더에 넣을 때는 git 명령어인 git clone을 사용합니다.

jquery의 템플릿 주소는 https://github.com/gruntjs/grunt-init-jquery.git입니다.

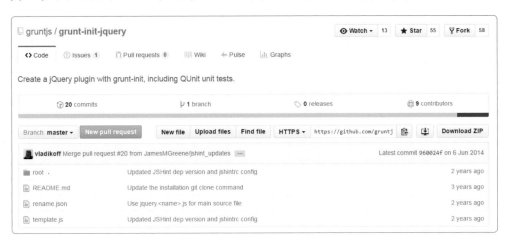

예를 들어 jquery 템플릿은 다음처럼 설치할 수 있습니다.

```
1   # git clone 원격저장소주소 로컬컴퓨터위치
2   git clone https://github.com/gruntjs/grunt-init-jquery.git ~/.grunt-
    init/jquery
```

git clone 주소는 깃저장소에 있는 jquery 템플릿을 내 컴퓨터에 .grunt-init 폴더에 jquery
란 이름으로 복사합니다. ~ 는 홈디렉토리를 말합니다. 윈도우에서는 C:₩Users₩사용자
명을 말합니다.

D드라이브의 test/grunt-init-1이라는 폴더에서 실행했지만 현재 위치와는 상관없이 C:\
Users\사용자명\.grunt-init 폴더에 jquery 템플릿을 복사해서 만듭니다.

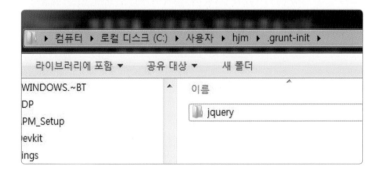

이제 템플릿을 다운받았으니 jqeury 템플릿을 사용할 수 있습니다. 즉 ~/.grunt-init/ 폴더
에 jquery 템플릿이 있다는 얘기입니다.

저는 D드라이브에 test/grunt-init-1 폴더를 만들었습니다. 여기에서 jqeury 템플릿을 불러보겠습니다.

```
grunt-init jquery
```

이 명령어를 입력하면 질문을 합니다. 제일 먼저 프로젝트명을 물어옵니다. 기본적으로 다 기억하고 물어옵니다. 내용을 수정하려면 직접 입력하고 [Enter]를 치고, 그냥 사용할거면 [Enter]를 쳐서 진행하면 됩니다.

```
hjm@hjm-PC MINGW64 /d/test/grunt-init-1
$ grunt-init jquery
Running "init:jquery" (init) task
This task will create one or more files in the current directory, based on the
environment and the answers to a few questions. Note that answering "?" to any
question will show question-specific help and answering "none" to most questions
will leave its value blank.

"jquery" template notes:
Project name should not contain "jquery" or "js" and should be a unique ID not
already in use at plugins.jquery.com. Project title should be a human-readable
title, and doesn't need to contain the word "jQuery", although it may. For
example, a plugin titled "Awesome Plugin" might have the name "awesome-plugin".

For more information, please see the following documentation:

Naming Your Plugin        http://plugins.jquery.com/docs/names/
Publishing Your Plugin    http://plugins.jquery.com/docs/publish/
Package Manifest          http://plugins.jquery.com/docs/package-manifest/

Please answer the following:
[?] Project name (grunt-init-1)
[?] Project title (Grunt Init 1)
[?] Description (The best jQuery plugin ever.)
[?] Version (0.1.0)
[?] Project git repository (git://github.com/hjm/grunt-init-1.git)
[?] Project homepage (https://github.com/hjm/grunt-init-1)
[?] Project issues tracker (https://github.com/hjm/grunt-init-1/issues)
[?] Licenses (MIT)
[?] Author name (demun)
[?] Author email (hjm01@naver.com)
[?] Author url (none)
[?] Required jQuery version (*)
[?] Do you need to make any changes to the above before continuing? (y/N)
```

질문이 끝나면 jquery 템플릿을 설치합니다.

```
Please answer the following:
[?] Project name (grunt-init-1)
[?] Project title (Grunt Init 1)
[?] Description (The best jQuery plugin ever.)
[?] version (0.1.0)
[?] Project git repository (git://github.com/hjm/grunt-init-1.git)
[?] Project homepage (https://github.com/hjm/grunt-init-1)
[?] Project issues tracker (https://github.com/hjm/grunt-init-1/issues)
[?] Licenses (MIT)
[?] Author name (demun)
[?] Author email (hjm01@naver.com)
[?] Author url (none)
[?] Required jQuery version (*)
[?] Do you need to make any changes to the above before continuing? (y/N)

Writing .gitignore...OK
Writing .jshintrc...OK
Writing CONTRIBUTING.md...OK
Writing Gruntfile.js...OK
Writing README.md...OK
Writing libs/jquery-loader.js...OK
Writing libs/jquery/jquery.js...OK
Writing libs/qunit/qunit.css...OK
Writing libs/qunit/qunit.js...OK
Writing src/.jshintrc...OK
Writing src/jquery.grunt-init-1.js...OK
Writing test/.jshintrc...OK
Writing test/grunt-init-1.html...OK
Writing test/grunt-init-1_test.js...OK
Writing LICENSE-MIT...OK
Writing package.json...OK
Writing grunt-init-1.jquery.json...OK

Initialized from template "jquery".
You should now install project dependencies with npm install. After that, you
may execute project tasks with grunt. For more information about installing
and configuring Grunt, please see the Getting Started guide:

http://gruntjs.com/getting-started

Done, without errors.

hjm@hjm-PC MINGW64 /d/test/grunt-init-1
$ |
```

grunt-init-1 폴더에 jquery 템플릿이 복사된 것이 보입니다.

이것으로 설치와 사용은 끝입니다. 이제 jquery 템플릿을 사용하기만 하면 됩니다.

grunt-init으로 jquery 템플릿을 사용해봤습니다. grunt-init은 홈폴더 ~/.grunt-init/ 폴더(윈도우는 %USERPROFILE%\.grunt-init\)에 있는 템플릿을 프로젝트 폴더에서 사용하는 것입니다.

처음에는 .grunt-init 폴더에 아무 템플릿이 없기 때문에 jqeury 템플릿을 git clone를 통해서 복사해왔습니다. 그다음 jquery 템플릿을 사용했습니다.

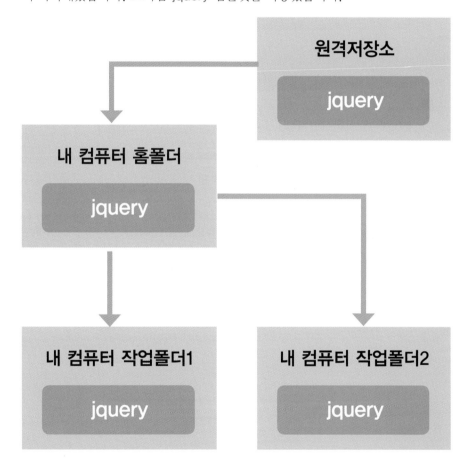

마찬가지로 여러분도 git 저장소에 자신만의 구조화된 폴더와 파일을 업로드해놓고 언제든지 프로젝트를 시작할 때 갖다 쓸 수 있다는 점입니다.

또한 로컬에서만 사용한다면 원격저장소(github)에 업로드하지 않아도 .grunt-init 폴더에 자신만의 템플릿이 있다면 아무 폴더에서나 갖다 쓸 수 있다는 점입니다.

CHAPTER

02 사용자 정의 템플릿(init-tem)

1 사용자 정의 템플릿(init-tem)

이전에 jquery 템플릿을 사용하는 방법을 알아보았습니다. jquery는 템플릿으로는 사용하기에는 적절하지 않습니다. 사용한다면 bower를 이용해서 다운로드해서 사용합니다.

그러면 왜 jquery 템플릿을 다운로드한건가? 그런 방식으로 템플릿을 다운로드하고 사용하는 방법을 배우기 위해서입니다.

이제 jquery 템플릿이 아닌 나만의 사용자정의 템플릿을 만들어서 사용해 보겠습니다. 홈 폴더인 ~/.grunt-init/ 폴더에 나만의 템플릿을 넣고 작업폴더 아무 곳에서나 템플릿을 불러 사용할 수 있습니다. 그러자면 먼저 템플릿이 ~/.grunt-init/ 폴더에 있어야 합니다.

작업방식은 jquery 템플릿과 동일하게 원격저장소에서 .grunt-init 폴더로 템플릿 다운로드 → .grunt-init 폴더에 있는 템플릿 작업폴더로 복사해오기입니다.

여러분이 사용할 수 있는 예제 템플릿을 깃저장소에 올려두었으니 내 컴퓨터의 ~/.grunt-init/ 폴더에 복사한 후 사용해보겠습니다.

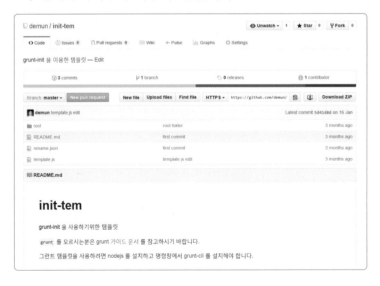

먼저 깃저장소에 올려진 init-tem 템플릿을 ~/.grunt-init/ 폴더에 복사합니다.

```
git clone https://github.com/demun/init-tem.git ~/.grunt-init/init-tem
```

```
[hjm-PC] ~ << $ git clone https://github.com/demun/init-tem.git ~/.grunt-init/in
it-tem
Cloning into 'C:/Users/hjm/.grunt-init/init-tem'...
remote: Counting objects: 65, done.
remote: Compressing objects: 100% (59/59), done.
remote: Total 65 (delta 4), reused 64 (delta 3), pack-reused 0
Unpacking objects: 100% (65/65), done.
Checking connectivity... done.
[hjm-PC] ~ << $ |
```

~/.grunt-init/ 폴더에 init-tem 폴더가 복사되어진 것이 보입니다.

이제 작업폴더에서 템플릿을 불러 사용하기만 하면 됩니다.

저는 template-test라는 폴더를 만들고 그곳에서 명령창을 열어 init-tem 템플릿을 불러보
겠습니다.

```
grunt-init init-tem
```

보시는 바와 같이 한글로된 묻고 답하기가 나오면서 템플릿을 사용할 거냐고 물어옵니다.

```
[hjm-PC] /d/test/template-test << $ grunt-init init-tem
Running "init:init-tem" (init) task
This task will create one or more files in the current directory, based on the
environment and the answers to a few questions. Note that answering "?" to any
question will show question-specific help and answering "none" to most questions
will leave its value blank.

"init-tem" template notes:
그런트로 프로젝트를 시작하기 위한 기본 템플릿입니다.
기본적인 파일과 폴더를 포함하고 있으며, 그런트 관련 설정파일이 포함되어 있습니다
.

Please answer the following:
[?] Project name (template-test) |
```

몇 가지의 질문과 답이 이어집니다. 그냥 사용하려면 Enter 를 누르면되고 따로 입력할려면
해당행에서 입력하면 됩니다.

```
[hjm-PC] /d/test/template-test << $ grunt-init init-tem
Running "init:init-tem" (init) task
This task will create one or more files in the current directory, based on the
environment and the answers to a few questions. Note that answering "?" to any
question will show question-specific help and answering "none" to most questions
will leave its value blank.

"init-tem" template notes:
그런트로 프로젝트를 시작하기 위한 기본 템플릿입니다.
기본적인 파일과 폴더를 포함하고 있으며, 그런트 관련 설정파일이 포함되어 있습니다
.

Please answer the following:
[?] Project name (template-test)
[?] Description (프로젝트를 위한 그런트 기본 템플릿.)
[?] Version (0.1.0)
[?] Project git repository (git://github.com/hjm/template-test.git)
[?] Project homepage (https://github.com/hjm/template-test)
[?] Project issues tracker (https://github.com/hjm/template-test/issues)
[?] Licenses (MIT)
[?] Author name (demun)
[?] Author email (hjm01@naver.com)
[?] Author url (http://demun.tistory.com)
[?] What versions of grunt does it require? (~0.4.5)
[?] What versions of node does it run on? (>= 0.8.0)
[?] Do you need to make any changes to the above before continuing? (y/N)
```

질문에 답을하면 나머지는 설치가 자동으로 되어집니다.

```
Writing Gruntfile.js...OK
Writing LICENSE-MIT...OK
Writing grunt/.csscomb.json...OK
Writing grunt/.csslintrc...OK
Writing grunt/.htmlhintrc...OK
Writing grunt/.jshintrc...OK
Writing package.json...OK
Writing src/docs/html/category1/page-01.html...OK
Writing src/docs/html/category1/page-02.html...OK
Writing src/docs/html/category2/page-01.html...OK
Writing src/docs/html/category2/page-02.html...OK
Writing src/docs/include/footer.html...OK
Writing src/docs/include/head.html...OK
Writing src/docs/include/header.html...OK
Writing src/docs/include/js.html...OK
Writing src/docs/include/other/lorem.html...OK
Writing src/docs/include/other/lorem2.html...OK
Writing src/images/icon-arrow-right-black.gif...OK
Writing src/js/lib/jquery-1.12.0.min.js...OK
Writing src/js/site/a.js...OK
Writing src/js/site/b.js...OK
Writing src/js/site/site.js...OK
Writing src/less/common/common.less...OK
Writing src/less/common/mixins.less...OK
Writing src/less/common/normalize.less...OK
Writing src/less/common/variables.less...OK
Writing src/less/site/site1.less...OK
Writing src/less/style.less...OK
Writing package.json...OK

Initialized from template "init-tem".
이제 npm install 로 프로젝트에 필요한 플러그인을 설치해야합니다.
설치후, 당신은 그런트 프로젝트 작업을 할 수 있습니다.
grunt-init 템플릿의 사용방법은 README.md 를 참고하세요.
그런트 설치 및 구성하는 방법에 대한 자세한 내용은 시작 설명서를 참조하십시오.

http://gruntjs.com/getting-started

Done, without errors.
[hjm-PC] /d/test/template-test << $
```

init-tem이라는 템플릿을 불러왔습니다.

이제 사용하려면 앞에서 배웠던 그런트 사용법대로 하면 됩니다. 먼저 플러그인을 설치하기 위해 npm install를 해서 플러그인을 설치한 후 grunt-serve 같은 명령어를 쳐서 빌드를 할 수 있습니다. READMD 파일에 그런트 사용법이 간단하게 적혀있습니다.

https://github.com/demun/init-tem/blob/master/README.md

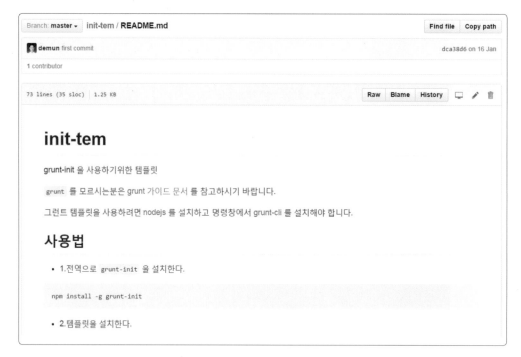

이 예제는 제가 작성한 예제이므로 사용자들에게는 내용이 다소 안 맞을 수도 있습니다. 사용법을 숙지한 후 본인에게 맞게 수정해서 사용하셔도 됩니다. 참고하시라고 한글로 번역한 부분도 있으니 template.js를 참고하시기 바랍니다.

2 내 템플릿으로 수정하기

~/.grunt-init/ 폴더에 복사된 init-tem 폴더를 복사해서 붙여넣기한 후 이름을 tpl이라고 수정한 후 작업을 해보겠습니다..

tpl은 아무 이름이나 정해도 됩니다. 자주 사용함으로 그냥 간단하게 이름을 지었습니다.

tpl 폴더의 내용을 보면 template.js 파일로 가동이 되며, root 폴더는 그런트에 사용할 소스 파일들입니다.

질문에 답을 하고나면 root 폴더의 파일들이 작업폴더에 설치가 됩니다.

먼저 template.js를 열어서 수정합니다. 질문을 물어오는 형식은 아래와 같이 되어 있습니다.

```
 1  init.prompt('description', '프로젝트를 위한 그런트 기본 템플릿.'),
 2  init.prompt('version'),
 3  init.prompt('repository'),
 4  init.prompt('homepage'),
 5  init.prompt('bugs'),
 6  init.prompt('licenses', 'MIT'),
 7  init.prompt('author_name'),
 8  init.prompt('author_email'),
 9  init.prompt('author_url', 'http://demun.tistory.com'),
10  init.prompt('grunt_version'),
11  init.prompt('node_version', grunt.package.engines.node)
```

이 부분은 질문을 하는 곳으로 필요없으면 삭제하고 사용해도 되지만 이름과 라이센스는 반드시 있어야 합니다. description, version을 제외하고 모두 주석처리하겠습니다.

```
1   // init.prompt('description', '그런트 템플릿.'),
2   // init.prompt('version'),
3   // init.prompt('repository'),
4   // init.prompt('homepage'),
5   // init.prompt('bugs'),
6   init.prompt('licenses', 'MIT'),
7   init.prompt('author_name')
8   // init.prompt('author_email')
9   // init.prompt('author_url')
10  // init.prompt('grunt_version')
11  // init.prompt('node_version', grunt.package.engines.node)
```

props.devDependencies 부분은 그런트 플러그인을 설치하는 부분입니다. 플러그인의 버전은 제가 설치할 당시의 최신버전입니다.

```
1   props.devDependencies = {
2       "grunt": "~0.4.5",
3       "grunt-autoprefixer": "~3.0.3",
4       "grunt-concurrent": "~2.1.0",
5       "grunt-contrib-clean": "~0.7.0",
6       "grunt-contrib-copy": "~0.8.2",
7       "grunt-contrib-concat": "~0.5.1",
8       "grunt-contrib-connect": "~0.11.2",
9       "grunt-contrib-csslint": "~0.5.0",
10      "grunt-contrib-cssmin": "~0.14.0",
11      "grunt-contrib-imagemin": "~1.0.0",
12      "grunt-contrib-jshint": "~0.11.3",
13      "grunt-contrib-less": "~1.1.0",
14      "grunt-contrib-uglify": "~0.11.0",
15      "grunt-contrib-watch": "~0.6.1",
16      "grunt-csscomb": "~3.1.0",
17      "grunt-htmlhint": "~0.9.12-fix",
18      "grunt-includes": "~0.5.3",
19      "grunt-newer": "~1.1.1",
20      "jshint-stylish": "~2.1.0",
21      "load-grunt-tasks": "~3.4.0",
22      "time-grunt": "~1.3.0"
23  };
```

root 폴더안에 package.json에 있는 내용입니다.

init-tem을 작업폴더에 설치한 후 npm install 하면 설치되는 그런트 플러그인들의 목록입니다. 사용하지 않는 부분은 삭제하고, 더 필요한 플러그인이 있으면 여기서 추가하면 됩니다.

플러그인을 수정할 경우는 함께 작동하는 Gruntfile.js과 package.json도 수정해줘야 합니다. 이 부분은 그냥 사용하고 tpl 템플릿을 작업폴더에 설치해서 사용해보겠습니다.

저는 tpl-test라는 폴더를 만들고 여기서 tpl 템플릿을 설치해보겠습니다.

```
grunt-init tpl
```

항목이 줄어들어 보다 간편하게 설치하였고, 이름에는 **아무개**라고도 적어보았습니다.

```
[hjm-PC] /d/test/tpl-test $ grunt-init tpl
Running "init:tpl" (init) task
This task will create one or more files in the current directory, based on the
environment and the answers to a few questions. Note that answering "?" to any
question will show question-specific help and answering "none" to most questions
will leave its value blank.

"tpl" template notes:
그런트로 프로젝트를 시작하기 위한 기본 템플릿입니다.
기본적인 파일과 폴더를 포함하고 있으며, 그런트 관련 설정파일이 포함되어 있습니다
.

Please answer the following:
[?] Project name (tpl-test)
[?] Licenses (MIT)
[?] Author name (demun) 아무개
[?] Do you need to make any changes to the above before continuing? (y/N)
```

name, email, repository, homepage, bugs … 등등의 정보는 git 저장소의 정보 등을 가지고 옵니다.

질문과 답을 할 때 본인의 것으로 적으면, 본인의 것으로 나오지만 기본으로 본인의 것으로 나오게 하고 싶으면 본인의 git 저장소를 사용하면 됩니다.

이런 식으로 나만의 템플릿을 만들어서 사용할 수 있습니다. 또한 이 템플릿을 git 저장소에 올려서 장소에 구애받지 않고 인터넷만 연결되면 바로 받아서 사용할 수 있습니다.

예제로 올려진 inin-tem의 주소는 https://github.com/demun/init-tem.git 입니다.

아래처럼 내 컴퓨터의 .grunt-init 폴더에 복사해서 사용하면 됩니다.

```
git clone https://github.com/demun/init-tem.git ~/.grunt-init/init-tem
```

3   요약

지금까지 grunt-init을 사용하기 위해 jquery 템플릿을 복사해서 사용해봤고, 예제 템플릿인 init-tem도 사용해봤습니다. 또 사용자에 맞게 수정한 tpl 템플릿도 알아보았습니다. 모두 내 컴퓨터의 .grunt-init 폴더에 템플릿으로 존재해야 프로젝트 폴더에서 사용할 수 있는 형태입니다. 그림으로 알아보면 아래와 같습니다.

Grunt, Bower 등을 한 번에 설치하는 나만의 전자동 템플릿

나만의 전자동 템플릿은 깃헙저장소에 있는 템플릿 소스파일을 내 컴퓨터의 작업 폴더에 복사해와서 작업을 하는 구조입니다. 복사 후 추가적으로 작업을 하지 않아도 전자동으로 grunt 실행까지 진행되는 템플릿을 말합니다.

- **요약**

결론만 간추려서 이야기하자면 명령어창에 **명령어 파일 이름 사용할 템플릿 이름** 이라고 입력하면 자동으로 설치됩니다. 이것이 끝입니다.

자세한 내용을 아래에서 소개하겠습니다.

1 전자동 템플릿 소개 및 구조

대부분의 작업은 간단한 명령줄로 시작이 됩니다.

깃헙 저장소에서 내 컴퓨터로 프로젝트 폴더를 복사하려면 git clone 저장소 주소, 그런트 플러그인을 설치할려면 npm install의 명령어를 사용하고, bower 로 플러그인을 설치하려면 bower install의 명령어를 사용하고, 또 그런트의 실시간 서버를 가동시키려면 grunt serve를 사용했습니다.

나만의 전자동 템플릿은 bash 파일을 이용해서 프로젝트 이름만 지정해주면 됩니다. 그러면 미리 입력되어져 있는 명령어로 자동으로 설치하고 실행이 되는 전자동 템플릿입니다.

깃헙저장소 ─ **프로젝트 1**

1. 깃헙저장소에서 프로젝트 소스 복사
2. grunt 플러그인 설치
3. bower 플러그인 설치
4. grunt 실행 또는 grunt serve 실행

.sh 파일을 사용하는데 이것은 BASH(Bourne Again Shell)는 유닉스셸로써 bash 문법을 사용합니다. 이 파일은 무척 간단하기 때문에 문법 같은 것을 몰라도 사용할 수 있습니다.

제가 미리 작성해둔 tem.sh 파일을 보겠습니다.

```bash
 1  #! /bin/bash
 2  # .sh 파일을 이용한 grunt 전자동 템플릿
 3  args=("$@")
 4  # 저장소 복제
 5  git clone https://github.com/demun/template.git ${args[0]}
 6  # 프로젝트 폴더로 이동
 7  cd ${args[0]}
 8  # 필요 없는 폴더및 파일 삭제
 9  rm -rf .git
10  rm -rf README.md
11  # npm install
12  npm install
13  # bower install
14  bower install
15  # grunt serve
16  grunt serve
```

여기서 자신의 저장소에 있는 템플릿을 사용하고자 하면 저장소 복제라고 되어있는 주소인 https://github.com/demun/template.git를 자신의 저장소 주소로 변경해주면 됩니다.

복사할 템플릿 저장소는 https://github.com/demun/template에서 볼 수 있고 tem.sh 파일에서 사용할 주소는 https://github.com/demun/template.git 입니다.

전자동 템플릿의 순서는 이렇습니다

- 1.깃헙저장소에서 내컴퓨터 프로젝트 폴더로 소스파일 복제
- 2.프로젝트 폴더로 이동
- 3.필요 없는 폴더 및 파일 삭제
- 4.grunt 플러그인 설치
- 5.bower 플러그인 설치
- 6.grunt serve로 그런트서버 가동

tem.sh 파일은 gist인 https://gist.github.com/demun/9041ea26d327d750e998에 올려져있습니다.

코드를 복사해서 tem.sh라는 파일로 저장해서 사용해도 되고, **다운로드**해서 사용해도 됩니다.

여기서 준비해야 할 것은 tem.sh 파일 한 개입니다.

tem-test라는 폴더를 하나 만들고 그곳에 tem.sh 파일을 두고 작업합니다

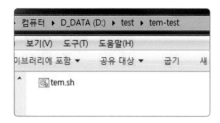

tem.sh 파일이 있는 곳에서 git bash창을 엽니다.

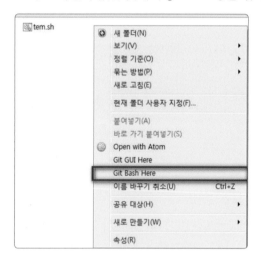

명령어는 ./tem.sh 프로젝트 이름 이렇게 입력하면 됩니다. 전자동이 다른것이 아니라 명령어 한 번만 입력하면 모두 자동으로 설치가 되는것입니다. 더 이상의 명령어 입력은 없습니다.

./는 현재 폴더를 말합니다. 만약 git bash 창이 아니라 cmd 명령창이면 ./를 생략하고 tem.sh 프로젝트 이름 이런식으로 작성합니다.

프로젝트 이름은 작업하고자 하는 프로젝트명이고 여기서는 폴더명으로 사용됩니다.

여기서는 template-1로 작업을 해보겠습니다.

```
./tem.sh template-1
```

이것이 끝입니다.

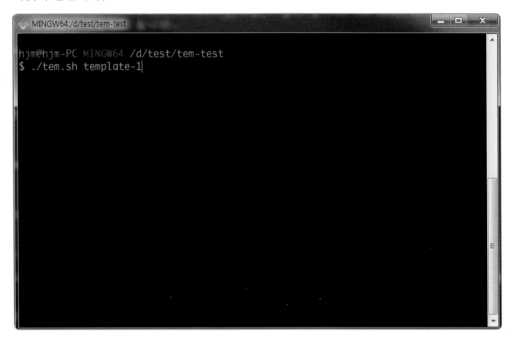

프로젝트 이름만 지정해주면 그 다음부터는 자동으로 진행이 됩니다. 저장소에서 복사하는 장면입니다.

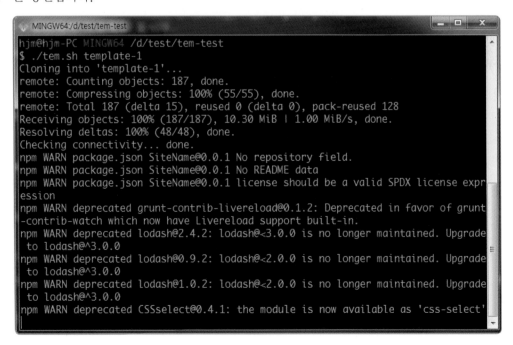

grunt 플러그인을 설치하는 장면입니다.

grunt serve로 실행되는 장면입니다.

watch 실행 후 브라우져에서 자동으로 연 장면입니다.

인텍스파일에서 링크를 클릭해서 보면 bootstrap 프레임웍크가 적용된 테스트 페이지가 보입니다.

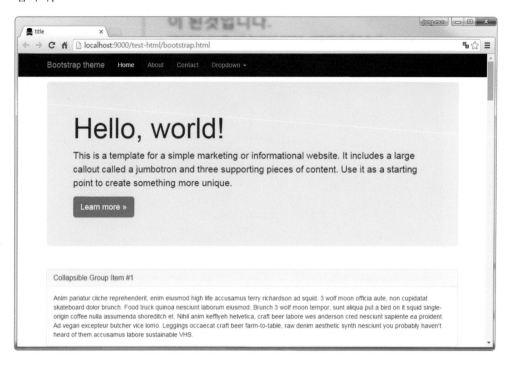

juery ui가 적용된 테스트 페이지도 정상적으로 잘 보입니다

여기까지가 전자동으로 진행된 장면입니다.

설치가 다 되면 브라우져로 index.html을 엽니다. 그런데 설치가 중간에 안되면 멈추거나 브라우져로 열어도 오류가 날 것입니다. 이럴 때 설치환경을 점검해봐야 합니다.

명령어 순서는 이렇습니다.

- 저장소 복제
- 프로젝트로 이동
- 필요 없는 폴더 및 파일 삭제
- npm install
- bower install
- grunt serve

만약 설치가 안된다면 한 번에 하나씩 명령어를 입력해봐야 합니다. 그래야 환경설정이 잘못된 곳을 알 수 있습니다.

- **저장소 복제**

해당 폴더에서 아래의 명령어를 입력해보세요.

```
git clone https://github.com/demun/template.git 프로젝트명
```

잘된다면 문제가 없는것입니다.

- **프로젝트로 이동**

```
cd 프로젝트명
```

- **필요 없는 폴더 및 파일 삭제**

```
1   rm -rf .git
2   rm -rf README.md
```

- npm install

만약 설치가 중간에 안된다면 여기서 안 될 확률이 높습니다.

플러그인을 한 번에 설치하다보면 중간에 환경이 맞지 않는 플러그인을 설치하면 오류를 나

타내고 설치를 멈추기도 합니다. 이럴 때는 오류가 나는 플러그인이 찾아서 해당 플러그인 한 개만 설치해야 합니다.

어떤 플러그인이 오류가 난것인지 모르기 때문에 한 번에 한개의 플러그인만을 설치를 해서 진행합니다.

> npm install해서 진행되는 오류는 npm-debug.log라는 파일이 생깁니다. 이 파일의 로그를 보면 오류를 알 수 있습니다.

```
1   npm install 플러그인명
2   npm install 플러그인명
3   npm install 플러그인명
4   npm install 플러그인명
```

- **bower install**

bower 플러그인 설치

```
bower install
```

- **grunt serve**

그런트 웹서버 가동(실시간 감시 작동)

```
grunt serve
```

이런 식으로 모두 설치를 해서 웹브라우져를 통해 index.html을 열었다면 성공입니다.

프로젝트를 시작할 때 grunt를 사용하기 위해서는 첫 번째 소스파일이 있어야하고, 두 번째는 grunt 플러그인을 설치해야고, bower를 사용할 경우 bower 플러그인도 설치해야 합니다.

여기까지가 설치를 위한 부분이고, 마지막으로 grunt 또는 grunt serve를 해서 빌드과정을 거쳐야 합니다.

전자동 템플릿은 중간 중간에 들어가는 명령어를 미리 입력해둠으로써 모든 과정을 생략하고 자동으로 실행할 수 있게 만들어둔 것입니다.

사용자가 사용자 편의에 맞게 프로젝트를 구성하고, 해당 소스파일들을 깃헙저장소에 올려놓고 언제든 그 파일을 불러와 사용할 수 있습니다.

예제에 사용된 템플릿은 grunt 템플릿으로 bootstrap과 jquery ui 프레임웍을 bower로 설치 후 사용하는 예제입니다.

Gruntfile.js를 보면 아래처럼 폴더에 경로를 미리 변수처리해서 지정해놓았습니다.

```
1   var config = {
2       src: 'SourceCode',          // 소스파일이 있는 폴더
3       dest: 'FinishCode',         // 빌드 후 완료파일이 있는 폴더
4       bower: 'bower_components'    // bower 플러그인이 설치되는 폴더
5   };
```

변수처리한 설정은 grunt.initConfig 안에서 설정을 불러옵니다.

```
var config = {
    src: 'SourceCode',          // 소스파일이 있는 폴더
    dest: 'FinishCode',         // 빌드후 완료파일이 있는 폴더
    bower: 'bower_components'    // bower 플러그인이 설치되는 폴더
};

grunt.initConfig({
    pkg: grunt.file.readJSON('package.json'),
    config: config,

    // html 에서 인클루드를 사용합니다.
    includes: {
        dist: {
            expand: true,
            cwd: '<%= config.src %>/docs/html/',
            src: ['**/*.html'],
            dest: '<%= config.dest %>',
            options: {
                flatten: true,
                // debug: true,
                includePath: '<%= config.src %>/docs/include/'
            }
        }
    },
```

grunt.initConfig 안에서 이제 config 변수를 〈%= config.src %〉처럼 사용할 수 있습니다.
〈%= config.src %〉 대신 그냥 SourceCode로 사용해도 됩니다. 유지보수 차원에서 변수
처리한 것입니다. 반복적으로 사용되는 것은 변수로 정리해놓으면 유지보수가 쉽고 사용하
기도 좋습니다.

최종적으로 watch가 실행되면 빌드과정을 거친 후 브라우져로 해당 파일을 엽니다. 폴더구
조는 위에서 말한 것처럼 구조화됩니다.

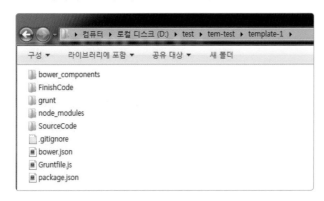

이 템플릿은 bower로 bootstrap과 jquery ui 템플릿을 불어옵니다. bower.json 파일을 보겠습니다

```
14    ],
15    "devDependencies": {
16      "jquery": "latest",
17      "jquery-migrate": "latest",
18      "bootstrap": "latest",
19      "jquery-ui": "latest"
20    }
21  }
22
```

bower로 jquery, bootstrap, jquery-ui 등을 지정한 것을 볼 수 있습니다. 추가적으로 설치할 플러그인이나 프레임웍이 있으면 여기에 추가적으로 작성해놓으면 됩니다.

gruntfile에서 자바스크립트 작업부분인 concat과 uglify 부분이 수정이 되었습니다.

이전에는 소스파일에서만 작업을 했지만 bower로 플러그인을 설치했기 때문에 그 부분에서 필요한 것만 가져와야 합니다. 그중에 자바스크립트는 concat와 uglify 플러그인을 사용합니다.

파일을 합치는 플러그인인 concat을 보면 jquery, plugins, site와 같이 3개의 타겟명으로 나누어서 작업을 했습니다. jquery는 jquery-migrate와 함께 합쳐서 jquery로 만들어집니다. jquery는 최신버전을 다운받고 jquery-migrate는 하위버전도 호환 가능하게 하는 자바스크립트입니다. 이 둘을 합쳐서 jquerye로 만들었습니다.

jquery를 제외한 프레임웍이나 플러그인의 자바스크립트는 plugins.js라는 이름으로 만들어집니다.

```
1   // 파일을 합칩니다.
2   concat: {
3       options: {
4           banner: '/*! <%= pkg.name %> - v<%= pkg.version %> - ' +
5               '<%= grunt.template.today("yyyy-mm-dd") %> */'
6       },
7       jquery: {
8           src: [
9               '<%= config.bower %>/jquery/dist/jquery.js',
10              '<%= config.bower %>/jquery-migrate/jquery-migrate.js',
11          ],
12          dest: '<%= config.dest %>/js/jquery.js'
```

```
13        },
14        plugins: {
15            src: [
16                '<%= config.bower %>/bootstrap/dist/js/bootstrap.min.js',
17                '<%= config.bower %>/jquery-ui/jquery-ui.min.js',
18            ],
19            dest: '<%= config.dest %>/js/plugins.js'
20        },
21        site: {
22            src: '<%= config.src %>/js/site/*.js',
23            dest: '<%= config.dest %>/js/site.js'
24        }
25    },
26    // 압축합니다.
27    uglify: {
28        options: {
29            banner: '/*! <%= pkg.name %> - v<%= pkg.version %> - ' +
30                '<%= grunt.template.today("yyyy-mm-dd") %> */'
31        },
32        jquery: {
33            src: '<%= concat.jquery.dest %>',
34            dest: '<%= config.dest %>/js/jquery.min.js'
35        },
36        plugins: {
37            src: '<%= concat.plugins.dest %>',
38            dest: '<%= config.dest %>/js/plugins.min.js'
39        },
40        site: {
41            src: '<%= concat.site.dest %>',
42            dest: '<%= config.dest %>/js/site.min.js'
43        }
44    },
```

최종적으로 스크립트는 jquery, 플러그인을 모두 합친 plugins, 사이트에서 사용자가 이용하는 스크립트인 site로 3개가 만들어지고, 압축파일인 min.js도 만들어져서 인클루드하는 것은 min.js 파일 3개가 됩니다.

css 부분은 less를 만들어서 합치는 방법과 그냥 복사해서 사용하는 방법 등이 있습니다. 여기서는 그냥 복사해서 사용하는 방법으로 사용했습니다.

파일을 복사는 플러그인인 copy 작업을 보면 fonts, css 등을 bower가 설치한 폴더에서 복사해옵니다.

소스폴더에 있는 폰트도 같이 복사합니다.

```
1   // 폴더 및 파일을 복사합니다.
2   copy: {
3       dist: {
4           files: [
5               // fonts
6               {
7                   expand: true,
8                   cwd: '<%= config.src %>/fonts/',
9                   src: '**',
10                  dest: '<%= config.dest %>/fonts/'
11              },
12              // bootstrap fonts
13              {
14                  expand: true,
15                  cwd: '<%= config.bower %>/bootstrap/dist/fonts/',
16                  src: '**',
17                  dest: '<%= config.dest %>/fonts/'
18              },
19              // bootstrap css
20              {
21                  expand: true,
22                  cwd: '<%= config.bower %>/bootstrap/dist/css/',
23                  src: 'bootstrap.min.css',
24                  dest: '<%= config.dest %>/css/'
25              },
26          ]
27      }
28  },
```

grunt 또는 grunt serve 명령어를 입력하면 빌드 후 FinishCode 폴더를 만듭니다. 이 폴더가 최종 퍼블리싱이 완료된 폴더입니다.

grunt build를 입력하면 개발자들이 참고할 수 있게끔 만들어진 DevCode 폴더도 추가적으로 만듭니다. 이 폴더는 인클루드 파일을 그대로 복사해와서 개발자들이 html 코드를 자르지 않고 인클루드 파일을 그대로 사용할 수 있게끔 작성이 된겁니다. 물론 환경이나 작업자의 성격이 다르면 코드는 수정될 수 있습니다. 이 폴더를 만든 것은 개발과 연계해서도 추가적으로 폴더를 생성할 수 있다는 점을 알려드리기 위함입니다.

어떤 구조로 프로젝트를 구성할지는 사용자의 몫입니다. 다만 grunt 라는 빌드도구를 사용하고, 거기에서 나만의 템플릿을 사용할 수 있는 grint-init과 bash 파일을 이용하는 방법 등 다양한 방법이 존재하니 잘 사용하시기 바랍니다.

CHAPTER

04

전자동 템플릿 2

이전에 소개한 전자동 템플릿과 동일하지만 변경된 플러그인이 있어서 소개합니다. 그런트는 로직을 어떻게 짜느냐에 따라서 매우 다양한 일들을 할 수 있습니다. 이전에는 html을 사용하고 incldues라는 플러그인을 사용했습니다. 여기서는 html을 대신해서 jade 를 사용합니다.

jade는 Node.js 기반 환경에서 사용하는 HTML 템플릿 엔진입니다. 기존의 HTML에서는 사용할 수 없는 인클루드나 변수처리같은 기능을 사용할 수 있습니다.

jade의 자세한 내용은 http://jade-lang.com/reference/에서 확인할 수 있습니다. 또 대표 적인 것은 css를 만들어주는 전처리 언어로 less 플러그인을 사용했지만 여기서는 sass 플 러그인을 사용합니다. 자동으로 태스크를 로드해주는 load-grunt-tasks 플러그인 대신 좀 더 빠른 jit-grunt 플러그인을 사용합니다.

전체적인 Gruntfile.js를 보고 설명하겠습니다.

```
1  module.exports = function (grunt) {
2      'use strict';
3      // 작업시간 표시
4      require('time-grunt')(grunt);
5      // 자동으로 grunt 태스크를 로드합니다. grunt.loadNpmTasks를 생략한다.
6      require('jit-grunt')(grunt);
7      var config = {
8          src: 'SourceCode',
9          dest: 'FinishCode',
10         bower: 'bower_components'
11     };
12     grunt.initConfig({
13         pkg: grunt.file.readJSON('package.json'),
14         config: config,
15         jade: {
16             dist: {
17                 options: {
```

```
18                    pretty: true
19                },
20                files: [
21                    {
22                        expand: true,              // 동적 기술법을 활성화.
23                        cwd   : '<%= config.src %>/jade/docs/',
                                                    // Src 패턴의 기준 폴더.
24                        src   : ['**/*.jade'],     // 비교에 사용할 패턴 목록.
25                        dest  : '<%= config.dest %>',   // 목적 경로의 접두
                                사(사실상 폴더명)
26                        ext   : '.html',           // dest의 파일들의 확장자.
27                    },
28                ],
29            },
30        },
31        // html 구문검사를 합니다.
32        htmlhint: {
33            options: {
34                htmlhintrc: 'grunt/.htmlhintrc'
35            },
36            dist: [
37                '<%= config.dest %>/**/*.html',
38            ]
39        },
40        sass: {
41            options: {
42                sourceComments: false,
43                sourceMap: true,
44                outputStyle: 'expanded' // nested, expanded, compact,
                compressed
45            },
46            dist: {
47                expand: true,
48                cwd: '<%= config.src %>/scss/',
49                src: ['**/*.{sass,scss}'],
50                dest: '<%= config.dest %>/css/',
51                ext: '.css'
52            }
53        },
54        postcss: {
55            options: {
56                processors: [
57                    require('autoprefixer')({
58                        browsers: [
```

```
59                          'Android 2.3',
60                           'Android >= 4',
61                           'Chrome >= 20',
62                           'Firefox >= 24',
63                           'Explorer >= 8',
64                           'iOS >= 6',
65                           'Opera >= 12',
66                           'Safari >= 6'
67                    ]
68                })
69            ]
70        },
71        dist: {
72            src: '<%= config.dest %>/css/*.css',
73        }
74    },
75    // css의 속성을 정렬해줍니다.
76    csscomb: {
77        options: {
78            config: 'grunt/.csscomb.json'
79        },
80        dist: {
81            expand: true,
82            cwd: '<%= config.dest %>/css/',
83            src: ['*.css', '!*.min.css'],
84            dest: '<%= config.dest %>/css/'
85        }
86    },
87    // css를 압축합니다.
88    cssmin: {
89        options: {
90            // noAdvanced: true
91            compatibility: 'ie9',
92            keepSpecialComments: '*',
93            sourceMap: true,
94            advanced: false
95        },
96        dist: {
97            files: [{
98                expand: true,
99                cwd: '<%= config.dest %>/css',
100               src: ['*.css', '!*.min.css'],
101               dest: '<%= config.dest %>/css',
102               ext: '.min.css'
```

```
103                }]
104            }
105        },
106        // 자바스크립트 구문검사를 합니다.
107        jshint: {
108            options: {
109                jshintrc: 'grunt/.jshintrc',
110                // force: true, // error 검출 시 task를 fail 시키지 않고 계속 진단
111                reporter: require('jshint-stylish') // output을 수정
                    할 수 있는 옵션
112            },
113            grunt: {
114                src: ['Gruntfile.js']
115            },
116            dist: {
117                src: '<%= config.src %>/js/site/*.js'
118            }
119        },
120        concat: {
121            options: {
122                // separator: ';',
123                stripBanners: false,
124                banner: '/*! <%= pkg.name %> - v<%= pkg.version %> - ' +
125                    '<%= grunt.template.today("yyyy-mm-dd") %> */'
126            },
127            jquery: {
128                src: [
129                    '<%= config.bower %>/jquery/dist/jquery.js',
130                    '<%=config.bower%>/jquery-migrate/jquery-migrate.
                        js',
131                ],
132                dest: '<%= config.dest %>/js/jquery.js'
133            },
134            plugins: {
135                src: [
136                    '<%= config.bower %>/bootstrap/dist/js/bootstrap.
                        min.js',
137                    '<%= config.bower %>/jquery-ui/jquery-ui.min.js',
138                ],
139                dest: '<%= config.dest %>/js/plugins.js'
140            },
141            site: {
142                src: '<%= config.src %>/js/site/*.js',
143                dest: '<%= config.dest %>/js/site.js'
```

```
144                    }
145              },
146         uglify: {
147              options: {
148                banner: '/*! <%= pkg.name %> - v<%= pkg.version %> - ' +
149                    '<%= grunt.template.today("yyyy-mm-dd") %> */'
150              },
151              jquery: {
152                   src: '<%= concat.jquery.dest %>',
153                   dest: '<%= config.dest %>/js/jquery.min.js'
154              },
155              plugins: {
156                   src: '<%= concat.plugins.dest %>',
157                   dest: '<%= config.dest %>/js/plugins.min.js'
158              },
159              site: {
160                   src: '<%= concat.site.dest %>',
161                   dest: '<%= config.dest %>/js/site.min.js'
162              }
163         },
164         imagemin: {
165              dist: {
166                   files: [{
167                        expand: true,
168                        cwd: '<%= config.src %>/images/',
169                        src: '**/*.{png,jpeg,jpg,gif}',
170                        dest: '<%= config.dest %>/images/'
171                   }]
172              }
173         },
174         clean: {
175              dist: {
176                   files: [{
177                        // dot: true,
178                        // nonull: true,
179                        src: [
180                             '<%= config.dest %>'
181                        ]
182                   }]
183              },
184         },
185         copy: {
186              dist: {
187                   files: [
```

```
188                    // fonts
189                    {
190                        expand: true,
191                        cwd: '<%= config.src %>/fonts/',
192                        src: '**',
193                        dest: '<%= config.dest %>/fonts/'
194                    },
195                    // bootstrap fonts
196                    {
197                        expand: true,
198                    cwd: '<%= config.bower %>/bootstrap/dist/fonts/',
199                        src: '**',
200                        dest: '<%= config.dest %>/fonts/'
201                    },
202                    // bootstrap css
203                    {
204                        expand: true,
205                      cwd: '<%= config.bower %>/bootstrap/dist/css/',
206                        src: 'bootstrap.min.css',
207                        dest: '<%= config.dest %>/css/'
208                    },
209                ]
210            }
211        },
212        concurrent: {
213            options: {
214                logConcurrentOutput: true
215            },
216            dist: [
217                'copy',
218                'imagemin'
219            ]
220        },
221        watch: {
222            options: { livereload: true },
223            gruntfile: {
224                files: ['Gruntfile.js'],
225                tasks: ['jshint:grunt'],
226            },
227            jade: {
228                files: ['<%= config.src %>/jade/**/*.jade'],
229                tasks: ['jade','htmlhint'],
230            },
231            sass: {
```

```
232            files: ['<%= config.src %>/scss/**/*.{sass,scss}'],
233            tasks: ['sass','postcss','csscomb','cssmin'],
234        },
235        jsnt: {
236            files: ['<%= config.src %>/js/**/*.js'],
237            tasks: ['jshint','concat','uglify'],
238        },
239        img: {
240        files: ['<%= config.src %>/images/**/*.{gif,jpeg,jpg,png}'],
241            tasks: ['newer:imagemin'],
242        },
243        // fonts: {
244        //     files: ['<%= config.src %>/fonts/**/*'],
245        //     tasks: ['newer:copy'],
246        // }
247    },
248    connect: {
249        server: {
250            options: {
251                port: 9000,
252                hostname: 'localhost',
253                livereload: 35729,
254                // keepalive: true,
255                base: '<%= config.dest %>',
256                open:    'http://<%=    connect.server.options.
                   hostname %>:<%= connect.server.options.port %>/
                   index.html'
257            }
258        }
259    },
260 });
261 // 작업을 로드합니다.
262 // grunt.loadNpmTasks('grunt-contrib-jshint');
263 grunt.registerTask('serve', function (target) {
264    if (target === 'dist') {
265        return grunt.task.run(['connect', 'watch']);
266    }
267    grunt.task.run([
268        'default',
269        'connect',
270        'watch'
271    ]);
272 });
273 // html task
```

```
274    grunt.registerTask('html', [
275            'jade',
276            'htmlhint'
277        ]
278    );
279    // css task
280    grunt.registerTask('css', [
281            // 'clean',
282            'sass',
283            'postcss',
284            // 'csslint',
285            'csscomb',
286            'cssmin'
287        ]
288    );
289    // javascript task
290    grunt.registerTask('jsnt', [
291            'jshint',
292            'concat',
293            'uglify'
294        ]
295    );
296    grunt.registerTask('default', [
297        'clean',
298        'html',
299        'css',
300        'jsnt',
301        'concurrent',
302    ]);
303 };
```

load-grunt-tasks 보다 속도가 빠르다고 하는 jit-grunt를 사용합니다.

jit-grunt 플러그인 홈페이지에서 소개한 속도에 대한 차이입니다.

사용 전과 후를 보면 시간 차이를 알 수 있습니다.

```
1   ## 이전
2   Execution Time (2014-01-14 02:52:59 UTC)
3   loading tasks     5.7s
    ·············································· 84%
4   assemble:compile  1.1s  ························· 16%
5   Total 6.8s
6   ## 이후
7   Execution Time (2014-01-14 02:53:34 UTC)
8   loading tasks     111ms  ······················· 8%
9   loading assemble  221ms  ······················· 16%
10  assemble:compile  1.1s   ······················· 77%
11  Total 1.4s·
```

jit-grunt 플러그인 홈페이지 https://www.npmjs.com/package/jit-grunt를 보면 알 수 있습니다.

그래서 이 템플릿은 jit-grunt를 사용했습니다. gruntfile.js의 윗부분에 보면 아래처럼 jit-grunt를 로드하는 곳이 보입니다.

```
1   // 자동으로 grunt 태스크를 로드합니다. grunt.loadNpmTasks를 생략합니다.
2     require('jit-grunt')(grunt);
```

jade 타켓을 보면 옵션으로는 pretty: true를 지정해서 출력하는 html에는 보기좋게 들여쓰기되서 보여집니다.

```
 1   jade: {
 2      dist: {
 3         options: {
 4            pretty: true
 5         },
 6         files: [
 7            {
 8                  expand: true,                        // 동적 기술법을 활성화.
 9                  cwd : '<%= config.src %>/jade/docs/', // Src 패턴의 기준 폴더.
10                  src  : ['**/*.jade'],        // 비교에 사용할 패턴 목록.
11                  dest : '<%= config.dest %>', // 목적 경로의 접두사(사실상 폴더명)
12               ext  : '.html',                // dest의 파일들의 확장자.
13            },
14         ],
15      },
16   },
```

소스파일의 경로는 '<%= config.src %>/jade/docs/' 입니다.

경로를 살펴보면 jade 폴더안에는 docs, files, template 폴더가 있습니다. files, template 폴더에는 인클루드할 jade 파일들이 있습니다.

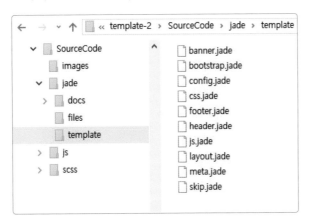

빌드 후 보여지는 폴더는 docs 폴더이므로 ❷ 번에 있는 파일들이 html로 변환되어 보여집니다.

grunt-contrib-jade의 내용과 옵션은 grunt-contrib-jade 플러그인 홈페이지 https://www.npmjs.com/package/grunt-contrib-jade를 참고하시기 바랍니다.

여기서는 jade도 포함한 로직도 사용할 수 있다는 것을 알려주는 것이지 jade 언어에 대한 사용법은 생략했습니다.

3 　sass 소개

css의 전처리 언어인 sass를 사용했습니다. 여기서의 sass는 예전의 Ruby SASS가 아니라 좀 더 발전된 node-sass입니다.

추가적으로 Ruby를 설치하거나, Devkit 같은 설정은 안해도 됩니다. 옵션으로는 디버깅할 때 필요한 sourceComments: false로 지정했고 소스맵을 사용했습니다.

출력 옵션으로는 'expanded'를 지정해서 기존 css처럼 들여쓰기가 되서 출력됩니다. 주석을 보면 nested, expanded, compact, compressed 형식으로도 사용할 수 있습니다.

```
1   sass: {
2       options: {
3           sourceComments: false,
4           sourceMap: true,
5           outputStyle: 'expanded' // nested, expanded, compact, compressed
6       },
7       dist: {
8           expand: true,
9           cwd: '<%= config.src %>/scss/',
10          src: ['**/*.{sass,scss}'],
11          dest: '<%= config.dest %>/css/',
12          ext: '.css'
13      }
14  },
```

cwd는 기본 경로인 소스폴더를 말하고 src는 소스폴더의 모든 .sass 또는 .scss 파일을 말합니다. 목적지로는 dest인 경로를 말하고, 확장자는 .css 로 컴파일합니다.

grunt-sass의 자세한 옵션과 사용법은 grunt-sass 플러그인 홈페이지 https://www.npmjs.com/package/grunt-sass를 참고하시면 됩니다.

grunt-postcss는 grunt-autoprefixer의 업데이트된 버전입니다. 기존과 같이 브라우져의 벤더프리픽스를 넣어주는 역할을 합니다. 하지만 grunt-postcss는 더 다양한 기능이 있습니다. http://postcss.org/ 가면 아주 많은 기능과 플러그인들이 있습니다.

cssnext는 css 만으로 sass나 less 처럼 변수 등을 사용할 수 있습니다. 그리고 sass 구문을 사용할 수 있게 해주는 postcss-scss, less 구문을 사용할 수 있게 해주는 postcss-less 등등 아주 많은 플러그인들이 존재합니다. 관련 플러그인들은 http://postcss.parts/에 가면 기능에 따라 분리된 플러그인들을 볼 수 있습니다.

grunt-postcss 플러그인의 옵션과 설명은 https://www.npmjs.com/package/grunt-postcss에서 볼 수 있습니다.

이 템플릿에는 브라우져의 벤더프리픽스를 넣어주는 기능만 사용했습니다.

```
1   postcss: {
2       options: {
3           processors: [
4               require('autoprefixer')({
5                   browsers: [
6                       'Android 2.3',
7                       'Android >= 4',
8                       'Chrome >= 20',
9                       'Firefox >= 24',
10                      'Explorer >= 8',
11                      'iOS >= 6',
12                      'Opera >= 12',
13                      'Safari >= 6'
14                  ]
15              })
16          ]
17      },
18      dist: {
19          src: '<%= config.dest %>/css/*.css',
20      }
21  },
```

크게 달라진 점은 이정도이고 나머지는 이전 템플릿과 동일합니다.

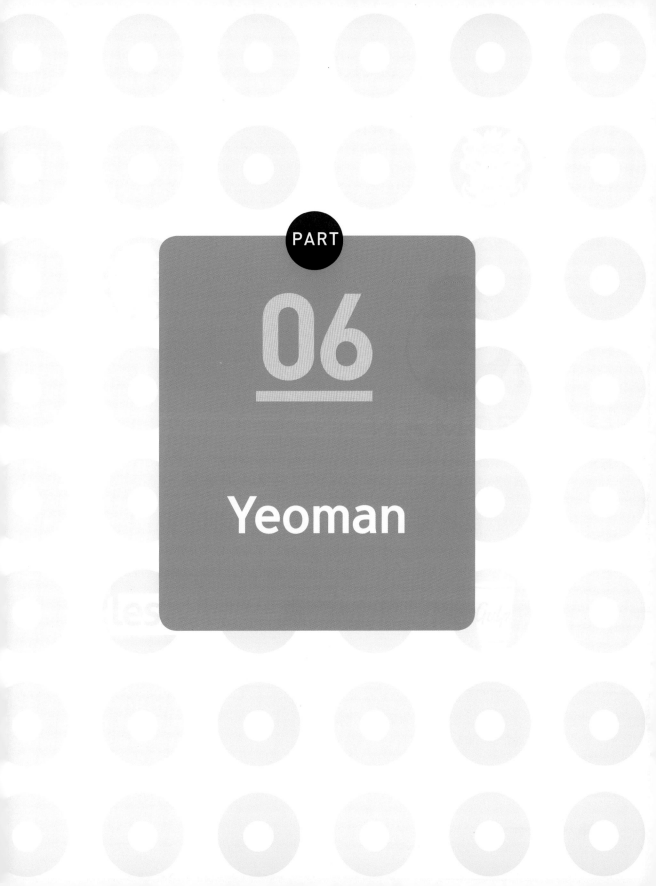

PART

06

Yeoman

CHAPTER

01 Yeoman

1 Yeoman 소개

여기서 Yeoman은 요맨 또는 yoeman라고 Gulp는 걸프 또는 gulp라고 부릅니다.

요맨은 워크플로우를 제공해주는 프로젝트 패키지 관리자입니다. 인기있는 빌드도구인 Grunt나 Gulp를 포함하고 패키지관리자인 Bower도 포함해서 사용합니다.
Grunt를 사용해서 빌드를 할 수도 있고, Gulp를 사용해서 빌드를 진행할 수도 있습니다.

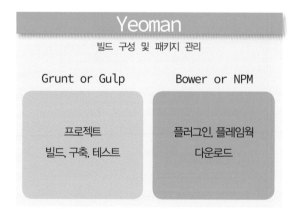

Yeoman	
빌드 구성 및 패키지 관리	
Grunt or Gulp	Bower or NPM
프로젝트 빌드, 구축, 테스트	플러그인, 플레임웍 다운로드

Grunt는 소스파일을 직접 제작해야 하지만(전자동 템플릿은 한 번만 제작해놓으면 재사용이 가능합니다.) 요맨은 기본적인 소스파일을 생성해주고, 로직까지 만들어서 빌드까지 해주는 도구입니다.

요맨은 기본 소스파일을 모두 제공하고 빌드환경을 구성하는 플러그인과 로직을 모두 설치하고 최신의 코드들로 잘 짜여져 있습니다.

그런트나 바우어처럼 Nodejs가 설치되어 있어야하니, https://nodejs.org/en/download/에 접속해서 32비트를 설치하기를 권장합니다.

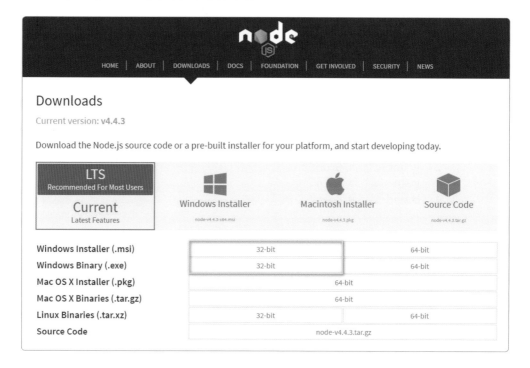

Yeoman의 환경이 node.js의 기본 경로를 C:\Program Files (x86)\nodejs로 바라보기 때문입니다. 기본 경로를 변경하면 되지만 일일이 수정하는 것은 쉬운 것이 아니므로 64비트 컴퓨터도 32비트 node.js를 설치하기를 권장합니다.

여기서는 설치를 했다고 가정하고 진행하겠습니다.

• 설치

그런트나 바우어처럼 요맨도 명령창에서 요맨을 설치를 해야합니다.

이전에서 그런트와 바우어를 설치한 상태라면 요맨과 걸프를 설치합니다. –g가 붙은 것은
한 번만 설치하면 됩니다. 전역적으로 설치해서 로컬어디에서나 사용할 수 있습니다.

```
npm install -g yo gulp
```

그런트와 바우어를 설치하지 않은 경우는 한 번에 모두 설치를 합니다.

```
npm install -g yo grunt-cli gulp bower
```

```
1   yo        # Yeoman
2   grunt-cli # Grunt
3   gulp      # Gulp
4   bower     # Bower
```

요맨은 윈도우에서는 git bash창이 아니라 cmd나 PowerShell과 같은 커맨드라인 툴을 사용하기를 권
장합니다. 설치하는 과정은 cmd나 PowerShell를 이용해야 선택하는 곳에서 키보드가 정상 작동합니다.

프로젝트를 시작하는 폴더에서 [Ctrl]+마우스 우측 버튼을 누르면 여기서 명령창 열기를 통해 cmd 창을 열
어주세요. 그럼 cmd 창이 열립니다.

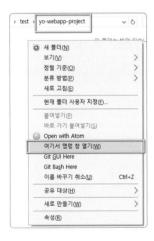

PowerShell을 사용하는 경우 위의 명령어는 위치에 상관없으니 그냥 설치하면 되지만, 프로젝트 명령어를 입력해야하는 경우는 현재 폴더로 이동해야 합니다.

3 생성기(generators) 소개

프로젝트를 시작하기위해서는 기본 소스파일이 있어야하고, 구조도 잡아야합니다.

요맨은 generators(생성기)라는 것을 먼저 설치해야 합니다. generators(생성기)는 프로젝트를 구조화하고 소스파일을 만들어냅니다.

순서는 제너레이터 설치(전역적으로 한 번만 설치) → 웹어플리케이션 시작

명령어는 아래와 같습니다.

```
1  # 제너레이터 설치
2  npm install -g 제너레이터
3  # 웹어플리케이션 시작
4  yo webapp
```

이 과정을 거치면 웹어플리케이션을 시작하고, 소스파일을 설치하고, 관련 플러그인을 설치하고 빌드전까지의 과정을 모두 끝냅니다.

이제 빌드나 감시업무를 하면 됩니다.

```
1  # grunt 일 경우
2  grunt # 또는 grunt serve
3  # gulp 일 경우
4  gulp # 또는 gulp serve
```

만약 웹어플리케이션인 wepapp을 설치하려면 먼저 generator-wepapp 제너레이터를 전역적으로 한 번 설치해야 합니다.

마찬가지로 다른 어플리케이션인 angular을 사용하려면 generator-angular을, backbone이면 generator-backbone를 먼저 전역적으로 설치해야 합니다.

요맨 홈페이지 http://yeoman.io/generators/에서 모든 웹어플리케이션과 제너레이터를
볼 수 있습니다.

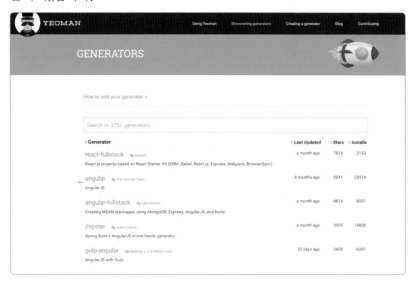

webapp, angular, backbone, ionic, karma 등등 많은 애플리케이션을 볼 수 있습니다.
요맨팀에서 운영되고 있는 제너레이터는 깃헙저장소 https://github.com/yeoman? query=
generator-에서 볼 수 있습니다.

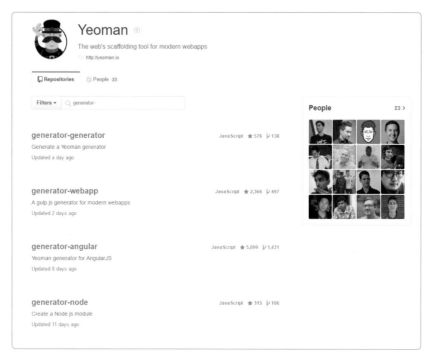

또한 홈페이지의 Creating a generator은 자신만의 제너레이터를 만드는 방법도 설명이
되어 있습니다.

http://yeoman.io/authoring/

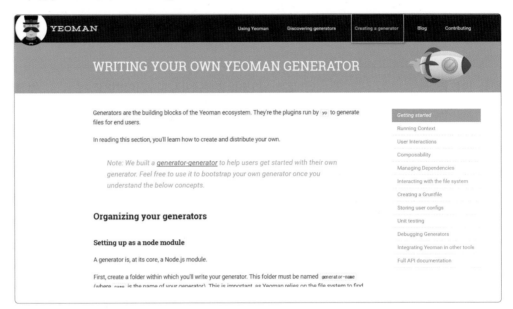

4 명령어

크게 3가지를 지원합니다.

```
1  yo --help       # 전체 도움말
2  yo --generators # 설치된 제너레이터를 나열합니다.
3  yo --version    # 요맨의 버전을 알려줍니다.
```

yo --help # 전체 도움말

```
D:\test\yo-webapp-project>yo --help
Usage: yo GENERATOR [args] [options]

General options:
  --help          # Print this info and generator's options and usage
  -f, --force     # Overwrite files that already exist
  --version       # Print version
  --no-color      # Disable colors
  --[no-]insight  # Toggle anonymous tracking
  --generators    # Print available generators

Install a generator:

  Generators can be installed through npm.

  $ npm install generator-angular
  $ yo angular --help

Troubleshooting:

  For any issues, try running

  $ yo doctor

Full Documentation: http://yeoman.io

Available Generators:

  angular
    common
    constant
    controller
    decorator
    directive
    factory
    filter
    main
    provider
    route
    service
    value
    view
  webapp

  karma
```

yo --generators # 설치된 제너레이터를 나열합니다.

```
D:\test\yo-webapp-project>yo --generators
Available Generators:

  angular
    common
    constant
    controller
    decorator
    directive
    factory
    filter
    main
    provider
    route
    service
    value
    view
  webapp

  karma
```

yo --version # 요맨의 버전을 알려줍니다.

```
D:\test\yo-webapp-project>yo --version
1.7.0
```

webapp에 대해서도 --help 명령어를 통해서 더 알아 볼 수도 있습니다.

```
yo webapp --help
```

```
D:\test\yo-webapp-project>yo webapp --help
Usage:
  yo webapp:app [options]

Options:
  -h,    --help                  # Print the generator's options and usage
         --skip-cache            # Do not remember prompt answers
             Default: false
         --skip-install          # Do not automatically install dependencies
             Default: false
         --skip-welcome-message  # Skips the welcome message
         --skip-install-message  # Skips the message after the installation of de
pendencies
         --test-framework        # Test framework to be invoked
             Default: mocha
         --babel                 # Use Babel
             Default: true

Description:
    Creates a new basic front-end web application.

Options:
    Sass: Include Sass
    Bootstrap: Include Bootstrap or Bootstrap Sass if Sass is included
    Modernizr: Include Modernizr
    Babel: Use ES2015 features by using Babel

Example:
    yo webapp

    This will create:
        gulpfile.babel.js: Configuration for the task runner.
        bower.json: Front-end packages installed by bower.
        package.json: Development packages installed by npm.

        app/: Your application files.
        test/: Unit tests for your application.
```

요맨은 맥에서는 비교적 설치가 잘되고 오류도 적습니다. 하지만 윈도우에서는 설치와 사용에 약간씩 오류를 내곤합니다. 그것은 요맨의 문제라기보다 요맨을 사용할 때 설치되는 관련 플러그인이 지원하는 환경이 갖춰지지 않기 때문이고, 그럴 경우 설치가 안되고 오류를 냅니다.

그렇다고 설치하지도 않는 플러그인의 설치환경을 미리 셋팅하기에는 무리가 있습니다. 따라서 가장 많이 사용하는 몇몇의 플러그인들의 환경을 셋팅하도록 하겠습니다. 우선 요맨에서 단골로 설치하는 플러그인은 SASS입니다.

그것도 루비 기반의 SASS입니다. 그래서 루비를 설치해야합니다. 루비를 설치하지 않으셨다면 루비 홈페이지의 다운로드 페이지로 가서 다운로드합니다.

http://rubyinstaller.org/downloads/

다운로드 시 DEVELOPMENT KIT 연결도 해야하니 동일한 버전의 루비를 설치해야합니다. 자신의 컴퓨터가 32비트이면 Ruby 2.0.0-p647를, 64비트이면 Ruby 2.0.0-p647 (x64)를 다운로드 받으세요.

루비 설치 시 Next 버튼만 클릭해서 설치하면 됩니다. 단, 한가지 중간에 루비 경로를 설정하는 부분이 있는데 여기서 체크를 해두면 환경설정에서 따로 하지 않아도 됩니다.

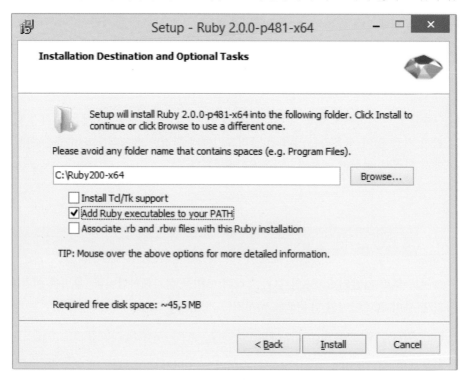

Ruby에서는 gcc를 컴파일러로 사용하는데, 윈도우즈에서 이러한 컴파일 환경을 설정하려면 Ruby DevKit을 인스톨해줘야 합니다. DEVELOPMENT KIT도 동일한 비트에 맞춰 다운로드합니다.

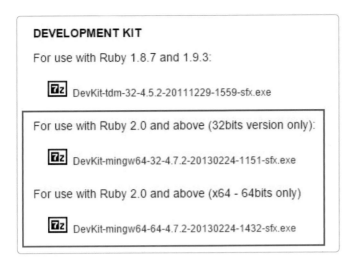

다운로드 받은 DEVELOPMENT KIT을 압축을 풉니다. 저의 경우 C드라이브에 Devkit이라는 폴더를 만들고 압축을 해제했습니다.

Devkit 폴더에서 명령창을 엽니다. 아래의 명령어를 입력하여 초기화시켜줍니다.

```
ruby dk.rb init
```

```
      @DESKTOP-066FETL MINGW64 /c/Devkit
$ ruby dk.rb init
[INFO] found RubyInstaller v2.0.0 at C:/Ruby200-x64

Initialization complete! Please review and modify the auto-generated
'config.yml' file to ensure it contains the root directories to all
of the installed Rubies you want enhanced by the DevKit.
```

이제 다시 아래의 명령어를 입력해서 설치해줍니다.

```
ruby dk.rb install
```

```
      @DESKTOP-066FETL MINGW64 /c/Devkit
$ ruby dk.rb install
[INFO] Updating convenience notice gem override for 'C:/Ruby200-x64'
[INFO] Installing 'C:/Ruby200-x64/lib/ruby/site_ruby/devkit.rb'
```

여기까지 진행이 되면 config.yml이 생성이 되고, 환경설정으로 루비가 설치된 곳을 가르키게 됩니다. config.yml를 에디터로 열어서 확인해보시기 바랍니다.

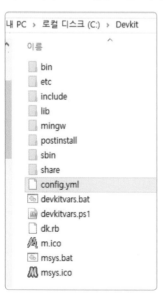

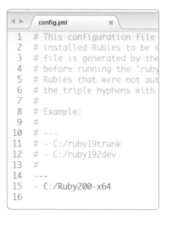

Mocha는 자바스크립트 테스트 플러그인입니다. 요맨에서 웹앱을 실행하면 같이 설치되는
플러그입니다. 이 또한 그냥 사용하게되면 윈도우에서는 오류를 냅니다

```
Running "mocha:all" (mocha) task
Testing: http://localhost:9001/index.html

Warning: PhantomJS timed out, possibly due to a missing Mocha run() call. Use --
force to continue.

Aborted due to warnings.
```

window에서 phantomjs 설치 방법은 여러 가지가 있지만 여기서는 윈도우 파일을 다운로
드 받아서 그 경로를 설정해주는 방법을 사용하겠습니다.

Phantomjs 홈페이지에서 phantomjs-2.0.0-windows.zip 파일을 다운로드 받아서 압축
을 해제합니다.

Download

Note Binary packages are made available on a volunteer basis. There is no need to ask when a
binary package for a given platform will be ready. The packagers are fully aware of every source
release and they give their best effort to make the binaries available.

Download service is kindly provided by Bitbucket. Previous releases download was provided by
Google Code Project Hosting.

Windows

Download phantomjs-2.0.0-windows.zip (19.4 MB) and extract (unzip) the content.

저는 C드라이브에 압축을 해제했습니다.

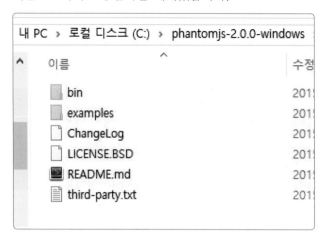

경로를 설정해줘야 하는데요. 제어판 – 시스템 – 고급 시스템 설정 – 시스템 속성의 고급 탭 – 환경변수 – 시스템 변수의 path에서 아래처럼 변경해줍니다.

```
C:\phantomjs-2.0.0-windows\bin\phantomjs
```

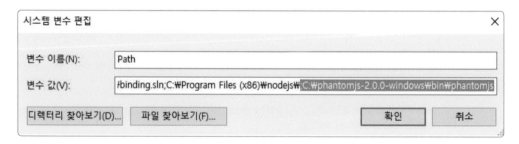

여기까지 하시면 윈도우에서 가장 문제시 되는 sass와 mocha에 대한 환경설정이 끝났습니다.

위에서도 얘기했듯 요맨은 맥에서는 비교적 잘되고 윈도우에서는 오류가 종종 납니다. 그렇기때문에 요맨에서는 yo doctor라는 것을 지원합니다.

위처럼 요맨을 설치할 때 나오는 오류를 예를 들겠습니다.

```
npm install -g yo grunt-cli bower gulp
```

했을 경우 아래처럼 설치가 안 될 경우 검사해서 오류내용을 명령어창에 보여줍니다.

```
Yeoman Doctor
Running sanity checks on your system

√  Global configuration file is valid
√  Node.js version
√  No .bowerrc file in home directory
√  No .yo-rc.json file in home directory
√  npm version
√  NODE_PATH matches the npm root
npm global root value is not in your NODE_PATH

[Info]
 NODE_PATH = C:\Program Files (x86)\nodejs\node_modules
 npm root  = C:\Users\hjm\AppData\Roaming\npm\node_modules

[Fix] Append the npm root value to your NODE_PATH variable
 If you're using cmd.exe, run this command to fix the issue:
   setx NODE_PATH "%NODE_PATH%;C:\Users\hjm\AppData\Roaming\npm\node_modules"
 Then restart your command-line. Otherwise, you can setup NODE_PATH manually:
   https://github.com/sindresorhus/guides/blob/master/set-environment-variables
.md#windows
```

위와 같은 경우 NODE_PATH에 대한 부분이 잘못되었다고 나옵니다. 위와 같은 오류가 나올경우 아래처럼 해결하면 됩니다. 만약 오류가 없으면 그냥 참고만 하세요.

NODE_PATH의 경우 node.js를 설치하면 자동으로 path를 잡아줍니다. 그러나 이미지처럼 node.js를 설치한 기본 경로로 되어 있습니다.

```
1  # 기본 경로
2  NODE_PATH = C:\Program Files (x86)\nodejs\node_modules
3  # 수정할 경로
4  NODE_PATH = C:\Users\hjm\AppData\Roaming\npm\node_modules
```

제어판 – 시스템 보안 – 시스템 – 고급 시스템 설정 – 속성 – 고급– 환경변수를 클릭합니다.

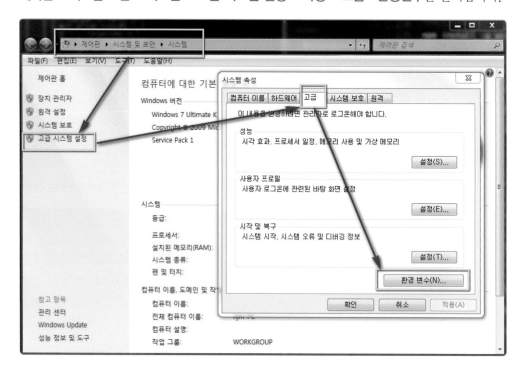

NODE_PATH를 선택 후 편집을 클릭합니다.

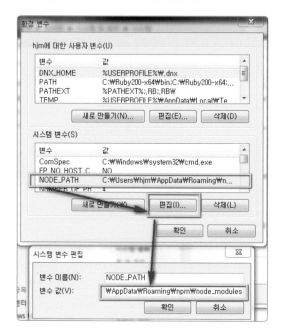

경로를 C:\Users\hjm\AppData\Roaming\npm\node_modules로 수정해줍니다.

다시 설치해보니 yo doctor가 아래처럼 정상설치가 된 것을 볼 수 있습니다.

```
Yeoman Doctor
Running sanity checks on your system

√  Global configuration file is valid
√  Node.js version
√  No .bowerrc file in home directory
√  No .yo-rc.json file in home directory
√  npm version
√  NODE_PATH matches the npm root

Everything looks all right!
C:\Users\hjm\AppData\Roaming\npm
+-- bower@1.7.9
+-- grunt-cli@1.2.0
+-- gulp@3.9.1
`-- yo@1.7.0

D:\test\yo-webapp-project>
```

이처럼 요맨에는 yo doctor가 문제를 발견하고 해결방법을 제시해줍니다.

02

generator-angular 설치

제너레이터를 설치하기 전에 먼저 요맨 홈페이지 http://yeoman.io/generators/에서 모든
제너레이터를 참고합니다.

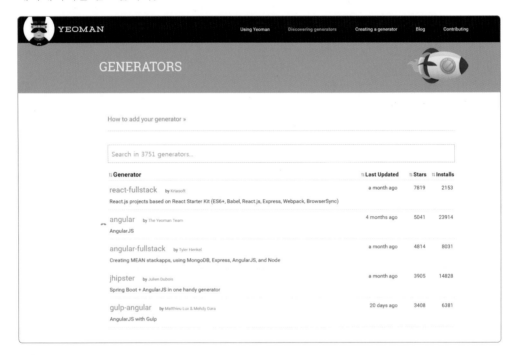

webapp, angula, backbone, ionic, karma 등등 많은 애플리케이션을 볼 수 있습니다. 여기서는 먼저 제너레이터 검색페이지에 나와 있는 angular을 클릭해보겠습니다.

그럼 angular 저장소가 나오면 사용법이 나옵니다.

저장소에 있는 글을 먼저 보겠습니다.

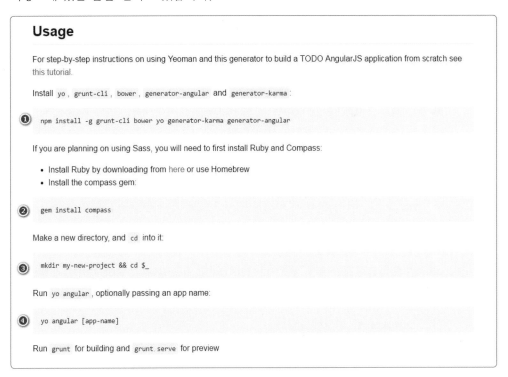

요맨에서는 이런식으로 설치되는 소스파일들을 application(에플리케이션)이라 말합니다.

angular application(앵글러 에플리케이션)에는 유닛테스트를 하는 generator-karma도 설치해야 합니다.

❶번에 보면 yo, grunt-cli, bower, generator-angular, generator-karma을 한 번에 설치하라고 합니다.

아마도 이 책의 순서대로 했다면 여러분은 yo, grunt-cli, bower를 다 설치했을 것입니다. 그러니 generator-karma, generator-angular만 설치해도 됩니다.

만약 설치했는지 모르겠다 하시면 다시 또 설치해도 무방합니다. 사용법대로 모두 설치해 봅니다.

```
npm install -g grunt-cli bower yo generator-karma generator-angular
```

요맨에서 유의깊에 볼것이 바로 ❷번입니다. **그런트**에서는 sass을 사용할때 grunt-sass 즉 node-sass를 사용했습니다.

이것은 기존의 Ruby sass 보다 빠르고 환경도 윈도우에서 바로 사용할 수 있었습니다. 하지만 요맨에서는 ❷번에서처럼 Ruby를 설치해야 합니다.

Ruby를 설치후 gem으로 compass도 설치해야 합니다.

❶번을 했으니 ❷번을 하기전에 먼저 Ruby를 설치하세요. 앞전에 설치에 대하여 라고 적어놓았으니 환경설정을 참고하시기 바랍니다.

설정을 했다고 가정하고, 이제 compass를 설치해야 합니다. 명령창을 열고 아래처럼 입력해서 설치를 합니다.

```
gem install compass
```

gem은 Ruby 환경안에서 돌아가는 일종의 플랫폼입니다. Ruby를 설치했으니 gem을 사용할 수 있습니다.

이제 compass를 설치했습니다.

❸번은 작업할 프로젝트 폴더를 만들고 해당 폴더로 이동하라는 이야기입니다. 저의 경우 yo-angular이라는 폴더를 만들고 그 폴더 안에 들어와 있습니다.

이제 ❹번을 실행합니다.

```
yo angular
```

grunt와 gulp 중 어떤것을 사용할거냐고 Y를 입력하거나 Enter를 치면 grunt로 설치합니다. 여기서는 Enter를 쳐서 grunt로 설치를 합니다.

이런식으로 Sass를 사용할거냐? Bootstrap을 포함할거냐? Sass Bootstrap을 사용할거냐? angular 모듈을 포함할거냐 등등 물어옵니다. 계속 [Enter]를 쳐서 진행합니다.

```
D:\test\yo-angular>yo angular

         _-----_
        |       |    ------------------------------
        |--(o)--|    |    Welcome to Yeoman,       |
       `---------´   |   ladies and gentlemen!     |
        ( _´U`_ )    ------------------------------
        /___A___\
         |  ~  |
       __'.___.'__
     ´   `  |° ´ Y `

Out of the box I include Bootstrap and some AngularJS recommended modules.

? Would you like to use Gulp (experimental) instead of Grunt? No
? Would you like to use Sass (with Compass)? Yes
? Would you like to include Bootstrap? Yes
? Would you like to use the Sass version of Bootstrap? Yes
? Which modules would you like to include? angular-animate.js, angular-cookies.
js, angular-resource.js, angular-route.js, angular-sanitize.js, angular-touch.j
   create app\styles\main.scss
   create app\index.html
   create bower.json
   create .bowerrc
   create package.json
   create Gruntfile.js
   create README.md
   invoke    angular:common:D:\test\yo-angular\node_modules\generator-angular\app
\index.js
   create    .editorconfig
   create    .gitattributes
   create    .jscsrc
   create    .jshintrc
```

이렇게 설치가 끝나면 grunt 입력하면 빌드가 되고, grunt serve라고 입력하면 빌드 후 index.html을 브라우져로 엽니다.

grunt serve라고 입력하고 [Enter]를 칩니다. 빌드 과정을 거친 후 아래처럼 브라우져가 열리면 정상 작동되는것 입니다.

yoAngular Home About Contact

'Allo, 'Allo!

Always a pleasure scaffolding your apps.

Splendid!✔

HTML5 Boilerplate

HTML5 Boilerplate is a professional front-end template for building fast, robust, and adaptable web apps or sites.

Angular

AngularJS is a toolset for building the framework most suited to your application development.

Karma

Spectacular Test Runner for JavaScript.

♥ from the Yeoman team

angular 설명

1 작업 설명

angular는 현재 두 가지 버젼이 진행되고 있습니다. angular의 기본 로직이 grunt이고 gulp-angular는 gulp입니다.

요맨의 로직은 몇 가지 특징이 있는데 그중에 하나가 폴더의 깊이입니다. Gruntfile.js의 상단에 보면 나와있지만 성능 향상을 위해 폴더의 깊이를 한뎁스로 유지합니다.

```
1   // Generated on 2016-05-01 using generator-angular 0.15.1
2   'use strict';
3
4   // # Globbing
5   // for performance reasons we're only matching one level down:
6   // 'test/spec/{,*/}*.js'
7   // use this if you want to recursively match all subfolders:
8   // 'test/spec/**/*.js'
```

또 한 가지는 소스폴더와 목적지 폴더를 사용했는데 요맨은 중간에 .tmp라는 폴더를 거칩니다. 아래에서 usemin이라는 플러그인을 소개하면서 자세히 알려드리겠습니다.

여기서는 angular를 살펴보고 전체 로직은 Gruntfile.js에 있으니 Gruntfile.js를 분석해보겠습니다.

작업설정 코드는 아래와 같습니다.

```
1  module.exports = function (grunt) {
2    // Time how long tasks take. Can help when optimizing build times
3    require('time-grunt')(grunt);
4    // Automatically load required Grunt tasks
5    require('jit-grunt')(grunt, {
6      useminPrepare: 'grunt-usemin',
7      ngtemplates: 'grunt-angular-templates',
8      cdnify: 'grunt-google-cdn'
9    });
10   // Configurable paths for the application
11   var appConfig = {
12     app: require('./bower.json').appPath || 'app',
13     dist: 'dist'
14   };
15 }
```

- ❶번

time-grunt 플러그인은 콘솔창에 작업시간을 표시합니다.

- ❷번

jit-grunt 플러그인은 그런트 작업을 자동으로 로드해줍니다. useminPrepare은 타켓명이고 이 타켓을 사용할 때는 'grunt-usemin' 플러그인을 사용한다고 명시적으로 표시했습니다.

ngtemplates은 'grunt-angular-templates' 플러그인을 cdnify은 'grunt-google-cdn' 플러그인을 사용합니다.

jit-grunt 플러그인은 타켓명과 설치된 플러그인명이 일치하지 않으면 오류를 내기 때문에 일치하지 않을 경우 명시적으로 알려줘야 합니다.

- ❸번

환경설정입니다. 이전에는 소스폴더와 완료 폴더를 src와 dest를 사용했는데 요맨에서는 app과 dist를 사용합니다. bower.json의 내용을 읽어오고, 소스폴더의 이름은 app 목적지 폴더의 이름은 dist로 설정했습니다.

```
module.exports = function (grunt) {

  // Time how long tasks take. Can help when optimizing build times
① require('time-grunt')(grunt);

  // Automatically load required Grunt tasks
② require('jit-grunt')(grunt, {
    useminPrepare: 'grunt-usemin',
    ngtemplates: 'grunt-angular-templates',
    cdnify: 'grunt-google-cdn'
  });

  // Configurable paths for the application
③ var appConfig = {
    app: require('./bower.json').appPath || 'app',
    dist: 'dist'
  };
```

프로젝트 설정과 감시작업의 코드입니다.

```
1   // Define the configuration for all the tasks
2   grunt.initConfig({
3     // Project settings
4     yeoman: appConfig,
5     // Watches files for changes and runs tasks based on the changed
      files
6     watch: {
7       bower: {
8         files: ['bower.json'],
9         tasks: ['wiredep']
10      },
11      js: {
12        files: ['<%= yeoman.app %>/scripts/{,*/}*.js'],
13        tasks: ['newer:jshint:all', 'newer:jscs:all'],
14        options: {
15          livereload: '<%= connect.options.livereload %>'
16        }
17      },
18      jsTest: {
```

```
19        files: ['test/spec/{,*/}*.js'],
20        tasks: ['newer:jshint:test', 'newer:jscs:test', 'karma']
21      },
22      compass: {
23        files: ['<%= yeoman.app %>/styles/{,*/}*.{scss,sass}'],
24        tasks: ['compass:server', 'postcss:server']
25      },
26      gruntfile: {
27        files: ['Gruntfile.js']
28      },
29      livereload: {
30        options: {
31          livereload: '<%= connect.options.livereload %>'
32        },
33        files: [
34          '<%= yeoman.app %>/{,*/}*.html',
35          '.tmp/styles/{,*/}*.css',
36          '<%= yeoman.app %>/images/{,*/}*.{png,jpg,jpeg,gif,webp,svg}'
37        ]
38      }
39    },
40  })
```

- **❶번**

위에서 설정한 환경설정을 initConfig 매소드 안에서 사용하기 위해 변수를 재설정합니다.

- **❷번**

여기서부터는 감시작업을 하는 watch입니다. bower.json을 wiredep 플러그인을 사용해서 감시하고 있습니다.

wiredep 플러그인은 bower로 설치한 플러그인을 html 파일에 삽입하는 역할을 합니다.

- **❸번**

js는 자바스크립트 작업입니다. 〈%= yeoman.app %〉는 소스폴더인 app 폴더를 뜻합니다. 모든 .js 파일을 jshint:all 작업과 jscs:all 작업이 순서대로 실행이 되고 변경된 것만 감시하기 위해 newer 플러그인이 사용되었습니다.

- **❹번**

❸번과 동일하지만 이건 테스트를 위한 작업입니다. 자바스크립트 테스트 플러그인인 karma가 사용되었습니다.

- **❺번**

css를 만들어내기 위한 compass 타켓명을 사용한 작업입니다. compass, postcss 플러그인이 사용되었습니다.

- **❻번**

Gruntfile.js도 감시합니다.

- **❼번**

html, css, image 등 모든 파일을 livereload 옵션으로 실시간으로 감시하고 있습니다.

```
// Define the configuration for all the tasks
grunt.initConfig({

  // Project settings
① yeoman: appConfig,

  // Watches files for changes and runs tasks based on the changed files
  watch: {
② bower: {
      files: ['bower.json'],
      tasks: ['wiredep']
    },
③ js: {
      files: ['<%= yeoman.app %>/scripts/{,*/}*.js'],
      tasks: ['newer:jshint:all', 'newer:jscs:all'],
      options: {
        livereload: '<%= connect.options.livereload %>'
      }
    },
④ jsTest: {
      files: ['test/spec/{,*/}*.js'],
      tasks: ['newer:jshint:test', 'newer:jscs:test', 'karma']
    },
⑤ compass: {
      files: ['<%= yeoman.app %>/styles/{,*/}*.{scss,sass}'],
      tasks: ['compass:server', 'postcss:server']
    },
⑥ gruntfile: {
      files: ['Gruntfile.js']
    },
⑦ livereload: {
      options: {
        livereload: '<%= connect.options.livereload %>'
      },
      files: [
        '<%= yeoman.app %>/{,*/}*.html',
        '.tmp/styles/{,*/}*.css',
        '<%= yeoman.app %>/images/{,*/}*.{png,jpg,jpeg,gif,webp,svg}'
      ]
    }
  },
```

①번처럼 html에 js가 들어갈 곳에 표시를 해둡니다.

②번처럼 bower로 jquery를 설치했습니다.

③번처럼 wiredep 작업을 실행합니다.

그러면 ④번처럼 그 자리에 bower로 설치한 jquery 플러그인이 위치합니다.

```
①  <!-- bower:js -->
    <!-- endbower -->

Install a Bower component:

②  bower install jquery --save

Call the Grunt task:

③  grunt wiredep

You're in business!

    <!-- bower:js -->
④  <script src="bower_components/jquery/jquery.js"></script>
    <!-- endbower -->
```

registerTask는 작업을 등록하는 역할을 합니다.

```
1  grunt.registerTask('serve', 'Compile then start a connect web
   server', function (target) {
2    if (target === 'dist') {
3      return grunt.task.run(['build', 'connect:dist:keepalive']);
```

```
 4     }
 5     grunt.task.run([
 6       'clean:server',
 7       'wiredep',
 8       'concurrent:server',
 9       'postcss:server',
10       'connect:livereload',
11       'watch'
12     ]);
13   });
14   grunt.registerTask('server', 'DEPRECATED TASK. Use the "serve" task
15   instead', function (target) {
16     grunt.log.warn('The 'server' task has been deprecated. Use 'grunt
17   serve' to start a server.');
18     grunt.task.run(['serve:' + target]);
19   });
20   grunt.registerTask('test', [
21     'clean:server',
22     'wiredep',
23     'concurrent:test',
24     'postcss',
25     'connect:test',
26     'karma'
27   ]);
```

아래 이미지 ❶번부분의 serve는 grunt serve라고 명령어를 입력하면 ❹번이 실행이 됩니다.

하지만 grunt serve:dist라고 인자를 넘겨서 실행하면 ❷번에서처럼 넘겨온 인자를 dist라는 문자열과 비교하여 맞으면 ❸번을 실행합니다.

❺번 구문을 보겠습니다. 예전에는 serve 명령이 server였습니다. 그래서 이전 사용자들이 serve를 하기 위해 예전 명령어인 server라고 입력했을 경우를 대비해서 만들어놓은 것입니다.

grunt server라고 입력하면 ❻번인 grunt.log.warn이 실행되는데 이것은 콘솔창에 오류메시지를 나타내는 역할을 합니다. server 명령어는 사용할 수 없으니 serve를 사용하라는 메시지를 출력합니다.

그리고 아래인 grunt.task.run(['serve:' + target]) 명령으로 인해 다시 ❹번 작업이 실행이 됩니다.

❼번은 grunt test라고 입력하면 실행되는 작업들입니다.

```
① grunt.registerTask('serve', 'Compile then start a connect web server', function (target) {
② if (target === 'dist') {
③ return grunt.task.run(['build', 'connect:dist:keepalive']);
   }

   grunt.task.run([
④ 'clean:server',
   'wiredep',
   'concurrent:server',
   'postcss:server',
   'connect:livereload',
   'watch'
   ]);
});
⑤ grunt.registerTask('server', 'DEPRECATED TASK. Use the "serve" task instead', function (target) {
⑥ grunt.log.warn('The `server` task has been deprecated. Use `grunt serve` to start a server.');
   grunt.task.run(['serve:' + target]);
});

grunt.registerTask('test', [
⑦ 'clean:server',
   'wiredep',
   'concurrent:test',
   'postcss',
   'connect:test',
   'karma'
]);
```

6 build, default 작업

build와 default 명령은 빌드명령입니다.

즉 파일을 구성하고 컴파일하는 최종 명령어입니다.

```
1   grunt.registerTask('build', [
2     'clean:dist',
3     'wiredep',
4     'useminPrepare',
5     'concurrent:dist',
6     'postcss',
7     'ngtemplates',
8     'concat',
9     'ngAnnotate',
10    'copy:dist',
11    'cdnify',
12    'cssmin',
13    'uglify',
```

```
14    'filerev',
15    'usemin',
16    'htmlmin'
17  ]);
18  grunt.registerTask('default', [
19    'newer:jshint',
20    'newer:jscs',
21    'test',
22    'build'
23  ]);
```

❶번은 grunt build라고 입력하면 ❷번의 작업들이 순서대로 실행됩니다.

❸번은 그런트에서 기본으로 지원하는 default 작업이고 grunt과 grunt default는 같은 명령입니다.

눈여겨볼 점은 default 작업에 아래 노랑색으로 표시해둔 build인데요. 이는 위에 ❶번에 등록해놓은 build 작업임으로 ❷번 작업들이 실행이 됩니다.

마찬가지로 test도 위에서 등록해놓은(위의 이미지) ❼번 작업이 실행이 됩니다.

grunt 또는 grunt default 입력하면 'newer:jshint', 'newer:jscs', 'test'가 실행이 되고 'build'
작업이 실행이 됩니다. build가 작업순서입니다.

1. clean:dist : 폴더 및 파일을 삭제합니다.

2. wiredep은 bower로 설치한 플러그인을 html 파일에 삽입합니다.

3. useminPrepare 파일을 합치고 축소하기 위해 파일(index.html)을 읽어 설정을 합니다

4. concurrent:dist는 'compass:dist', 'imagemin', 'svgmin' 작업을 병렬로 실행합니다.

5. postcss 벤더프리픽스를 추가합니다.

6. ngtemplates angular 템플릿을 구축합니다.

7. concat 파일을 합칩니다.

8. ngAnnotate angular 코드 추가, 제거

9. copy:dist 파일 복사

10. cdnify Google CDN 주소로 대체합니다.

11. cssmin CSS를 압축합니다.

12. uglify JS를 압축합니다.

13. filerev 브라우저 캐싱을 위해 파일의 이름을 변경합니다.

14. usemin filerev과 useminPrepare 구성에 따라 재작성을 수행합니다.

15. htmlmin HTML을 압축합니다.

우선 기본적인 로직을 보면 Grunt의 기본적인 로직은 소스폴더에서 작업한 후 결과물을 완료폴더에 만들어 냅니다.

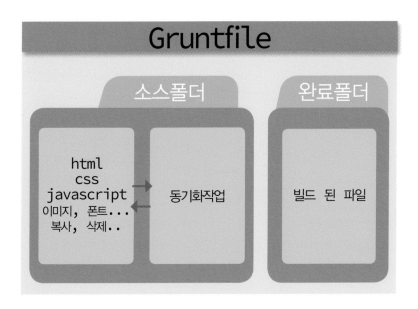

Yeoman은 중간에 .temp라는 폴더를 거칩니다.

Yeoman

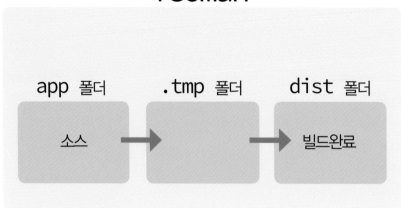

요맨의 모든 어플리케이션이 모두 그렇지는 않지만 대체적으로 기본 로직은 위와 같습니다.

Gruntfile.js를 보면 grunt-usemin이라는 플러그인이 사용되는데 이 플러그인은 요맨팀에서 제작한 것입니다. 사용법이 다소 어렵습니다.

usmin 플러그인은 concat, uglify, cssmin, filerev 플러그인과 상호작용합니다.

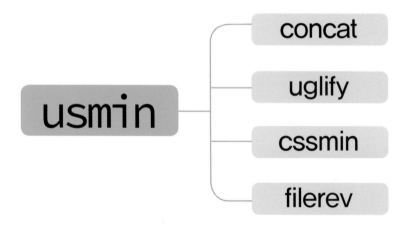

❸번에서 useminPrepare를 실행하는데 이건 index.html을 읽고 경로에 대한 값을 설정합니다. concat, uglify, cssmin, filerev 플러그인이 실행될 때 위에서 저장한 설정값대로 경로를 설정합니다.

이 플러그인에 추가적으로 다른 플러그인들이 유기적으로 실행이 됩니다.

- compass 플러그인은 sass 파일을 css로 만듭니다.
- postcss 플러그인은 벤더프리픽스를 추가합니다.
- cssmin 플러그인은 css를 압축합니다.
- cancat 플러그인은 파일을 하나로 합칩니다.

❸번에서 useminPrepare를 실행하는데 이건 index.html을 읽고 경로에 대한 값을 설정합니다. concat, uglify, cssmin, filerev 플러그인이 실행될 때 위에서 저장한 설정값대로 경로를 설정합니다.

이 플러그인에 추가적으로 다른 플러그인들이 유기적으로 실행이 됩니다.

- compass 플러그인은 sass 파일을 css로 만듭니다.
- postcss 플러그인은 벤더프리픽스를 추가합니다.
- cssmin 플러그인은 css를 압축합니다.
- cancat 플러그인은 파일을 하나로 합칩니다.
- uglify 플러그인은 파일을 압축합니다.

sass 파일은 compass 플러그인으로 인해서 .tmp 폴더에 css로 만들어집니다. 이때 bower_components 폴더에서 가져오기도 합니다. 다음으로 postcss 플러그인이 실행되고 cssmin 플러그인이 실행되면 dist 폴더에 압축되어 만들어집니다.

js 파일은 두 군데에서 출발합니다. cancat 플러그인이 실행되면 app 폴더에서, 또 하나는 bower_components 폴더에서 .tmp 폴더에 만들어집니다. 다시 uglify 플러그인이 실행되면 최종 dist 폴더에 압축되어 만들어집니다.

app/index.html을 보면 아래와 같은 구문이 있습니다.

```
1  <!-- build:js(.) scripts/vendor.js -->
2  <!-- bower:js -->
3  <script src="bower_components/jquery/dist/jquery.js"></script>
4  <script src="bower_components/angular/angular.js"></script>
5  <script src="bower_components/bootstrap-sass-official/assets/
   javascripts/bootstrap.js"></script>
6  <script src="bower_components/angular-animate/angular-animate.
   js"></script>
7  <script src="bower_components/angular-cookies/angular-cookies.
   js"></script>
8  <script src="bower_components/angular-resource/angular-resource.
```

```
   js"></script>
 9 <script src="bower_components/angular-route/angular-route.js"></
   script>
10 <script src="bower_components/angular-sanitize/angular-sanitize.
   js"></script>
11 <script src="bower_components/angular-touch/angular-touch.js"></
   script>
12 <!-- endbower -->
13 <!-- endbuild -->
```

먼저 wiredep와 usmin 플러그인이 실행되서 .tmp/concat/scripts/vendor.js로 만들어지고 dist/scripts/vendors.∗.js로 만들어집니다.

usmin의 전체 로직은 아래 이미지에 표시된 바와 같습니다.

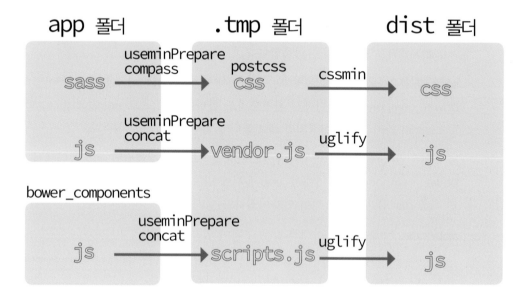

generator-wepapp 설치

가장 많이 사용하는 웹 어플리케이션을 만들기 위해서는 generator-wepapp이라는 생성
기를 설치해야 합니다.

이것은 HTML5 Boilerplate, jQuery, Modernizr, 그리고 Bootstrap를 포함한 기본적인
웹애플리케이션 생성기입니다.

webapp의 기본 구성은 grunt였으나 현재는 gulp로 변경되었습니다. 구성과 내용은 grunt
와 비슷합니다.

gulp의 홈페이지는 http://gulpjs.com/ 입니다.

위의 Docs를 클릭하면 자세한 내용을 볼 수 있습니다.

https://github.com/gulpjs/gulp/blob/master/docs/getting-started.md

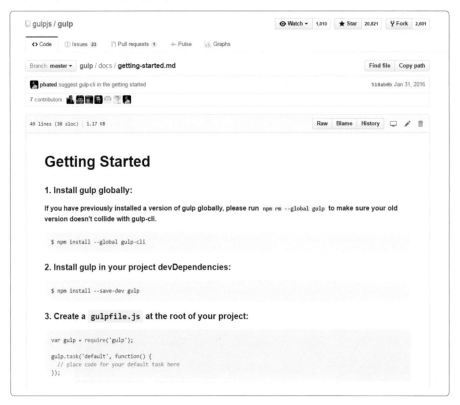

먼저 요맨 홈페이지 http://yeoman.io/generators/에서 webapp을 클릭합니다.

그러면 webapp의 깃헙 저장소가 열립니다.

webapp의 소개와 사용법은 깃헙 저장소 https://github.com/yeoman/generator-webapp#
readme에 잘 나와 있습니다.

먼저 종속성을 해결하기 위해 yo gulp-cli bower를 설치합니다.

```
1  npm install --global yo gulp-cli bower
2  # 줄여서 아래처럼 설치해도 됩니다.
3  npm install -g yo gulp-cli bower
4  # bower yo는 설치했으니 아래처럼 gulp만 설치해도 됩니다.
5  npm install -g gulp-cli
```

다음 제너레이터를 설치합니다.

```
npm install --global generator-webapp
```

설치가 완료되었습니다.

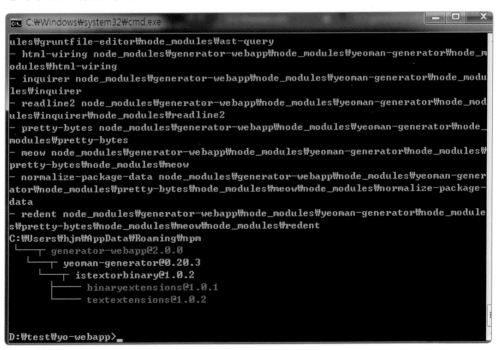

현재까지는 전역적으로 설치를 하는 것이기 때문에 위치와는 상관없습니다.

이제 프로젝트를 시작할 폴더를 만듭니다. 저는 yo-webapp 폴더를 만들고 그 안에서 명령창을 엽니다. 아니면 명령창을 열고 해당 프로젝트 폴더 여기서는 yo-webapp 폴더로 이동해야 합니다.

```
yo webapp
```

webapp은 Sass, Bootstrap, Modernizr 3개를 지원합니다. 키보드의 화살표시로 이동이 가능합니다. 여기서는 Bootstrap로 설치해보겠습니다.

설치가 완료된 모습입니다.

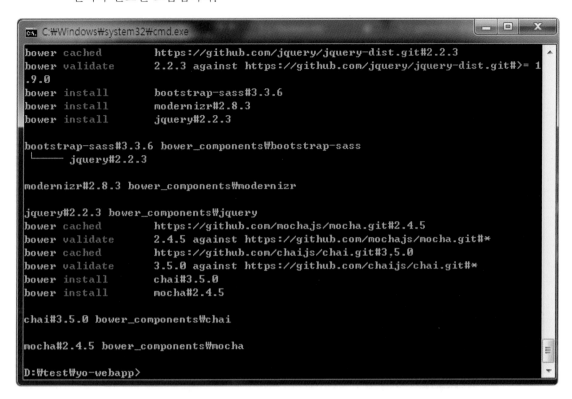

빌드 과정을 보려면 이제 gulp를 하면 빌드를 진행합니다.

gulp를 하면 빌드과정을 거칩니다. 실시간으로 감시를 하는 watch 기능을 사용하려면 serve를 입력해야 합니다. 방금 전에 빌드과정을 거쳤으니 gulp serve:dist라고 입력하면 빌드과정을 생략하고 바로 watch를 가동합니다.

빌드과정을 거치지 않았다면 바로 gulp serve를 입력하고 Enter 를 칩니다.

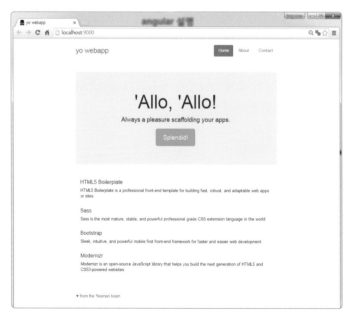

```
mocha#2.4.5 bower_components\mocha

D:\test\yo-webapp>gulp serve
[18:49:38] Requiring external module babel-register
[18:49:39] Using gulpfile D:\test\yo-webapp\gulpfile.babel.js
[18:49:39] Starting 'styles'...
[18:49:39] Starting 'scripts'...
[18:49:39] Starting 'fonts'...
[18:49:40] Finished 'styles' after 827 ms
[18:49:40] Finished 'scripts' after 578 ms
[18:49:40] Finished 'fonts' after 574 ms
[18:49:40] Starting 'serve'...
[18:49:40] Finished 'serve' after 73 ms
[BS] Access URLs:
     ---------------------------------------
        Local: http://localhost:9000
     External: http://61.37.147.250:9000
     ---------------------------------------
           UI: http://localhost:3001
     UI External: http://61.37.147.250:3001
     ---------------------------------------
[BS] Serving files from: .tmp
[BS] Serving files from: app
```

빌드를 완료한 후 감시업무를 시작합니다. 그리고 바로 브라우져로 index.html을 엽니다.

CHAPTER
05 webapp 설명

webapp은 가장 많이 사용하는 어플리케이션입니다. 현재는 기본 로직이 gulp로 구성되어 있고 홈페이지는 http://gulpjs.com/ 입니다. Docs를 클릭하면 자세한 내용을 볼 수 있습니다.

https://github.com/gulpjs/gulp/blob/master/docs/getting-started.md

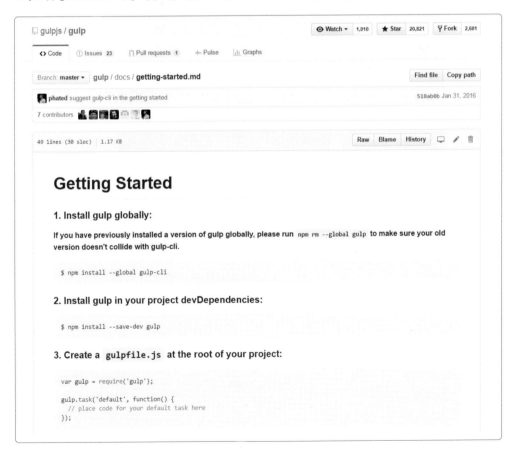

CHAPTER 05 _ webapp 설명 • **431**

package.json의 devDependencies 항목을 보면 설치된 플러그인을 볼 수 있습니다.

```json
  },
  "devDependencies": {
    "babel-core": "^6.4.0",
    "babel-preset-es2015": "^6.3.13",
    "browser-sync": "^2.2.1",
    "del": "^1.1.1",
    "gulp": "^3.9.0",
    "gulp-autoprefixer": "^3.0.1",
    "gulp-babel": "^6.1.1",
    "gulp-cache": "^0.4.2",
    "gulp-cssnano": "^2.0.0",
    "gulp-eslint": "^0.13.2",
    "gulp-htmlmin": "^1.3.0",
    "gulp-if": "^1.2.5",
    "gulp-imagemin": "^2.2.1",
    "gulp-load-plugins": "^0.10.0",
    "gulp-plumber": "^1.0.1",
    "gulp-sass": "^2.0.0",
    "gulp-size": "^1.2.1",
    "gulp-sourcemaps": "^1.5.0",
    "gulp-uglify": "^1.1.0",
    "gulp-useref": "^3.0.0",
    "main-bower-files": "^2.5.0",
    "wiredep": "^2.2.2"
  },
  "eslintConfig": {
```

grunt의 경우 많은 플러그인이 grunt-contrib-* 형식의 플러그인이지만 gulp는 gulp-*
형식입니다.

gulpfile.babel.js의 코드는 아래와 같습니다.

```
1    import gulp from 'gulp';
2    import gulpLoadPlugins from 'gulp-load-plugins';
3    import browserSync from 'browser-sync';
4    import del from 'del';
5    import {stream as wiredep} from 'wiredep';
6    const $ = gulpLoadPlugins();
7    const reload = browserSync.reload;
```

먼저 자주 사용하는 플러그인들을 변수처리합니다. gulp-load-plugins는 package.json 의 gulp 플러그인을 자동으로 로드해주는 플러그인입니다.

browser-sync는 웹서버를 띄워서 결과물을 보여주는 기능을 합니다.

del은 clean처럼 폴더 및 파일을 삭제하는 플러그인입니다.

wiredep는 bower의 의존성 코드를 삽입해주는 플러그인입니다.

styles 작업명은 css 파일을 만들어내는 작업입니다.

명령어로 gulp styles라고 입력하면 이 작업이 실행됩니다.

styles의 코드는 이렇습니다.

```
1    gulp.task('styles', () => {
2      return gulp.src('app/styles/*.scss')
3        .pipe($.plumber())
4        .pipe($.sourcemaps.init())
5        .pipe($.sass.sync({
6          outputStyle: 'expanded',
7          precision: 10,
8          includePaths: ['.']
9        }).on('error', $.sass.logError))
10       .pipe($.autoprefixer({browsers: ['> 1%', 'last 2 versions',
         'Firefox ESR']}))
11       .pipe($.sourcemaps.write())
12       .pipe(gulp.dest('.tmp/styles'))
13       .pipe(reload({stream: true}));
14 });
```

gulp 작업의 기본 구성은 이렇습니다.

```
gulp.task(name, deps, func)
```

3개의 파라메터를 포함할 수 있으며, 두번째 파라메터는 생략가능합니다.

- name은 작업의 이름이고 공백이 없어야 합니다.
- deps는 현재 선언하고 있는 작업을 수행하기 전에 먼저 실행되어야 하는 작업들의 배열입니다.
- func는 실제 수행할 작업의 내용을 정의하는 함수입니다.

styles의 코드를 보겠습니다.

```
gulp.task('styles', () => {
  return gulp.src('app/styles/*.scss')
    .pipe($.plumber())
    .pipe($.sourcemaps.init())
    .pipe($.sass.sync({
      outputStyle: 'expanded',
      precision: 10,
      includePaths: ['.']
    }).on('error', $.sass.logError))
    .pipe($.autoprefixer({browsers: ['> 1%', 'last 2 versions', 'Firefox ESR']}))
    .pipe($.sourcemaps.write())
    .pipe(gulp.dest('.tmp/styles'))
    .pipe(reload({stream: true}));
});
```

❶번이 작업명입니다. 두 번째 파라메터는 생략되었고, 3번째 파라메터로 실제 수행할 작업의 내용이 정의되어 있습니다.

소스파일은 ❷번으로 모든 .scss 파일을 ❽번에 목적지인 .tmp 폴더에 .css 파일로 생성하게 됩니다.

pipe 는 gulp.src 에서 대상으로 지정된 각 파일들을 stream 형태로 읽어들여서 다음으로 거쳐야할 플러그인 등으로 연결할 때 사용하게 됩니다.

❸번 plumber() 플러그인은 작업 중 생기는 오류 이벤트를 처리하여 오류로 인해 컴파일이 중단되지 않도록 도와줍니다.

❹번 sourcemaps 은 gulp.js의 소스맵을 지원합니다. init 명령으로 시작합니다.

❺번 sass는 SASS 파일을 CSS 파일로 만듭니다. 출력옵션으로 expanded을 사용하여 CSS처럼 보기좋게 들여쓰기가 되어서 만들어집니다.

❻번은 벤더플리픽스를 추가합니다.

❼번은 ❹번에서 시작한 소스맵을 여기서 기록합니다.

❽번 reload는 위에서 설정한 browserSync로 CSS를 새로고침하고, 실시간으로 브라우져를 동기화합니다. 또한 stream: true 기능으로 변경된 부분만 새로 리로드를 합니다.

3 scripts 작업

scripts의 코드는 이렇습니다.

```
1  gulp.task('scripts', () => {
2    return gulp.src('app/scripts/**/*.js')
3      .pipe($.plumber())
4      .pipe($.sourcemaps.init())
5      .pipe($.babel())
6      .pipe($.sourcemaps.write('.'))
7      .pipe(gulp.dest('.tmp/scripts'))
8      .pipe(reload({stream: true}));
9  });
```

javascript를 만들어내는 작업인 scripts 작업입니다.

```
①
gulp.task('scripts', () => {
②return gulp.src('app/scripts/**/*.js')
  ③.pipe($.plumber())
  ④.pipe($.sourcemaps.init())
  ⑤.pipe($.babel())
  ⑥.pipe($.sourcemaps.write('.'))
  ⑦.pipe(gulp.dest('.tmp/scripts'))
  ⑧.pipe(reload({stream: true}));
});
```

❶번에 scripts라는 작업명이 있고, gulp scripts 라고 입력하면 아래의 작업들이 실행이 됩니다.

소스파일의 경로는 ❷번에 나와 있듯 app/scripts 폴더의 모든 .js 파일이고 ❼번에서처럼 최종폴더는 .tmp/scirpts 폴더에 생성하게 됩니다.

❸번은 위와 마찬가지로 작업중 생기는 오류이벤트를 처리하여 오류로 인해 컴파일이 중단 되지 않도록 도와줍니다.

❹번 sourcemaps은 gulp.js의 소스맵을 지원합니다. init 명령으로 시작합니다.

❺번 babel은 ECMAScript 2015 자바스크립트를 현재에서 사용할 수 있도록 도와주는 플 러그인입니다.

❻번은 ❹번에서 시작한 소스맵을 여기서 기록합니다.

❽번 reload는 위에서 설정한 browserSync로 CSS를 새로고침하고, 실시간으로 브라우져 를 동기화합니다. 또한 stream: true 기능으로 변경된 부분만 새로 리로드를 합니다.

4 lint 함수

lint 오류검사를 하는 플러그인입니다. 함수 lint를 설정했습니다.

```
1  function lint(files, options) {
2    return () => {
3      return gulp.src(files)
4        .pipe(reload({stream: true, once: true}))
5        .pipe($.eslint(options))
6        .pipe($.eslint.format())
7        .pipe($.if(!browserSync.active, $.eslint.failAfterError()));
8    };
9  }
10 const testLintOptions = {
11   env: {
12     mocha: true
13   }
14 };
15 gulp.task('lint', lint('app/scripts/**/*.js'));
16 gulp.task('lint:test', lint('test/spec/**/*.js', testLintOptions));
```

❶번 lint 함수의 소스폴더 경로는 첫 번째 인자로 넘겨온 src(files)가 되고 eslint 는 gulp-eslint 플러그인으로 자바스크립트 오류를 검사하는 역할을 합니다. lint 함수는 ❸번, ❻번처럼 2개의 인자를 받습니다.

❷에서처럼 lint라는 작업명을 지정하고 두 번째 인자로 app/scripts/ * * / * .js 소스폴더의 모든 자바스크립트를 지정하면 lint 함수의 첫 번째 인자(❸번)로 넘겨줘서 오류를 검사합니다.

❹번도 ❸번의 인자로 넘겨지고, ❺번은 두 번재 인자인 ❻번 옵션으로 넘겨저 ❼번의 옵션으로 오류를 검사합니다.

```javascript
  });

① function lint(files, options) {
    return () => {
      return gulp.src(files)
        .pipe(reload({stream: true, once: true}))
        .pipe($.eslint(options))
        .pipe($.eslint.format())
        .pipe($.if(!browserSync.active, $.eslint.failAfterError()));
    };
  }
⑦ const testLintOptions = {
    env: {
      mocha: true
    }
  };

  gulp.task('lint', lint('app/scripts/**/*.js'));
  gulp.task('lint:test', lint('test/spec/**/*.js', testLintOptions));

  gulp.task('html', ['styles', 'scripts'], () => {
```

html을 만들어내는 작업입니다.

```
1  gulp.task('html', ['styles', 'scripts'], () => {
2    return gulp.src('app/*.html')
3      .pipe($.useref({searchPath: ['.tmp', 'app', '.']}))
4      .pipe($.if('*.js', $.uglify()))
5      .pipe($.if('*.css', $.cssnano()))
6      .pipe($.if('*.html', $.htmlmin({collapseWhitespace: true})))
7      .pipe(gulp.dest('dist'));
8  });
```

❶번처럼 지정하면 gulp html이라고 명령어를 입력하면 ❷번이 실행되고, ❸번이 실행됩니다.

즉 html을 작업하기 전 위에서 본 styles, scripts 작업을 먼저 합니다.

예를 들어 gulp html이라고 입력하면 styles, scripts, html 작업순으로 작업을 합니다.

❹번 useref 플러그인은 스크립트나 스타일시트의 경로를 html의 블럭에서 분석해서 경로 추가 및 대체를 하는 플러그인입니다.

분석 참조할 파일은 app/*.html이고 ❻번처럼 .js이면 uglify 압축하고, ❼번처럼 .css 파일이면 .cssnano를 사용해서 css를 컴파일하고, ❽번처럼 .html일때 htmlmin을 사용해서 압축을 합니다.

그래서 최종 ❾번에 목적지 폴더인 dist 폴더에 생성을 합니다.

```
53
54 ① gulp.task('html', ['styles', 'scripts'], ③ () => {
55    return gulp.src('app/*.html')
56    ④ .pipe($.useref({searchPath: ['.tmp', 'app', '.']}))
57    ⑥ .pipe($.if('*.js', $.uglify()))
58    ⑦ .pipe($.if('*.css', $.cssnano()))
59    ⑧ .pipe($.if('*.html', $.htmlmin({collapseWhitespace: true})))
60    ⑨ .pipe(gulp.dest('dist'));
61 });
62
```

fonts 작업명은 폰트 파일을 복사 이동하는 작업입니다.

❶번에서 fonts 작업명이고 main-bower-files는 bower에 설치된 주요 파일을 가져오는 플러그인입니다.

여기서는 bower에 설치된 플러그인에서 폰트파일을 가져오고 ❷번에 app/fonts에도 폰트 파일이 있으면 가져와서 합쳐서 ❸번, ❹번의 경로의 fonts 폴더에 복사합니다.

```
                    ①
gulp.task('fonts', () => {
  return gulp.src(require('main-bower-files')('**/*.{eot,svg,ttf,woff,woff2}', function (err) {})
  ②.concat('app/fonts/**/*'))
  ③.pipe(gulp.dest('.tmp/fonts'))
  ④.pipe(gulp.dest('dist/fonts'));
});
```

extras 작업은 기타 작업으로 app 폴더의 있는 모든 파일을 목적지 폴더인 dist 폴더에 복사하는 역할을 합니다. 단 '!app/*.html' 처럼 html은 제외합니다.

```
1  gulp.task('extras', () => {
2    return gulp.src([
3      'app/*.*',
4      '!app/*.html'
5    ], {
6      dot: true
7    }).pipe(gulp.dest('dist'));
8  });
9  gulp.task('clean', del.bind(null, ['.tmp', 'dist']));
```

clean 작업은 del 플러그인을 사용해서 '.tmp', 'dist' 폴더를 삭제합니다.

```
gulp.task('extras', () => {
  return gulp.src([
    'app/*.*',
    '!app/*.html'
  ], {
    dot: true
  }).pipe(gulp.dest('dist'));
});

gulp.task('clean', del.bind(null, ['.tmp', 'dist']));
```

다른 작업방식으로 jade를 사용할 경우에 대해서 참고할 문서가 만들어져 있습니다. 참고하시기 바랍니다.

https://github.com/yeoman/generator-webapp/blob/master/docs/recipes/jade.md

8 serve 작업

serve는 파일을 감시하고 실시간으로 동기화시키는 작업입니다.

```
1   gulp.task('serve', ['styles', 'scripts', 'fonts'], () => {
2     browserSync({
3       notify: false,
4       port: 9000,
5       server: {
6         baseDir: ['.tmp', 'app'],
7         routes: {
8           '/bower_components': 'bower_components'
9         }
10      }
11    });
12    gulp.watch([
13      'app/*.html',
14      'app/images/**/*',
15      '.tmp/fonts/**/*'
```

```
16    ]).on('change', reload);
17    gulp.watch('app/styles/**/*.scss', ['styles']);
18    gulp.watch('app/scripts/**/*.js', ['scripts']);
19    gulp.watch('app/fonts/**/*', ['fonts']);
20    gulp.watch('bower.json', ['wiredep', 'fonts']);
21  });
```

❶번 serve는 작업명이고 그 뒤에는 작업명리스트로 'styles', 'scripts', 'fonts' 작업이 실행됩니다.

❸,❹,❺,❻번에 작업명이 부여된 작업들이 지정이 되어 있습니다.

❷번은 change로 변경 이벤트가 발생하면 html, images, fonts 등을 재구성합니다.

```
                     ①
  gulp.task('serve', ['styles', 'scripts', 'fonts'], () => {
    browserSync({
      notify: false,
      port: 9000,
      server: {
        baseDir: ['.tmp', 'app'],
        routes: {
          '/bower_components': 'bower_components'
        }
      }
    });
              ②
    gulp.watch([
      'app/*.html',
      'app/images/**/*',
      '.tmp/fonts/**/*'
    ]).on('change', reload);
  ③ gulp.watch('app/styles/**/*.scss', ['styles']);
  ④ gulp.watch('app/scripts/**/*.js', ['scripts']);
  ⑤ gulp.watch('app/fonts/**/*', ['fonts']);
  ⑥ gulp.watch('bower.json', ['wiredep', 'fonts']);
  });

  gulp.task('serve:dist', () => {
```

위와 마찬가지 실시간 동기화 작업으로 gulp serve가 아니라 gulp serve:dist라고 입력하면 빌드과정을 건너뛰고 감시작업만 합니다.

```
1  gulp.task('serve:dist', () => {
2    browserSync({
3      notify: false,
4      port: 9000,
5      server: {
6        baseDir: ['dist']
7      }
8    });
9  });
10 gulp.task('serve:test', ['scripts'], () => {
11   browserSync({
12     notify: false,
13     port: 9000,
14     ui: false,
15     server: {
16       baseDir: 'test',
17       routes: {
18         '/scripts': '.tmp/scripts',
19         '/bower_components': 'bower_components'
20       }
21     }
22   });
23   gulp.watch('app/scripts/**/*.js', ['scripts']);
24   gulp.watch('test/spec/**/*.js').on('change', reload);
25   gulp.watch('test/spec/**/*.js', ['lint:test']);
26 });
```

❷번의 serve:test는 테스트를 위한 실시간 동기화 작업으로 ['scripts'] 작업만 실행하고 감시를 합니다.

```
15  });
16                         ①
17  gulp.task('serve:dist', () => {
18    browserSync({
19      notify: false,
20      port: 9000,
21      server: {
22        baseDir: ['dist']
23      }
24    });
25  });
26                         ②
27  gulp.task('serve:test', ['scripts'], () => {
28    browserSync({
29      notify: false,
30      port: 9000,
31      ui: false,
32      server: {
33        baseDir: 'test',
34        routes: {
35          '/scripts': '.tmp/scripts',
36          '/bower_components': 'bower_components'
37        }
38      }
39    });
40
41 ③ gulp.watch('app/scripts/**/*.js', ['scripts']);
42 ④ gulp.watch('test/spec/**/*.js').on('change', reload);
43 ⑤ gulp.watch('test/spec/**/*.js', ['lint:test']);
44  });
45
```

wiredep 작업은 bower의 플러그인들의 의존성을 추가하는 작업입니다.

```
1   gulp.task('wiredep', () => {
2     gulp.src('app/styles/*.scss')
3       .pipe(wiredep({
4         ignorePath: /^(\.\.\/)+/
5       }))
6       .pipe(gulp.dest('app/styles'));
7     gulp.src('app/*.html')
8       .pipe(wiredep({
9         exclude: ['bootstrap-sass'],
10        ignorePath: /^(\.\.\/)*\.\./
11      }))
12      .pipe(gulp.dest('app'));
13  });
```

❶번은 작업명의 이름이고 두 개의 타켓을 가지고 있습니다.

첫 번째 타켓인 ❷번은 *.scss 파일을 대상으로 경로를 수정합니다. 소스폴더와 목적지 폴더가 같습니다. 즉 경로만 변경하고 그곳에 다시 위치시킵니다.

두 번째 타켓인 ❸번도 *.html 대상으로 경로르 수정하거나 추가합니다.

```
44  });
45
46  // inject bower components
47 ① gulp.task('wiredep', () => {
48 ② gulp.src('app/styles/*.scss')
49     .pipe(wiredep({
50       ignorePath: /^(\.\.\/)+/
51     }))
52     .pipe(gulp.dest('app/styles'));
53
54 ③ gulp.src('app/*.html')
55     .pipe(wiredep({
56       exclude: ['bootstrap-sass'],
57       ignorePath: /^(\.\.\/)*\.\./
58     }))
59     .pipe(gulp.dest('app'));
60  });
61
```

build와 default 명령은 빌드명령입니다. 즉 파일을 구성하고 컴파일하는 최종명령어입니다.

```
1  gulp.task('build', ['lint', 'html', 'images', 'fonts', 'extras'], ()
   => {
2    return gulp.src('dist/**/*').pipe($.size({title: 'build', gzip:
     true}));
3  });
4  gulp.task('default', ['clean'], () => {
5    gulp.start('build');
6  });
```

❶번 build 명령은 ['lint', 'html', 'images', 'fonts', 'extras'] 작업을 한 후 size 플러그인을 실행합니다.

```
60  });
61
62  gulp.task('build', ['lint', 'html', 'images', 'fonts', 'extras'], () => {
63    return gulp.src('dist/**/*').pipe($.size({title: 'build', gzip: true}));
64  });
65
66  gulp.task('default', ['clean'], () => {
67    gulp.start('build');
68  });
69  |
```

size는 title: 'build'로 표기하고 압축된 파일 사이를 로그로 보여줍니다.

```
hjm@hjm-PC MINGW64 /d/test/yo-webapp-project
$ gulp
[22:30:14] Requiring external module babel-register
[22:30:18] Using gulpfile D:\test\yo-webapp-project\gulpfile.babel.js
[22:30:18] Starting 'clean'...
[22:30:18] Finished 'clean' after 93 ms
[22:30:18] Starting 'default'...
[22:30:18] Starting 'lint'...
[22:30:20] Starting 'styles'...
[22:30:21] Starting 'scripts'...
[22:30:21] Starting 'images'...
[22:30:23] Starting 'fonts'...
[22:30:23] Starting 'extras'...
[22:30:23] Finished 'default' after 5.04 s
[22:30:23] Finished 'images' after 1.6 s
[22:30:23] Finished 'lint' after 5.12 s
[22:30:24] Finished 'styles' after 3.72 s
[22:30:24] Finished 'scripts' after 2.47 s
[22:30:24] Starting 'html'...
[22:30:26] Finished 'extras' after 3.62 s
[22:30:26] Finished 'fonts' after 3.77 s
[22:30:31] Finished 'html' after 7.5 s
[22:30:31] Starting 'build'
[22:30:31] build all files 184.41 kB (gzipped)
[22:30:31] Finished 'build' after 196 ms

hjm@hjm-PC MINGW64 /d/test/yo-webapp-project
$
```

❷번 default 명령은 먼저 clean 작업을 해서 폴더 및 파일을 삭제하고 build 작업을 합니다. 실행합니다.

코드를 한 단계 업그레이드 시킬 수 있는 가이드

프론트엔드 자동화 시스템 그런트

1판 1쇄 인쇄 2016년 9월 5일
1판 1쇄 발행 2016년 9월 10일

—

지 은 이 허종문
발 행 인 이미옥
발 행 처 디지털북스
정   가 28,000원
등 록 일 1999년 9월 3일
등록번호 220-90-18139
주   소 (04987)서울 광진구 능동로 32길 159
전화번호 (02)447-3157~8
팩스번호 (02)447-3159

—

ISBN 978-89-6088-189-1 (93000)
D-16-14

www.digitalbooks.co.kr

저자협의
인지생략